Sabine Ridder

Tierisch schöne Mobiles häkeln

stv

SABINE RIDDER

TIERISCH SCHÖNE Mobiles HÄKELN

Aus einer Masche einen Elefanten machen

LEOPOLD STOCKER VERLAG
GRAZ – STUTTGART

Umschlaggestaltung: Werbeagentur Rypka GmbH, 8143 Dobl, www.rypka.at
Titelbild: Karin Haas, Graz, www.karinhaas.com
Bildnachweis: Alle Abbildungen im Buch stammen dankenswerterweise von der Autorin.

Bibliographische Information der Deutschen Nationalbibliothek
Die Deutsche Nationalbibliothek verzeichnet diese Publikation in der Deutschen Nationalbibliographie; detaillierte bibliographische Daten sind im Internet über http://dnb.d-nb.de abrufbar.

Hinweis:
Dieses Buch wurde auf chlorfrei gebleichtem Papier gedruckt. Die zum Schutz vor Verschmutzung verwendete Einschweißfolie ist aus Polyethylen chlor- und schwefelfrei hergestellt. Diese umweltfreundliche Folie verhält sich grundwasserneutral, ist voll recyclingfähig und verbrennt in Müllverbrennungsanlagen völlig ungiftig.

Auf Wunsch senden wir Ihnen gerne kostenlos unser Verlagsverzeichnis zu:
Leopold Stocker Verlag GmbH
Hofgasse 5 / Postfach 438
A-8011 Graz
Tel.: +43 (0)316/82 16 36
Fax: +43 (0)316/83 56 12
E-Mail: stocker-verlag@stocker-verlag.com
www.stocker-verlag.com

ISBN 978-3-7020-2041-5

Layout: Werbeagentur Rypka GmbH, 8143 Dobl, www.rypka.at

Inhalt

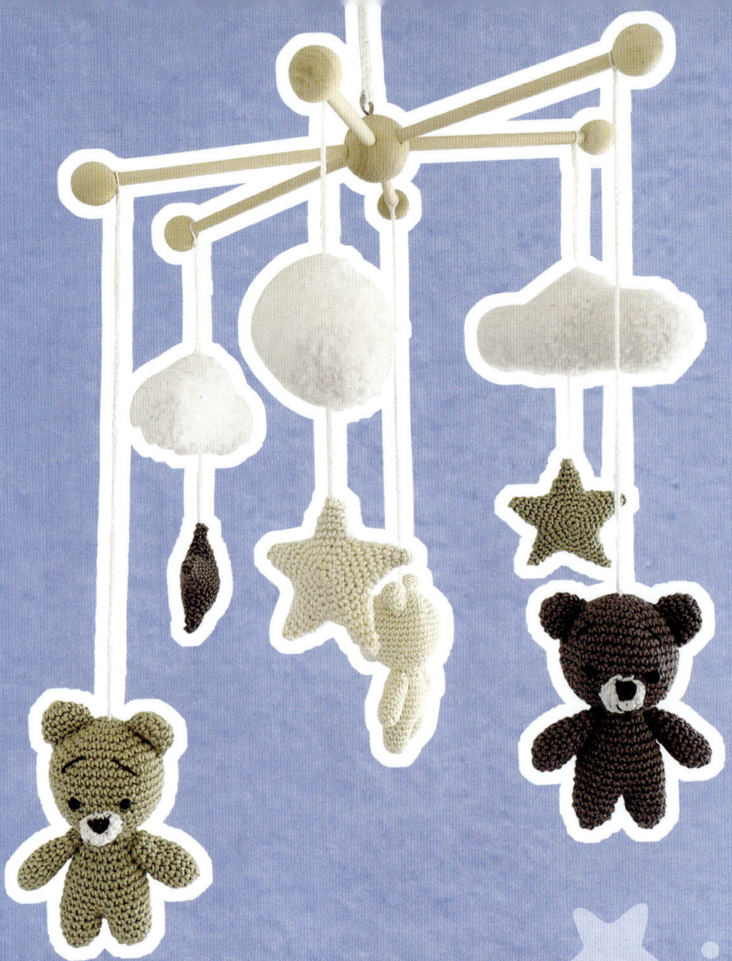

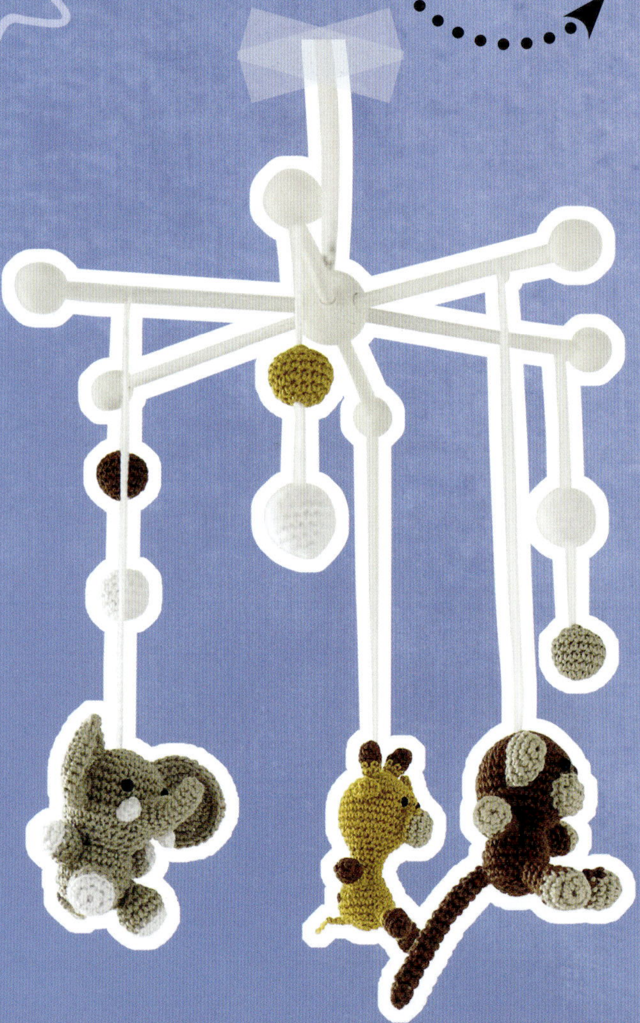

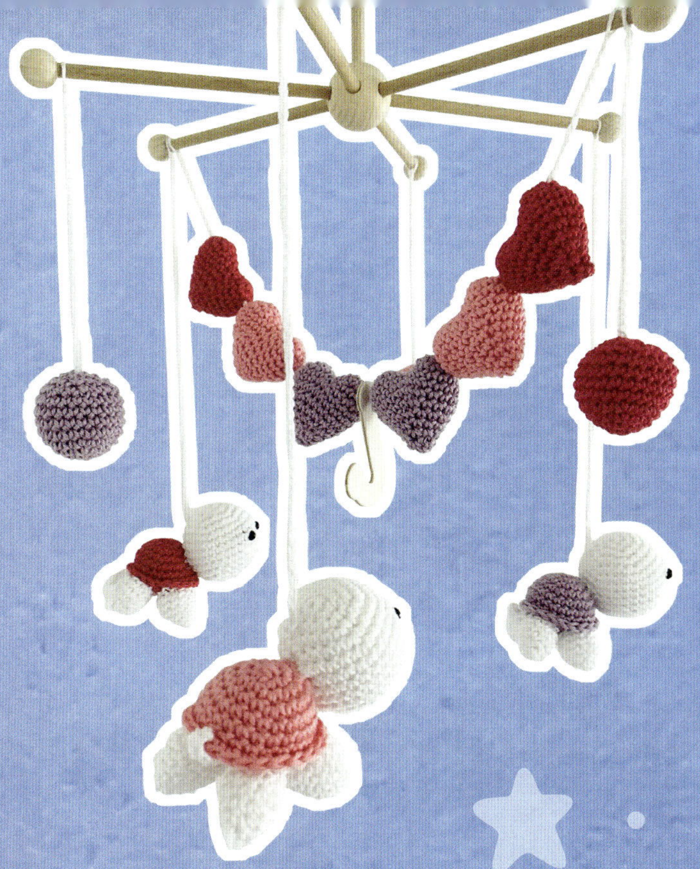

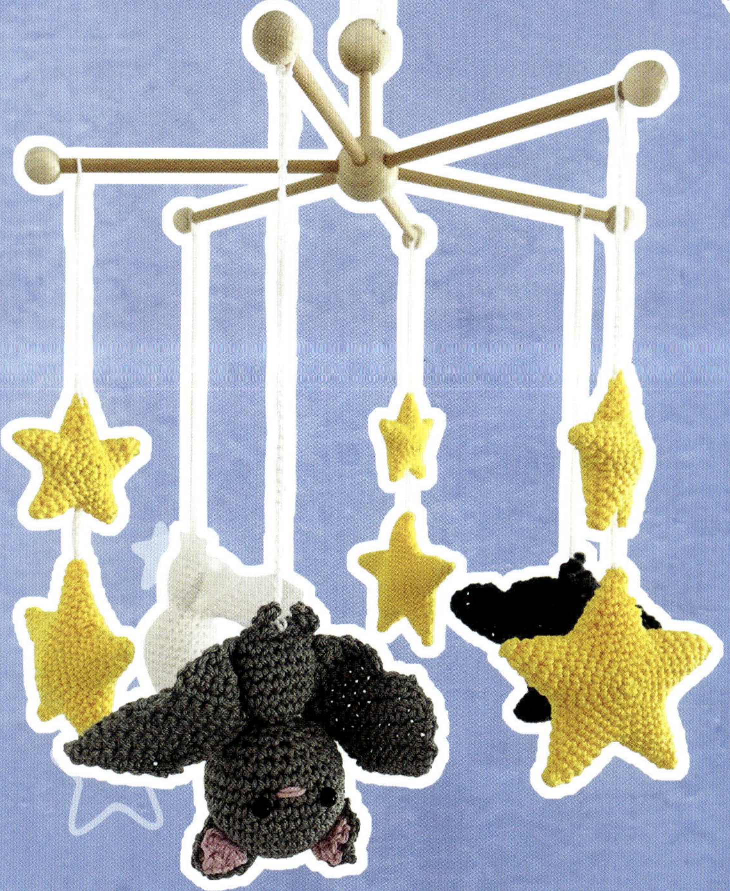

Liebe Häkelfans!

Ich handarbeite bereits seit meiner frühesten Kindheit, so ist es einfach ein Teil meines Lebens. Meine Finger müssen immer beschäftigt sein, nur dann fühle ich mich so richtig wohl.

Vor 9 Jahren kam mir die Idee, mein Hobby zu meinem Beruf zu machen. Ich eröffnete einen Shop im Internet und fertigte zunächst Babyschuhe an. Irgendwann einmal kam ich dann auf die Idee, ein Mobile zu häkeln, und das wurde zu einer regelrechten Leidenschaft.

Um Sie daran teilhaben zu lassen und Ihnen zu vermitteln, wie leicht es im Grunde ist, ein Amigurumi, also ein kleines gehäkeltes Tier, anzufertigen, habe ich dieses Buch geschrieben.

Voraussetzung für die Anleitungen ist, dass Sie bereits Grundkenntnisse im Häkeln haben und wissen, wie man Luftmaschen, feste Maschen, halbe Stäbchen und Stäbchen häkelt.

Das Häkeln eines Amigurumis folgt bei den Zunahmen und Abnahmen meistens einer bestimmten Regelmäßigkeit. Wenn man diese einmal verinnerlicht hat, ist es gar nicht so schwierig, eines der Tierchen in meinem Buch nachzuhäkeln. Wie Zunahmen und Abnahmen gemacht werden, erfahren Sie im Kapitel „Erklärungen".

Um die Regelmäßigkeit der Zu- und Abnahmen zu verdeutlichen, enthält das Buch zu Beginn das Kapitel „Kugeln". Hier finden Sie Anleitungen für drei unterschiedlich große Kugeln. Diese sind zumeist der Beginn eines Amigurumi.

Vor Inangriffnahme eines Mobiles empfehle ich Ihnen deshalb, sich zuerst einmal an den Kugeln auszuprobieren.

Wenn Sie sich sicher fühlen und das Prinzip verstanden haben, zögern Sie nicht und beginnen Sie mit Ihrem ersten Mobile. Sicher werden auch Sie von der Leidenschaft erfasst werden, wie schön es ist, immer wieder neue Mobiles mit neuen Tieren, Formen, Kugeln, Sternen oder auch Holzteilen zusammenzusetzen.

Bei allen Mobiles in diesem Buch sind die Farben der einzelnen Elemente sowie die einzelnen Motive frei austauschbar, sodass jeder hier seine eigene Kreativität verwirklichen kann.

Zu Beginn empfehle ich das Nilpferdmobile, da sich dieses sehr an das Prinzip der Herstellung der Kugeln hält und zum Einstieg nicht so schwer anzufertigen ist. Es war im Übrigen auch „mein" erstes Mobile. Über jeder Anleitung finden Sie den Anfang eines zum Mobile passenden Kinderliedes. Viele davon werden Ihre Babys irgendwann einmal im Kindergarten mit entsprechenden Spielen wiederhören. Wie schön ist es, Ihrem Baby jetzt schon die Melodien vorzusingen oder vorzusummen. Das macht den Kleinen dann später den Anfang im Kindergarten leichter, weil sie gleich etwas Vertrautes hören.

Zum Schluss wünsche ich Ihnen viel Erfolg und Freude beim Anfertigen der Mobiles und jede Menge kreative Ideen!

Ihre
Sabine Ridder

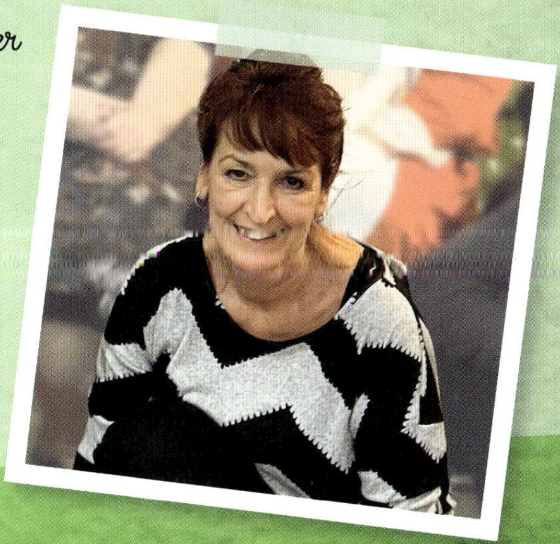

Erklärungen

HÄKELNADEL

Die Wahl der Häkelnadel richtet sich danach, ob Sie fest oder eher locker häkeln. Dabei sollten die Vorgaben auf der Banderole der Wolle beachtet werden. Bei Catania Baumwolle von Schachenmayr ist eine Nadelstärke von 2,5–3,5 mm angegeben. Falls Sie eher fest häkeln, wäre Nadelstärke 3 oder 3,5 mm zu empfehlen, wenn Sie aber eher locker häkeln, empfiehlt sich eine Nadelstärke von 2,5 oder 3 mm.

BAUMWOLLE

Es werden viele Baumwollmarken im Handel angeboten; die wohl bekannteste ist Catania von Schachenmayr. Es gibt aber auch sehr gute Baumwolle bei Supergarne mit dem Namen Ibiza, die ich sehr oft bei meinen Mobiles verwende, oder auch Linie 165 von ONline Garne und noch zahlreiche Anbieter darüber hinaus. Die meisten haben eine sehr gute Qualität. Sie sollten allerdings darauf achten, dass die Baumwolle gasiert und mercerisiert und selbstverständlich frei von Schadstoffen ist.

MOBILEKREUZE, MOBILESTERNE, MOBILERINGE

Es werden viele verschiedene Mobilekreuze, Mobilesterne oder Mobileringe auf dem Markt angeboten. Entscheidend, welche Form Sie wählen, sind der eigene Geschmack und die Größe, in der das Mobile gearbeitet wird. Es gibt Mobilekreuze mit 4 Armen, 6 Armen oder auch 12 Armen. Darüber hinaus gibt es auch andere Aufhängemöglichkeiten für Mobiles, wie Ringe, Stickrahmen, Sterne, Wolken usw., und es gibt auch spezielle Aufhängefäden für die einzelnen Elemente des Mobiles.

FÜLLWATTE

Im Handel werden viele unterschiedliche Sorten Füllwatte angeboten. Ich bevorzuge Füllwatte in Flocken, weil sich diese leichter in die Amigurumis einarbeiten lässt und hinterher keine „Beulen" bildet. Die Watte sollte darüber hinaus keine Allergien auslösen und bis mindestens 40 °C waschbar sein.

Zum Befüllen der einzelnen Teile nehme ich nach und nach immer eine kleine Menge der Watte, die ich in das Amigurumi fülle, also nicht gleich zu viel. So verteilt sich die Watte gleichmäßiger und die Teile bleiben schön in Form. Wenn die Füllwatte bis zum Ende der Öffnung sichtbar ist, ist die benötigte Menge meist erreicht. Füllen Sie nicht zu viel Watte ein, weil sich dann die Maschenglieder dehnen könnten und die Watte später sichtbar ist. Bei kleineren zu füllenden Teilen empfiehlt es sich, mit dem Ende einer dünnen Häkelnadel die Watte nachzuschieben.

MAGISCHER RING

Der Magische Ring ist der optimale Beginn für eine Häkelarbeit, die in Runden (diese werden auch Spiralrunden genannt) gearbeitet wird. Dabei wird eine Schlinge gehäkelt wie bei einer Luftmasche, diese wird aber nicht zusammengezogen (FOTO 1). Es folgt eine Luftmasche (FOTO 2). Jetzt hat man einen magischen Ring, der behäkelt werden kann (FOTO 3). Durch Ziehen an dem Anfangsfaden und Einstechen in die erste Masche der Runde schließt sich die Häkelarbeit zum Kreis (FOTO 4).

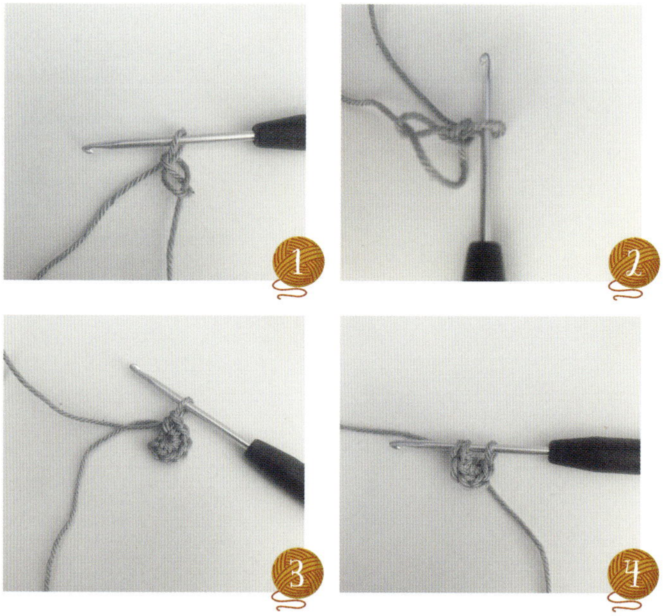

Spiralrunden

Die meisten Amigurumis werden in Runden, auch Spiralrunden genannt, gehäkelt. Es wird also nicht in hin- und hergehenden Reihen gehäkelt, sondern immer in einem fort. Dabei ist es manchmal schwierig, den Anfang oder das Ende einer Runde zu erkennen oder auch die Runden zu zählen. Deshalb empfiehlt es sich, zu Beginn einer Runde einen andersfarbigen Faden in die Arbeit einzulegen (FOTO 5 + 6) oder einen Maschenmarkierer zu benutzen (bekommt man im Handel). Ich persönlich bevorzuge den Faden, weil es einfach schneller geht. Wenn ich das Ende einer Runde erreicht habe (dort liegt der Markierungsfaden unter der ersten Masche (FOTO 7)), ziehe ich ihn heraus und lege ihn wieder neu vor die erste Masche der neuen Runde ein.

Jetzt können Sie die einzelnen Runden problemlos von unten abzählen und wissen so auch, wann Sie mit Abnahmen oder Zunahmen in einer Runde beginnen und enden.

Die Ihnen zugewandte Seite beim Häkeln der Runden ist immer die so genannte „schöne Seite", also die Seite, die man später von außen sieht. Sie ist regelmäßiger als die Seite, die sich im Inneren der Amigurumi befindet (FOTO 8).

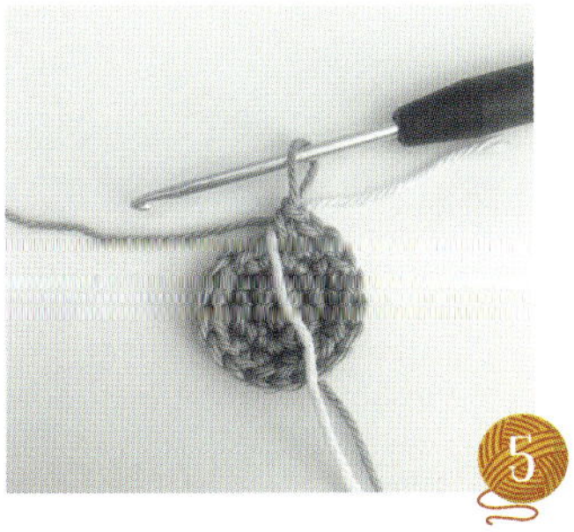
5

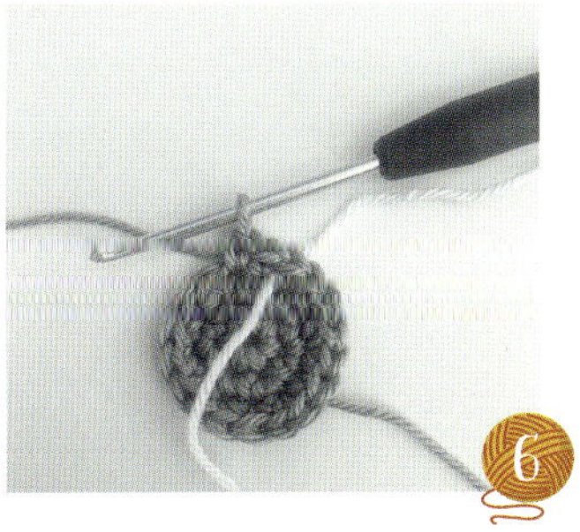
6

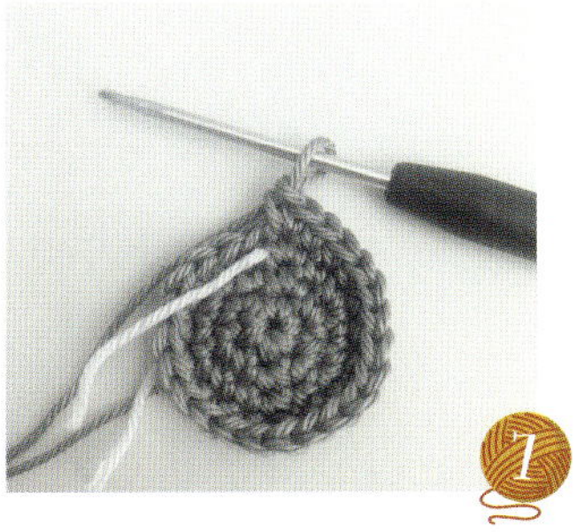
7

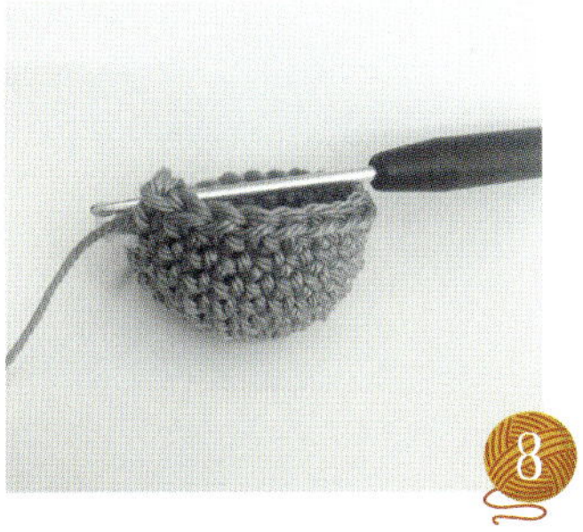
8

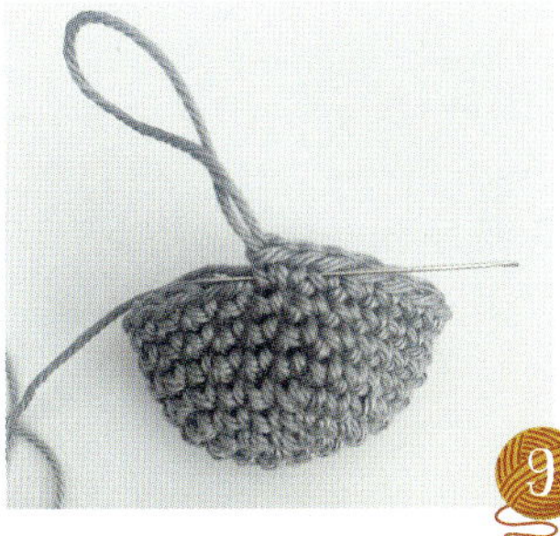
9

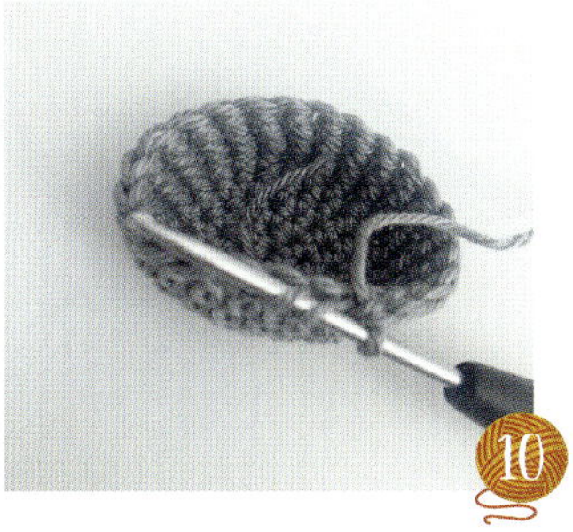
10

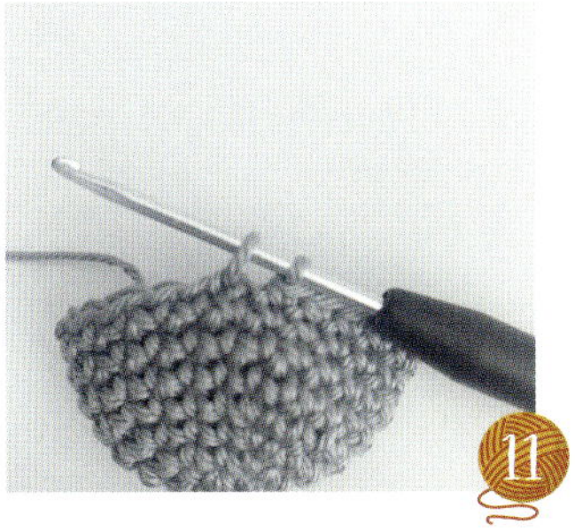
11

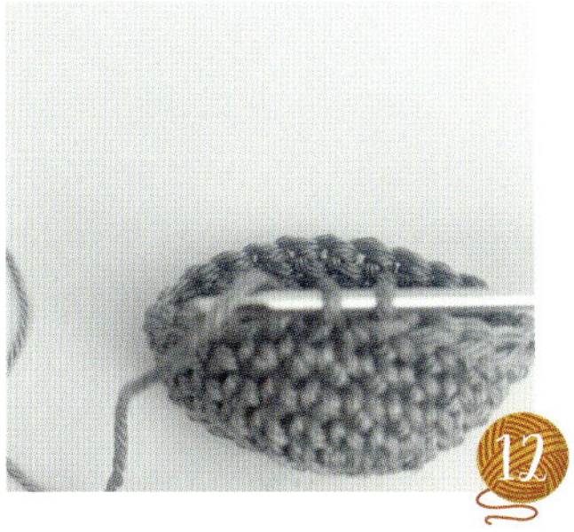
12

Verdoppeln

Beim Verdoppeln werden zwei feste Maschen in das Maschenglied der zuvor gearbeiteten Runde gehäkelt (FOTO 9).

Zusammenhäkeln/Abnahme

Beim Zusammenhäkeln/Abnehmen bevorzuge ich bei Amigurumis die so genannte „unsichtbare Abnahme", weil diese auf der Vorderseite gleichmäßiger aussieht. Dabei stechen Sie mit der Häkelnadel nur in das vordere Maschenglied der ersten festen Masche und anschließend in das vordere Maschenglied der zweiten festen Masche. Nun haben Sie drei Schlaufen auf der Häkelnadel (FOTO 10). Jetzt wird der Faden durch die beiden ersten Schlaufen auf der Häkelnadel gezogen (FOTO 11). Anschließend nehmen Sie den Faden erneut auf und ziehen ihn durch die beiden verbliebenen Schlaufen auf der Häkelnadel (FOTO 12 + 13).

Es ist aber ebenso möglich und bei Häkelarbeiten, die von beiden Seiten sichtbar sind, auch empfohlen, eine normale Abnahme zu machen. Dabei stechen Sie zuerst durch beide Maschenglieder der ersten Masche, nehmen den Faden auf und ziehen diesen anschließend durch die Masche. Es befinden sich jetzt zwei Schlaufen auf der Häkelnadel. Das Gleiche machen Sie mit der zweiten Masche, sodass sich drei Schlaufen auf der Häkelnadel befinden (FOTO 14). Nun wird der Faden erneut aufgenommen und durch diese drei Schlaufen gezogen (FOTO 15 + 16).

FÄDEN VERNÄHEN

Fäden vernähe ich nur, wenn diese später sichtbar sein könnten. Den Anfangsfaden des magischen Rings ziehe ich lediglich sehr straff. Dieser liegt später im Inneren der Arbeit und ist somit nicht sichtbar (FOTO 17). Sie können die Fäden aber selbstverständlich auch vernähen.

MENGENANGABEN IN DEN ANLEITUNGEN

Wenn nichts anderes angegeben ist, werden die einzelnen Amigurumiteile einzeln gehäkelt. Sofern sie öfter gebraucht werden, ist es in Klammern angegeben.

ANSCHLINGEN

Beim Anschlingen stechen Sie mit der Häkelnadel in die Masche ein, in der das Häkeln begonnen wird, holen die Schlaufe des Fadens und machen eine Luftmasche (FOTO 18 + 19). Die erste feste Masche der Anleitung wird in die gleiche Masche gehäkelt.

FARBÜBERGANG, FARBWECHSEL

Wenn die Farbe gewechselt wird, häkele ich bereits die letzte Schlaufe davor in der neuen Farbe, da sich so ein schönerer Übergang ergibt (FOTO 20 + 21).

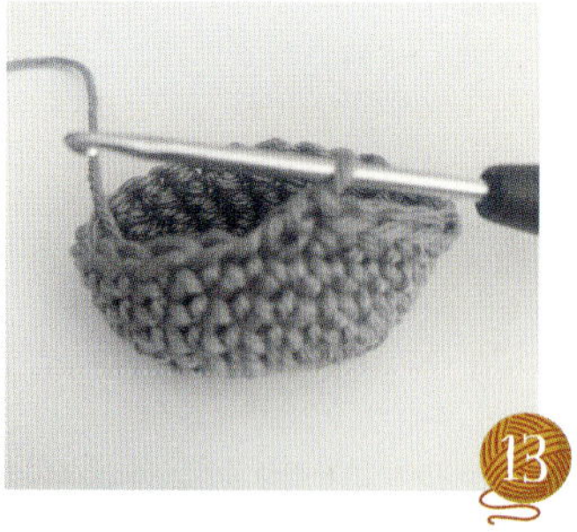
13

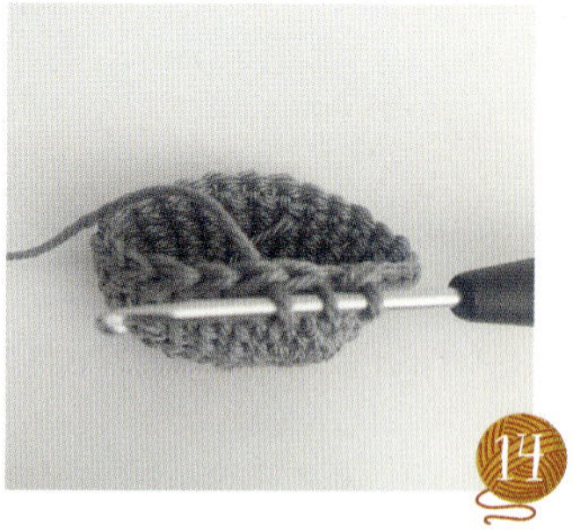
14

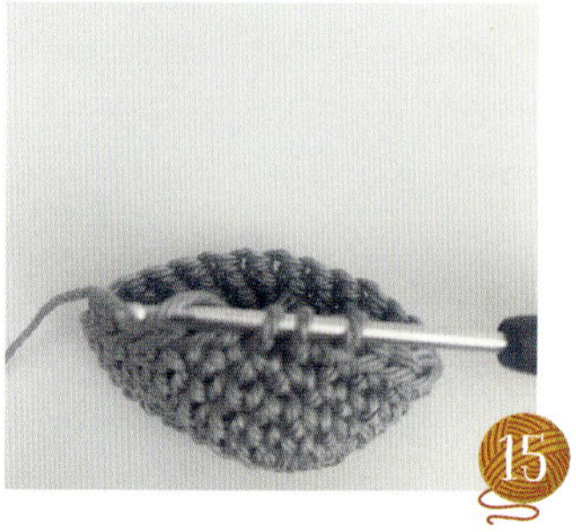
15

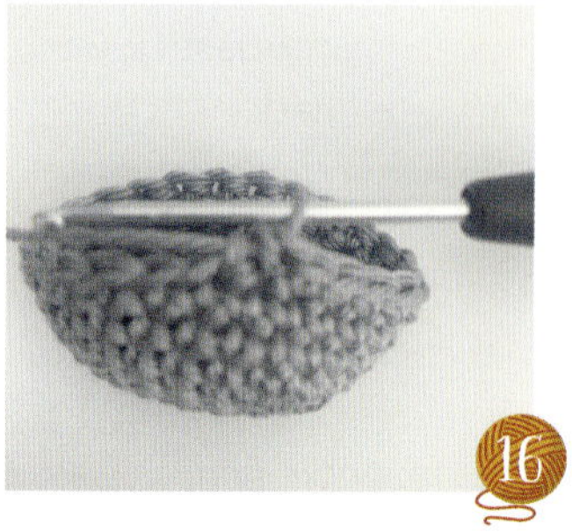
16

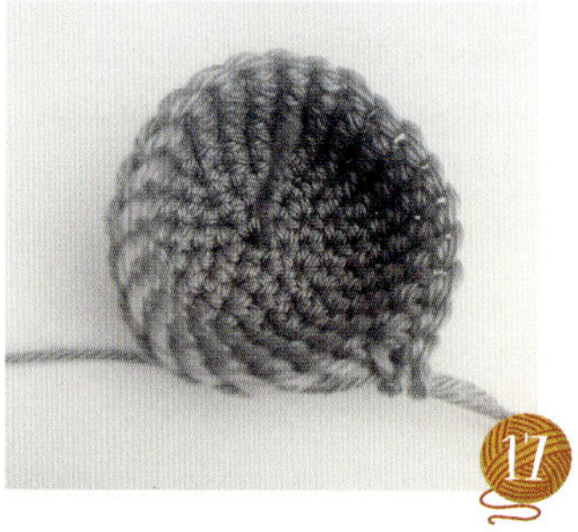
17

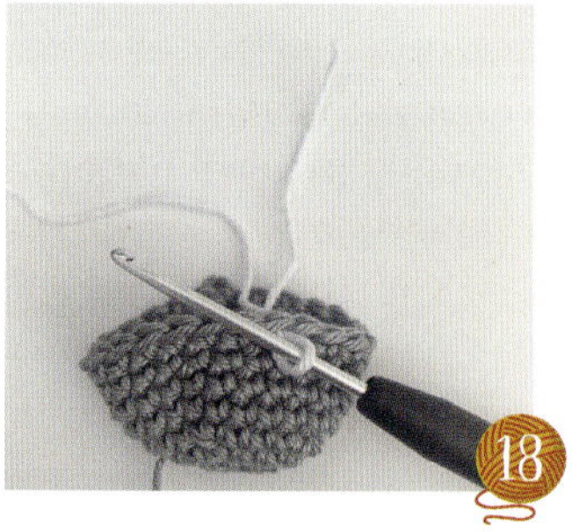
18

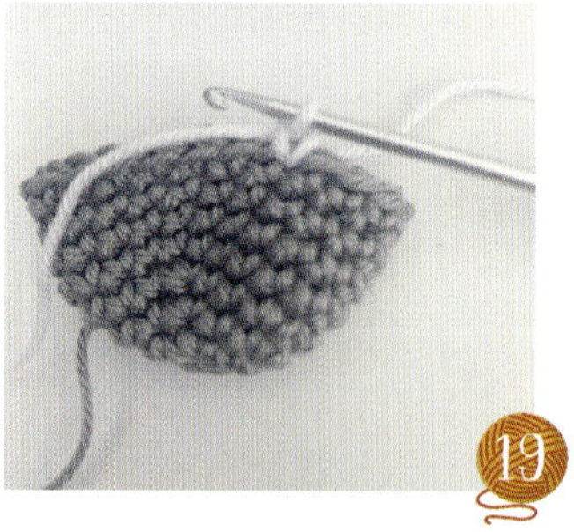
19

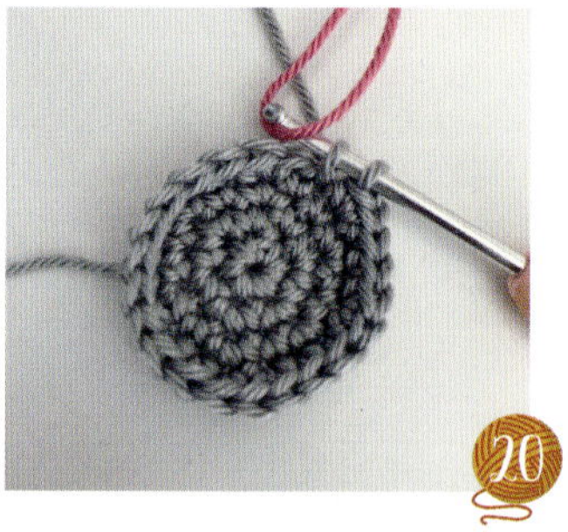
20

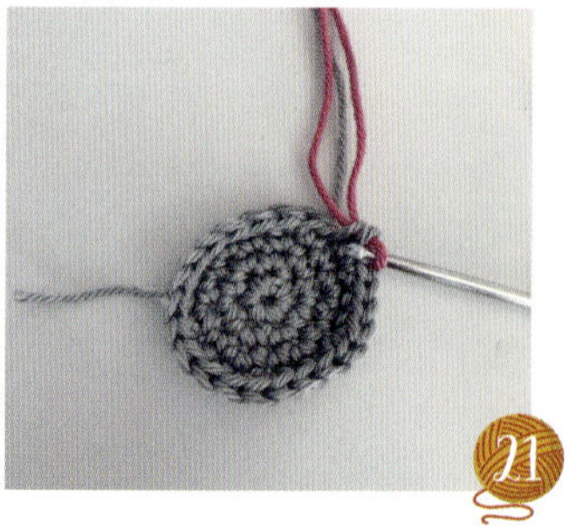
21

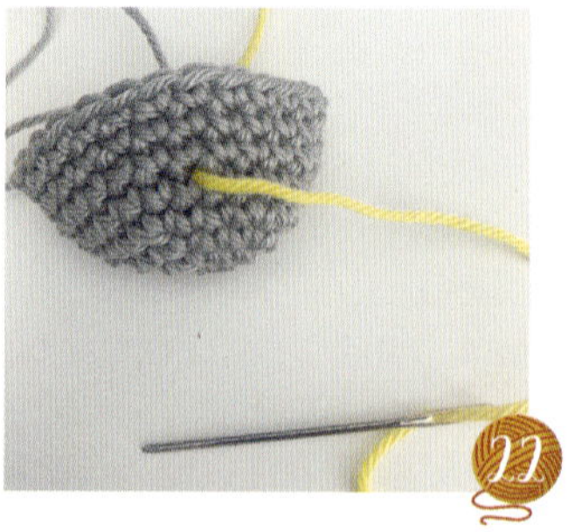
22

Knötchenstich

Wird ein Amigurumi im Nachhinein mit einem Knötchenstich bestickt, führen Sie die Nähnadel mit dem Faden zuerst einmal im Inneren des Amigurumis ein paar Mal hin und her, damit sich der Knötchenstich später nicht lösen kann. Anschließend stechen Sie an der Stelle, an der der Knötchenstich entstehen soll, aus, wickeln den Baumwollfaden zwei- oder dreimal um die Nähnadel (FOTO 22 + 23) und stechen knapp neben dem Ausstich wieder ein (FOTO 24 + 25). Dabei sollte der Faden nicht zu locker um die Nadel liegen, weil es dann später unsauber aussieht. Er sollte aber auch nicht zu fest gewickelt sein, weil Sie dann die Nadel nicht hindurchgestochen bekommen.
Die Dicke des Knotens ergibt sich später aus der Anzahl der Umdrehungen.
Es empfiehlt sich, den Knoten zuerst an einer Wolldecke, einem Lappen oder einem kleinen gehäkelten Teil auszuprobieren, bevor das Amigurumi bestickt wird, um ein bisschen Erfahrung zu bekommen. Der Knoten lässt sich nämlich hinterher nicht mehr rückgängig machen – man kann ihn dann nur noch abschneiden.
Der Knötchenstich eignet sich auch zum Darstellen von Augen der Amigurumi, wenn Sie auf Sicherheitsaugen verzichten möchten.

Sicherheitsaugen

Nach Einsetzen von Sicherheitsaugen lassen sich diese so gut wie gar nicht mehr lösen. Achten Sie deshalb darauf, dass Sie genau die richtige Stelle wählen, an der das Auge eingesetzt werden soll, bevor Sie es befestigen. Sie können zur Probe auch zwei Stecknadeln mit schwarzem Kopf an den Stellen einstechen, um so ein Bild zu haben, und erst anschließend die Sicherheitsaugen anbringen. An der Stelle, an der das Sicherheitsauge dann eingesetzt werden soll, können Sie das Gewebe ein wenig mit der Häkelnadel weiten, damit der Stift des Auges besser hindurchpasst. Anschließend den Stift des Sicherheitsauges hineinstecken und die Kappe von der anderen Seite aufschieben. Im Handel gibt es dafür Werkzeuge. Ich selbst mache dies allerdings ohne Werkzeug (FOTO 26 + 27).

Luftmaschenketten

Die in diesem Buch abgebildeten Amigurumi befestige ich mit Luftmaschenketten an den Stangen des Mobiles. Es besteht darüber hinaus die Möglichkeit, Stangen oder Nylonfäden zu verwenden. Mir gefallen die Luftmaschenketten am besten.
Dabei häkeln Sie die angegebene oder gewünschte Anzahl Luftmaschen direkt an das Amigurumi an (FOTO 28). Sie schlingen den Faden an der gewünschten Stelle an und beginnen, die Luftmaschen zu häkeln. Der Anfangsfaden muss später noch vernäht werden.

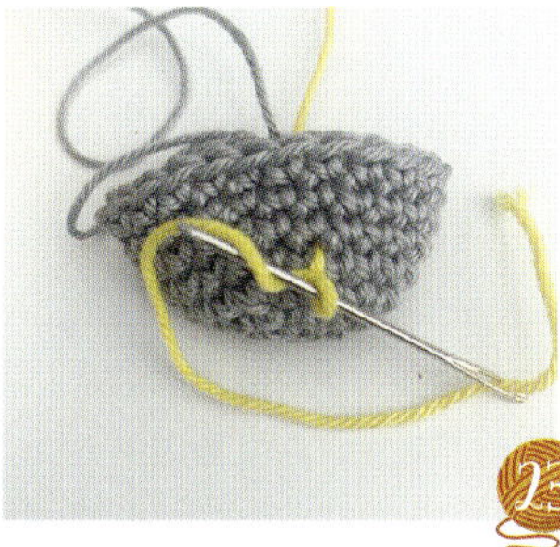

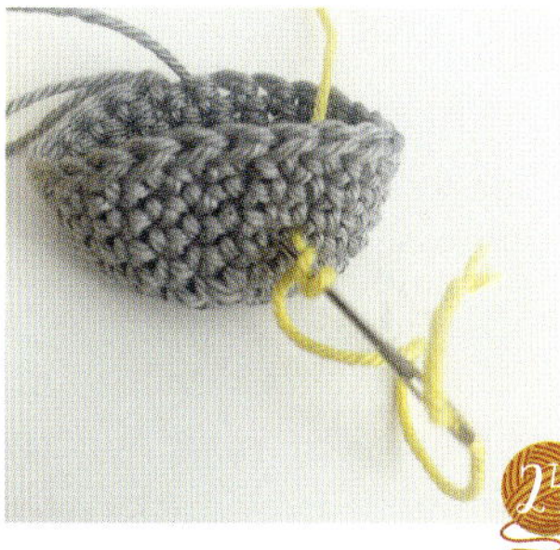

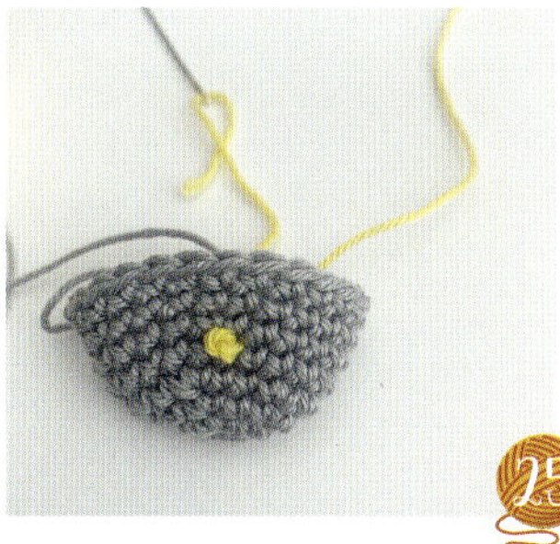

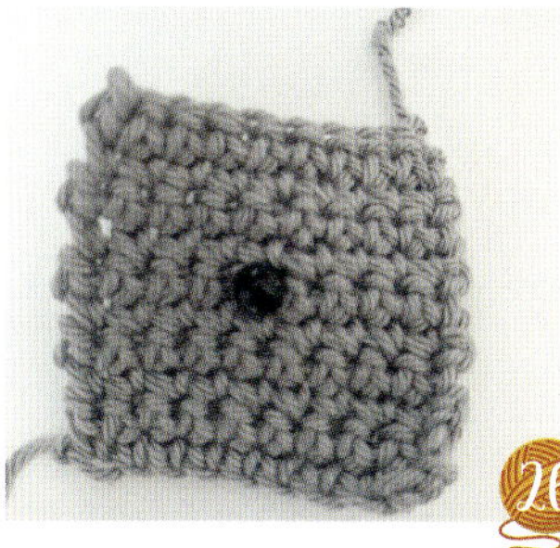

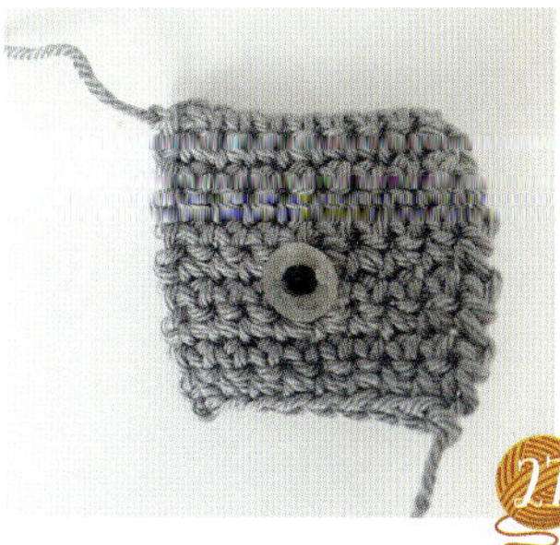

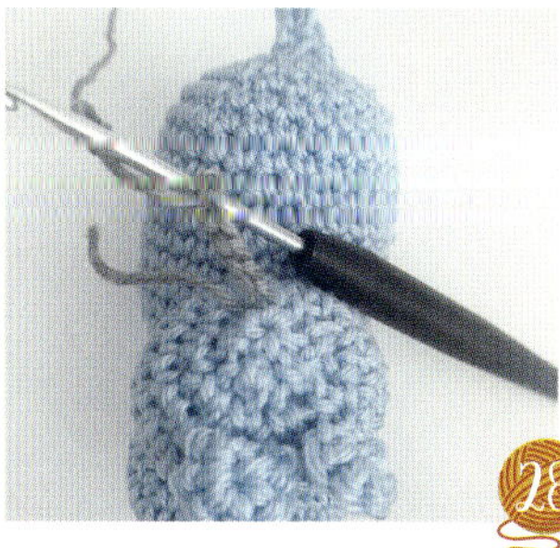

Dabei mehrmals innerhalb des Amigurumi hin- und hernähen, damit sich der Faden nicht mehr lösen kann. Wenn Sie die gewünschte Luftmaschenzahl erreicht haben, ziehen Sie die letzte Schlinge über die Mobilestange und vernähen den Endfaden anschließend (FOTO 29-33).

Die Länge der jeweiligen Luftmaschenketten ist in den Anleitungen angegeben. Die Angaben sind aber nicht bindend. Sollten Sie die gehäkelten Tierchen lieber weiter unten oder näher an den Mobilestangen aufhängen, verlängern oder verkürzen Sie die Luftmaschenketten einfach.

AUFHÄNGUNG

Für die Aufhängung der Mobiles verwende ich meistens eine behäkelte Luftmaschenkette. Ich schlage also so viele Luftmaschen an, wie die Kette anschließend lang sein soll, und behäkele die Luftmaschen mit einer Reihe fester Maschen. Diese gehäkelte Schnur ziehe ich dann durch die Aufhängung und nähe sie zusammen (FOTO 34).

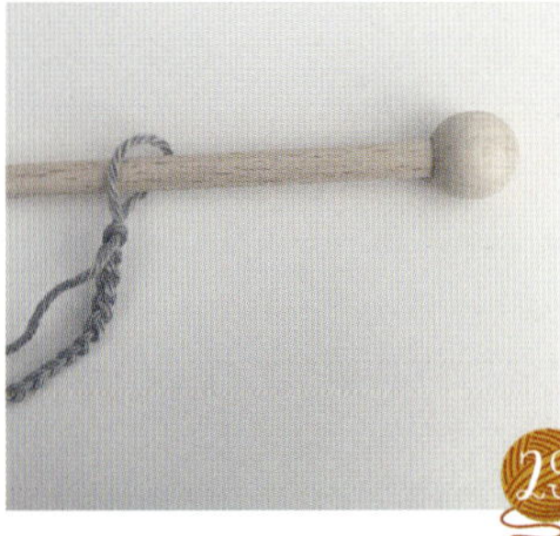
29

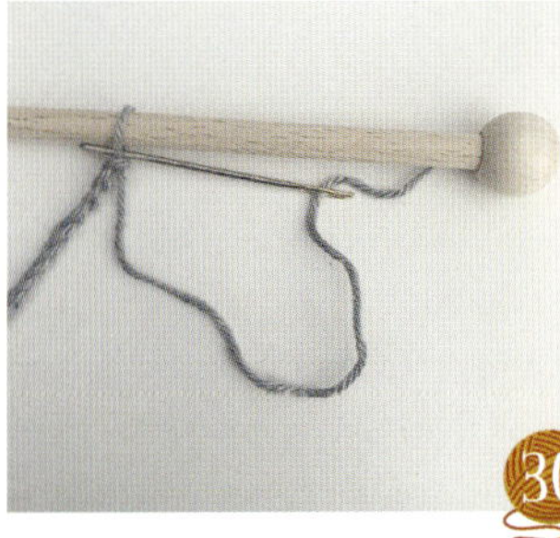
30

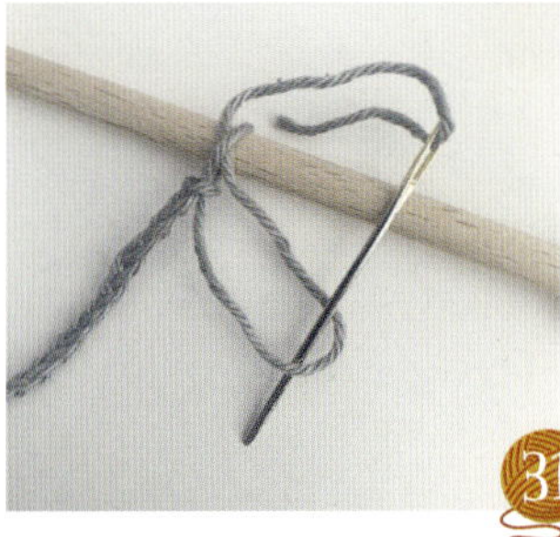
31

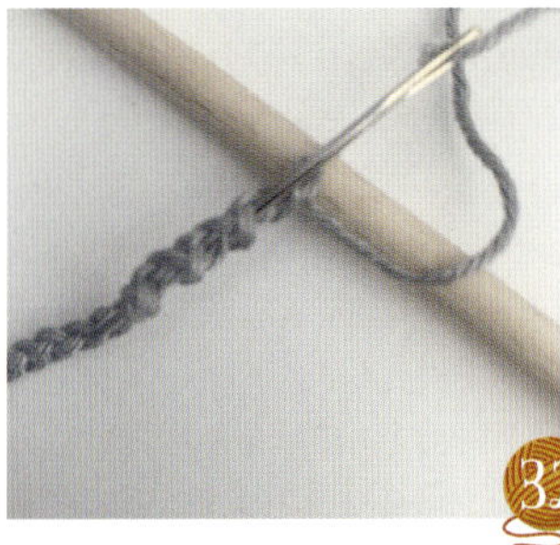
32

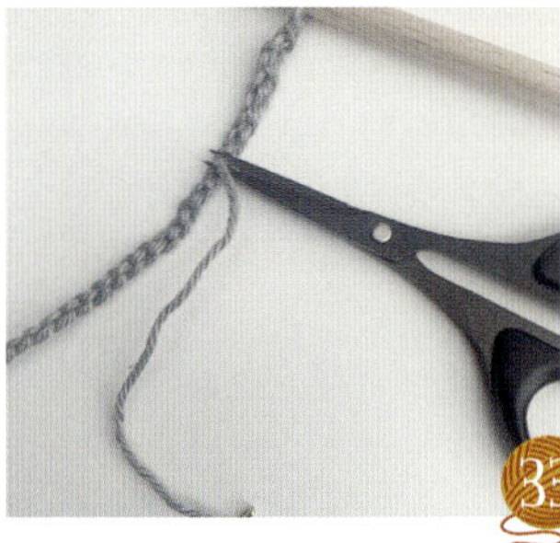
33

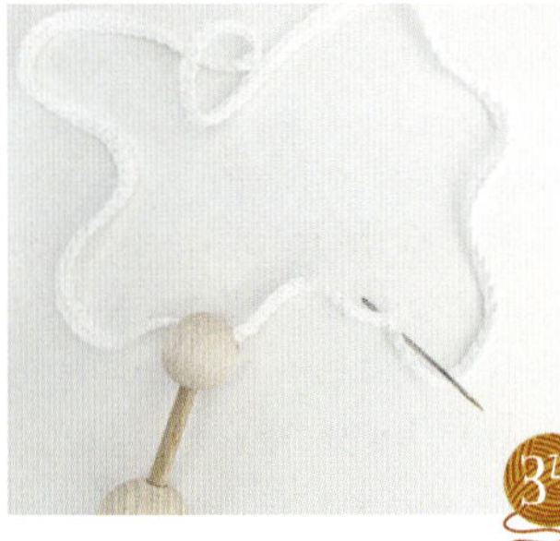
34

Verwendete Abkürzungen

fM	feste Masche(n)
hMg	hintere(s) Maschenglied(er)
hStb	halbe(s) Stäbchen
ieM	in einer Masche
Km	Kettmasche(n)
Lfm	Luftmasche(n)
M	Masche(n)
mR	magischer Ring
R	Reihe(n)
Rd	Runde(n)
verd	verdoppeln
vMg	vordere(s) Maschenglied(er)
wdh	wiederholen
Wende-Lfm	Wendeluftmasche(n)
zus	zusammen

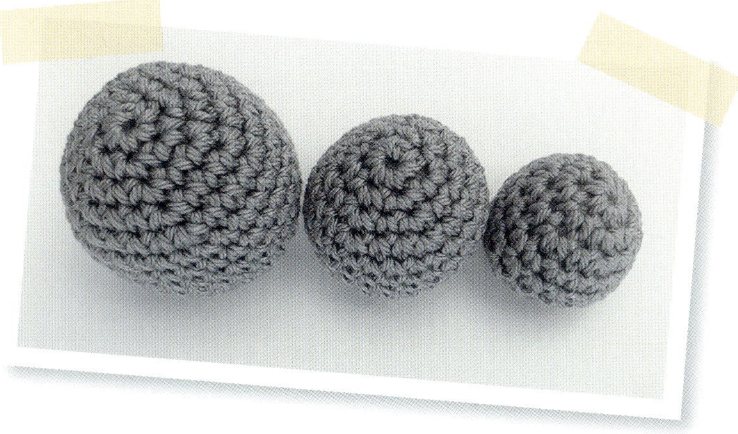

GRUNDANLEITUNG KUGELN

Kleine Kugel

Einen mR (siehe Erklärungen) häkeln.
1. Rd: 6 fM in den mR häkeln (= 6 fM).
2. Rd: Jede M verd (= 12 fM).
3. Rd: Jede 2. M verd (= 18 fM).
4.–6. Rd: 18 fM häkeln (= 18 fM).
7. Rd: Jede 2. und 3. M zus (= 12 fM).
Jetzt die Kugel mit Füllwatte füllen (FOTO 1).
8. Rd: Je 2 M zus häkeln (= 6 fM).
Den Faden abschneiden und durch die letzte Schlaufe auf der Häkelnadel ziehen. Dann den Faden mit einer Nadel durch das vMg der letzten 6 fM führen, zusammenziehen und vernähen (FOTO 2).

Mittlere Kugel

Einen mR häkeln.
1. Rd: 6 fM in den mR häkeln (= 6 fM).
2. Rd: Jede M verd (= 12 fM).
3. Rd: Jede 2. M verd (= 18 fM).
4. Rd: Jede 3. M verd (= 24 fM).
5.–8. Rd: 24 fM häkeln (= 24 fM).
9. Rd: Jede 3. und 4. M zus (= 18 fM).
10. Rd: Jede 2. und 3. M zus (= 12 fM).
Jetzt die Kugel mit Füllwatte füllen.
11. Rd: Je 2 M zus häkeln (= 6 fM).
Den Faden abschneiden und durch die letzte Schlaufe auf der Häkelnadel ziehen. Dann den Faden mit einer Nadel durch das vordere Maschenglied der letzten 6 fM führen, zusammenziehen und vernähen.

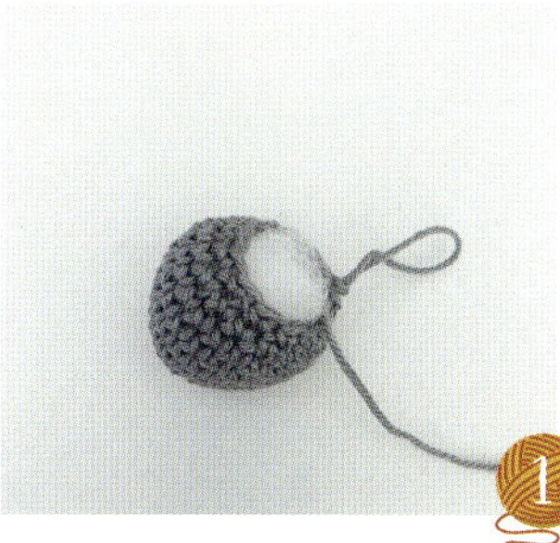

1

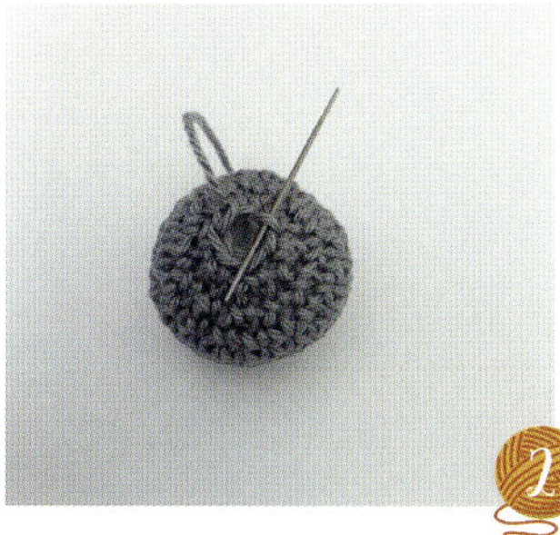

2

Große Kugel

Einen mR häkeln.
1. Rd: 6 fM in den mR häkeln.
2. Rd: Jede M verd (= 12 fM).
3. Rd: Jede 2. M verd (= 18 fM).
4. Rd: Jede 3. M verd (= 24 fM).
5. Rd: Jede 4. M verd (= 30 fM).
6.–10. Rd: 30 fM häkeln (= 30 fM).
11. Rd: Jede 4. und 5. M zus häkeln (= 24 fM).
12. Rd: Jede 3. und 4. M zus häkeln (= 18 fM).
13. Rd: Jede 2. und 3. M zus häkeln (= 12 fM).
Jetzt die Kugel mit Füllwatte füllen.
14. Rd: Je 2 M zus häkeln (= 6 fM).
Den Faden abschneiden und durch die letzte Schlaufe auf der Häkelnadel ziehen. Dann den Faden mit einer Nadel durch das vordere Maschenglied der letzten 6 fM führen, zusammenziehen und vernähen.
Diese drei Kugelgrößen sind bei den meisten Mobiles die Grundlage für die einzelnen Teile der Amigurumi. Davon abweichend gibt es auch noch andere Zunahmeregelmäßigkeiten. Eine ist die Zunahme ab 5 fM im mR:
Einen mR häkeln.
1. Rd: 5 fM in den mR häkeln (= 5 fM).
2. Rd: Jede M verd (= 10 fM).
3. Rd: Jede 2. M verd (= 15 fM).
4. Rd: Jede 3. M verd (= 20 fM).
5. Rd: Jede 4. M verd (= 25 fM).
Hier könnte es bei größeren Teilen noch weitergehen mit Zunahmen. Die Abnahmen ab hier erfolgen bei Regelmäßigkeit nach folgendem Schema:
6. Rd: Jede 4. und 5. M zus (= 20 fM).
7. Rd: Jede 3. und 4. M zus (= 15 fM).
4. Rd: Jede 2. und 3. M zus (= 10 fM).
5. Rd: Je 2 M zus (= 5 fM).

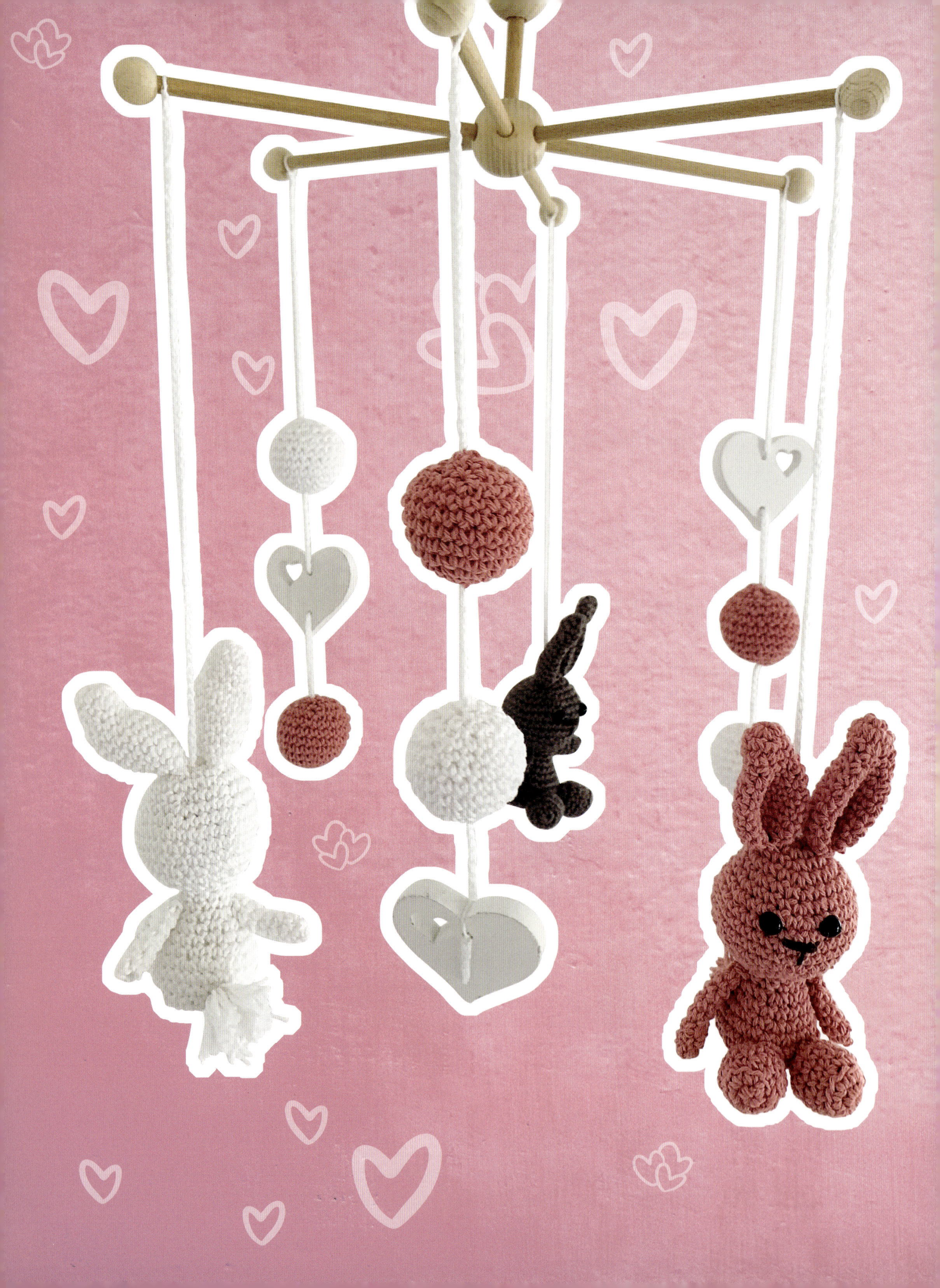

Hasen-mobile

„HÄSCHEN IN DER GRUBE …“

Dieses Babymobile mit niedlichen Schnuffelhäschen, Herzen und Kugeln ist sehr gut geeignet für Einsteiger.
Die weißen Holzherzen habe ich bei Butinette bestellt und das obere Loch mit einer Handbohrmaschine eingebohrt. Sollten Sie diese Möglichkeit nicht haben, können Sie alternativ alle möglichen, aufreihbaren Holzteile verwenden oder aber die Herzen selbst häkeln. Die Anleitung dazu finden Sie bei meinem Schildkrötenmobile auf S. 59 f. in diesem Buch.

Material

- 30 g Ibiza Baumwolle, Farbe Taupe Nr. 6008
- 30 g Ibiza Baumwolle, Farbe Weiß Nr. 6001
- 30 g Catania Baumwolle, Farbe Dahlie Nr. 00409
- Rest dunkelbraune Baumwolle
- 6 Sicherheitsaugen, 8 mm Durchmesser
- Füllwatte
- Mobilekreuz mit 6 Armen, 35 cm Durchmesser
- 6 weiße Herzen aus Holz

Zubehör

- Häkelnadel Nr. 2,5
- Nähnadel
- Schere

HASE

Kopf und Körper des Hasens werden in einem Stück gehäkelt. Dies erspart ein späteres Zusammennähen.

Kopf und Körper

Mit der Farbe Weiß die große Kugel bis einschließlich 4. Rd häkeln.
5. Rd: 24 fM häkeln (= 24 fM).
6. Rd: Jede 4. M verd (= 30 fM).
7. Rd: Jede 5. M verd (= 36 fM).
8.–10. Rd: 36 fM häkeln (= 36 fM).
11. Rd: Jede 5. und 6. M zus häkeln (= 30 fM).
12. Rd: Jede 4. und 5. M zus häkeln (= 24 fM).
13. Rd: Jede 3. und 4. M zus häkeln (= 18 fM).
14. Rd: Jede 2. und 3. M zus häkeln (= 12 fM).
15. Rd: 12 fM häkeln (= 12 fM).
Jetzt die Augen zwischen der 7. und 8. Rd mit einem Abstand von 4 Maschen anbringen und den Kopf schon ein wenig mit Füllwatte füllen.
16.–17. Rd: 12 fM häkeln (= 12 fM).
18. Rd: Jede 2. M verd (= 18 fM).
19. Rd: 18 fM häkeln (= 18 fM).
20. Rd: Jede 3. M verd (= 24 fM).

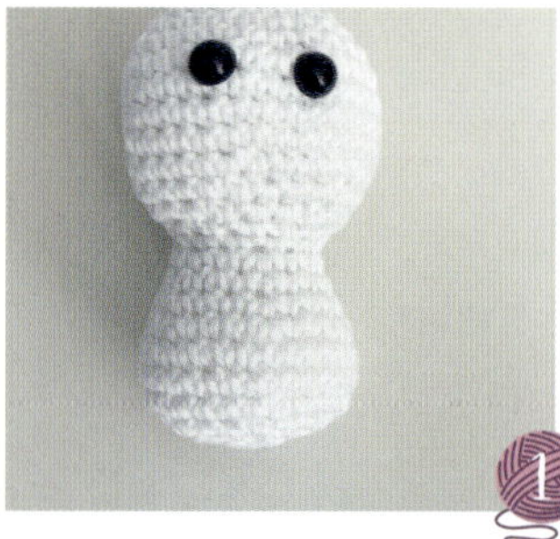
1
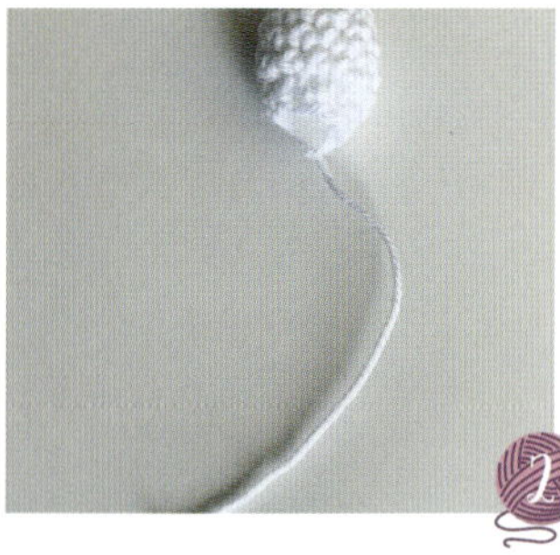
2
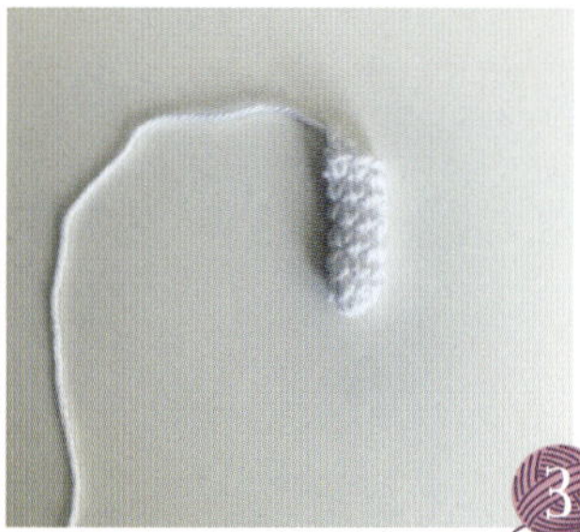
3
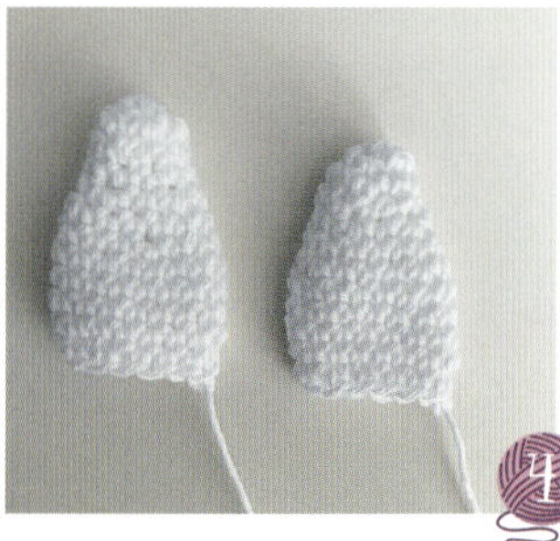
4

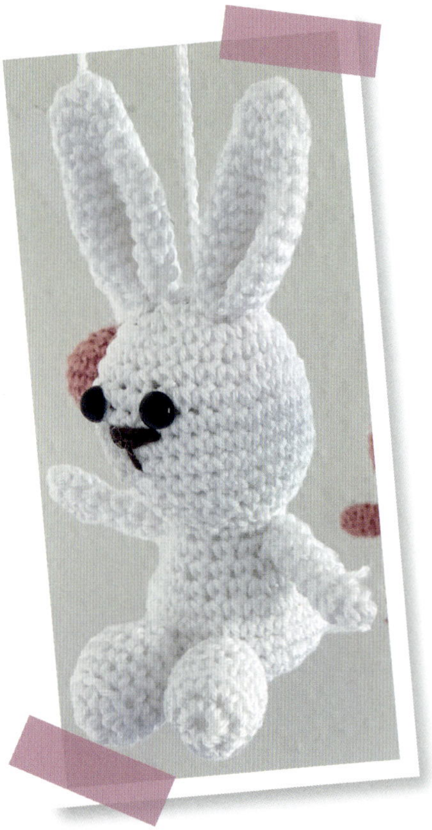

21. Rd: Jede 4. M verd (= 30 fM).
22.–23. Rd: 30 fM häkeln (= 30 fM).
24. Rd: Jede 4. und 5. M zus häkeln (= 24 fM).
25. Rd: Jede 3. und 4. M zus häkeln (= 18 fM).
26. Rd: 12 fM häkeln (= 12 fM).
Den Kopf und den Körper nun vollständig mit Füllwatte füllen.
27. Rd: Je 2 M zus häkeln (= 6 fM).
Den Faden abschneiden, durch die letzte Schlaufe auf der Häkelnadel ziehen und vernähen (FOTO 1).

Beine (2 x häkeln)

Mit der Farbe Weiß die kleine Kugel bis einschließlich 2. Rd häkeln.
3. Rd: 12 fM nur ins hMg häkeln (= 12 fM).
4.–6. Rd: 12 fM häkeln (= 12 fM).
Die Beine mit Füllwatte füllen.
7. Rd: Je 2 M zus häkeln (= 6 fM).
Den Faden für das spätere Annähen am Körper lang abschneiden und durch die letzte Schlaufe auf der Häkelnadel ziehen (FOTO 2).

Arme (2 x häkeln)

Mit der Farbe Weiß einen mR häkeln.
1. Rd: 6 fM in den mR häkeln (= 6 fM).
2.–7. Rd: 6 fM häkeln (= 6 fM).
Den Faden lang für das spätere Annähen am Körper abschneiden und durch die letzte Schlaufe auf der Häkelnadel ziehen. Die Arme werden nicht mit Füllwatte gefüllt (FOTO 3).

Ohren (2 x häkeln)

Mit Weiß die kleine Kugel bis einschließlich 2. Rd häkeln (= 12 fM).
3. Rd: Jede 2. und 3. M zus häkeln (= 8 fM).
4. Rd: 8 fM häkeln (= 8 fM).
5. Rd: Jede 2. M verd (= 12 fM).
6. Rd: 12 fM häkeln (= 12 fM).
7. Rd: Jede 4. M verd (= 15 fM).
8.–11. Rd: 15 fM häkeln (= 15 fM).
12. Rd: Jede 4. und 5. M zus häkeln (= 12 fM).
Den Faden für das spätere Annähen am Kopf lang abschneiden und durch die letzte Schlaufe auf der Häkelnadel ziehen.
Die Ohren werden nicht mit Füllwatte gefüllt (FOTO 4).

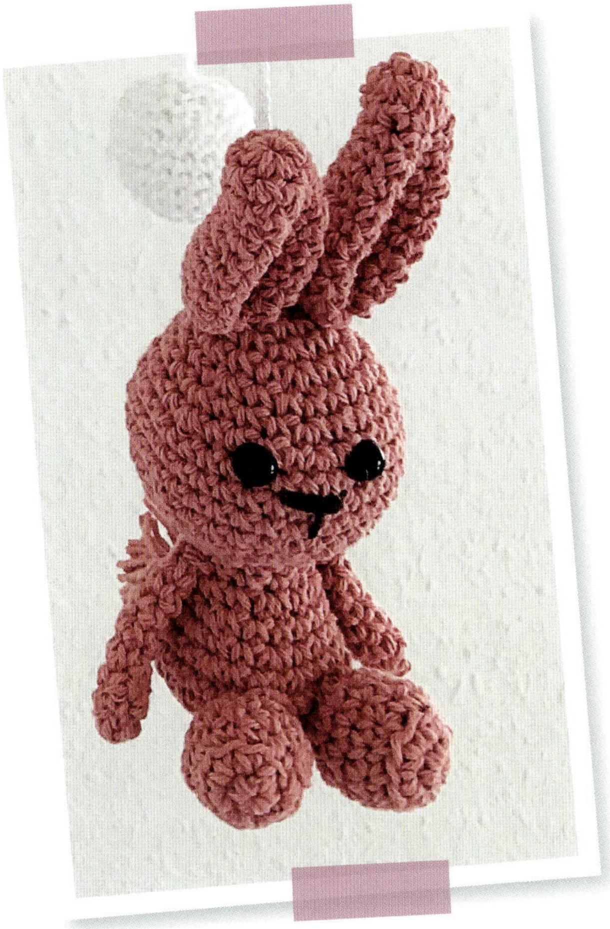

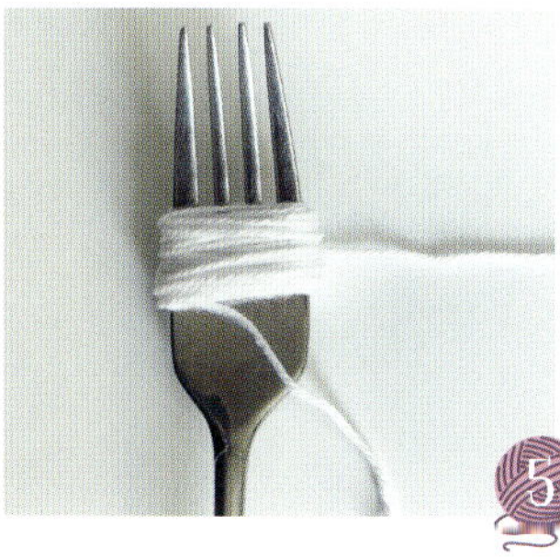

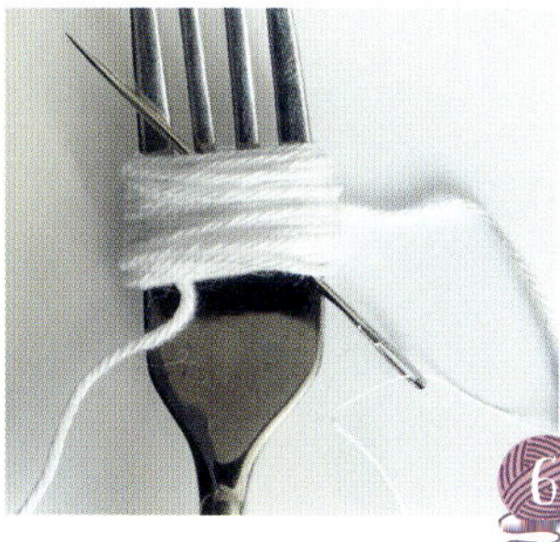

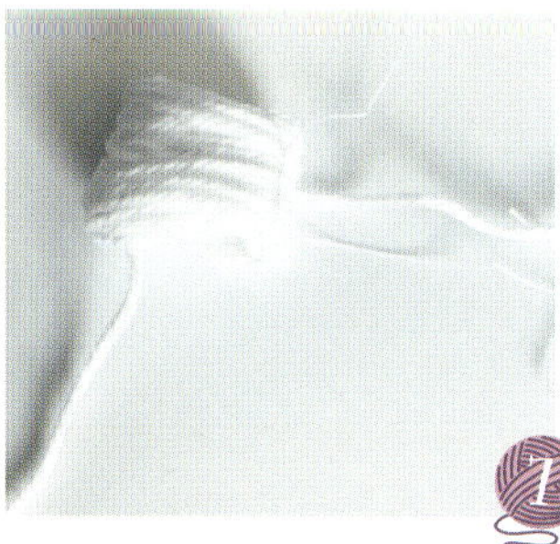

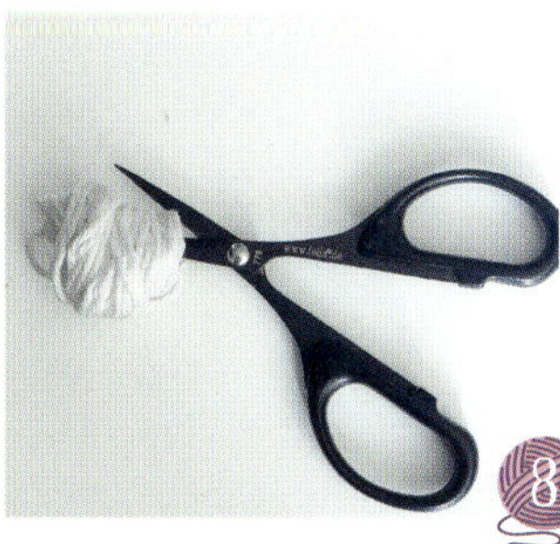

Schwänzchen

Die weiße Baumwolle ca. 40-mal um die Zacken einer Gabel wickeln (FOTO 5).
Einen dünneren Faden mit Hilfe einer Nähnadel von hinten unter die Fäden in der Mitte der umwickelten Gabel führen und den Faden ein wenig durchziehen. Jetzt die Nadel von hinten nach vorne durch die entstandene Schlaufe führen (FOTO 6). Den Faden stramm anziehen und verknoten und die umwickelte Wolle von der Gabel abstreifen. Das Ende gegenüber der Schnur durchschneiden und die Enden der Fäden auf gleicher Länge abschneiden (FOTO 7 + 8).

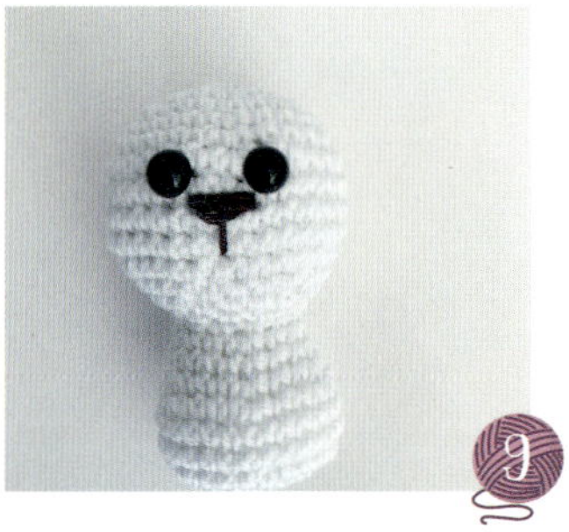

9

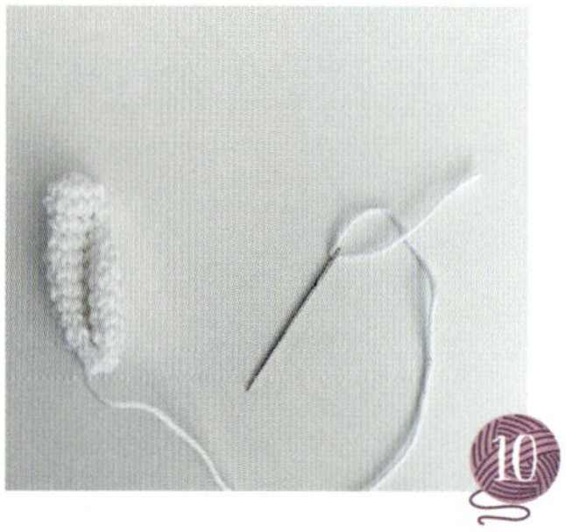

10

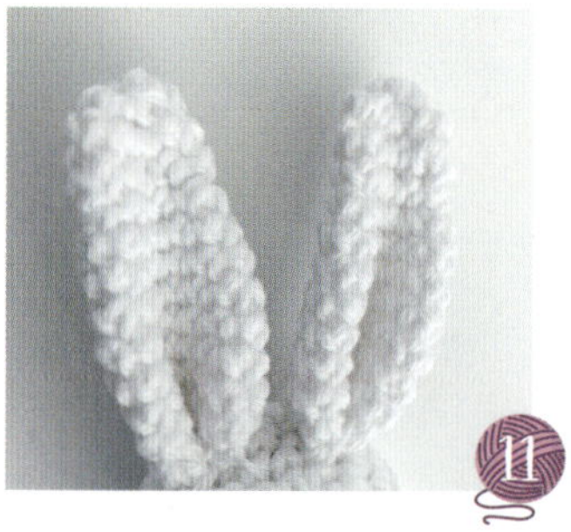

11

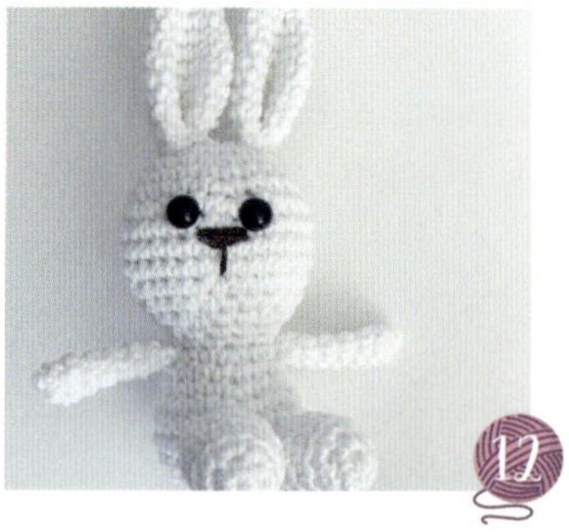

12

Fertigstellung des Hasen

Das Gesicht aufsticken: Für die Nase mit der braunen Wolle zwischen den Augen 4 x hin- und hersticken und genau in der Mitte der soeben gestickten Nase über 2 Rd einen senkrechten Strich nach unten sticken (FOTO 9).

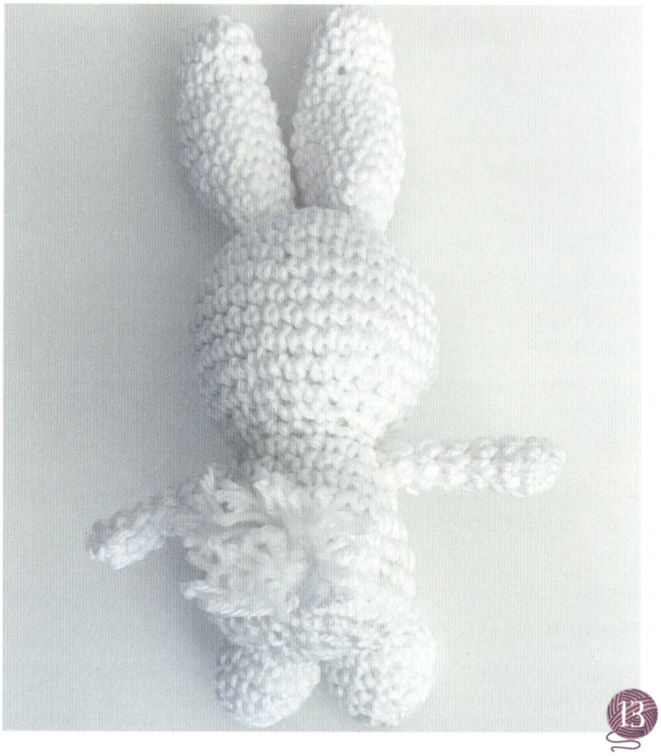

13

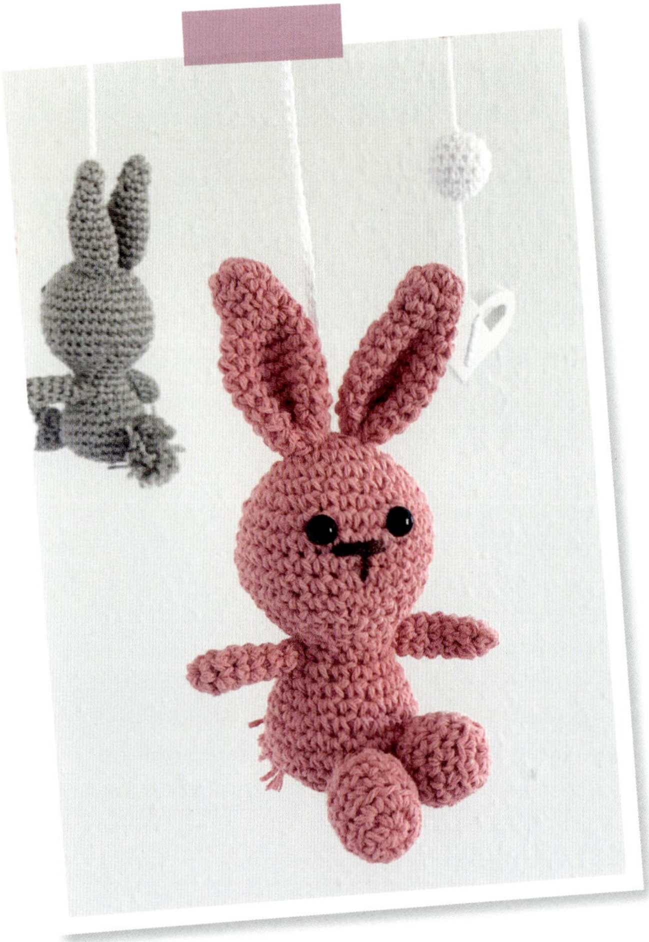

Die Ohren längs übereinanderlegen und (nur) unten zusammennähen, damit der Knick eines typischen Hasenohres entsteht (FOTO 10).

Dann nebeneinander am Kopf annähen (FOTO 11).

Die Beine, nach vorne gerichtet, nebeneinander am Körper annähen.

Die Arme seitlich am Körper des Häschens annähen (FOTO 12).

Das Schwänzchen hinten am Hasen annähen und die Enden der Fäden nochmals auf gleiche Länge schneiden (FOTO 13).

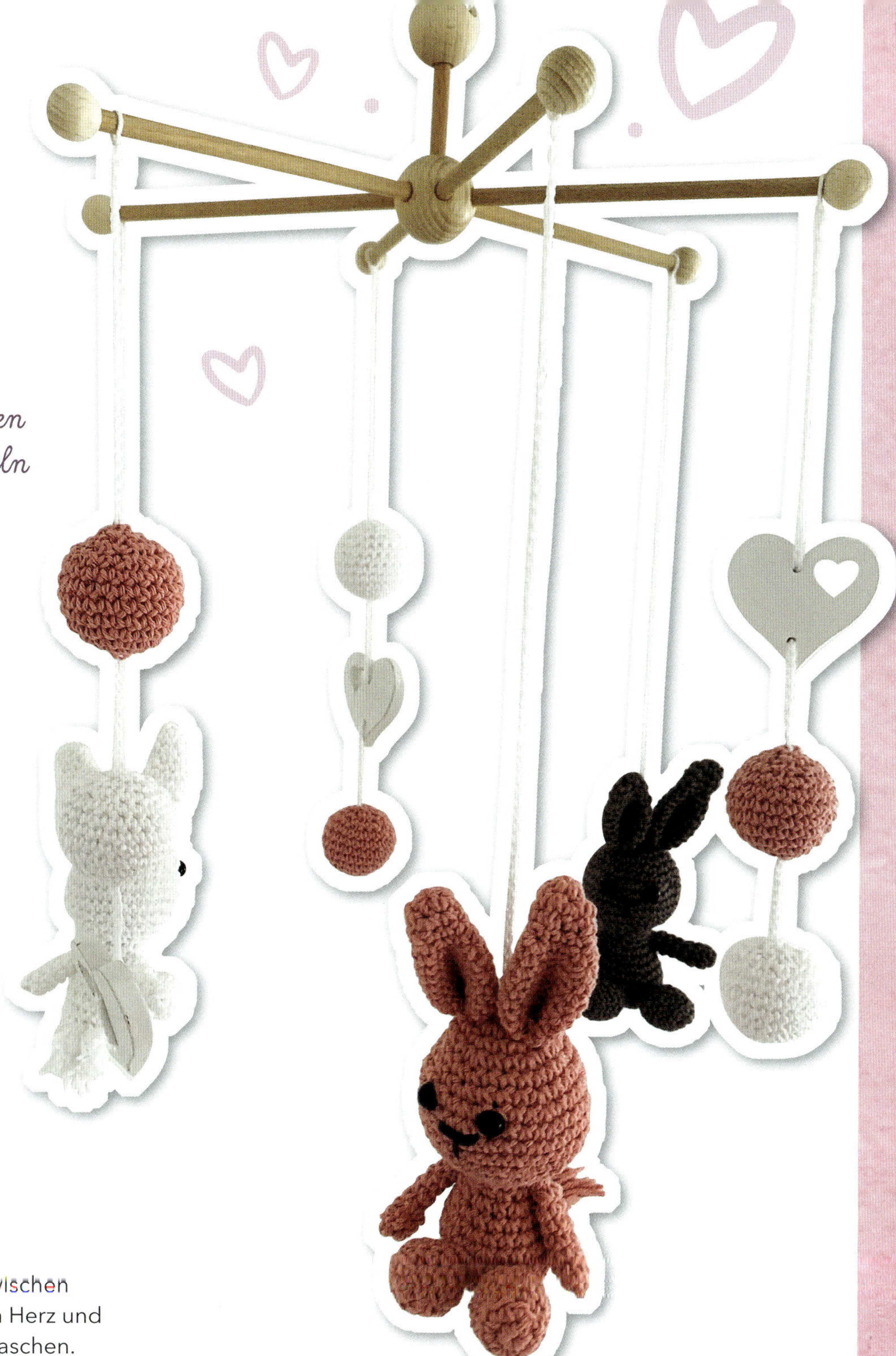

Hier schaukeln die Häschen mit den Herzen und Kugeln bereits lustig an der Aufhängung.

KUGELN

Jeweils 3 mittlere Kugeln in den Farben Weiß und Dahlie anfertigen.

FERTIGSTELLUNG DES MOBILES

An den Häschen jeweils eine Luftmaschenkette von 65 Lfm anbringen und diese an den Mobilestangen befestigen.

Die Kugeln und Herzen mit jeweils 20 Lfm in folgender Anordnung miteinander verbinden (jeweils von unten nach oben):

- Kugel Dahlie – Herz – Kugel Weiß
- Kugel Weiß – Kugel Dahlie – Herz
- Herz – Kugel Weiß – Kugel Dahlie

Die Länge der Luftmaschenkette zwischen der oberen Kugel bzw. dem oberen Herz und der Mobilestange beträgt 20 Luftmaschen.

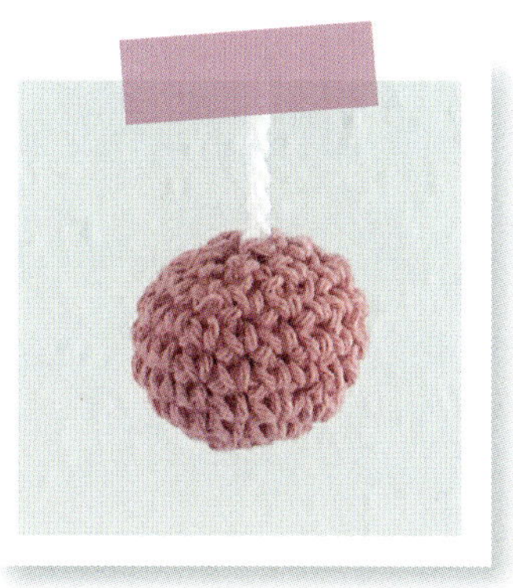

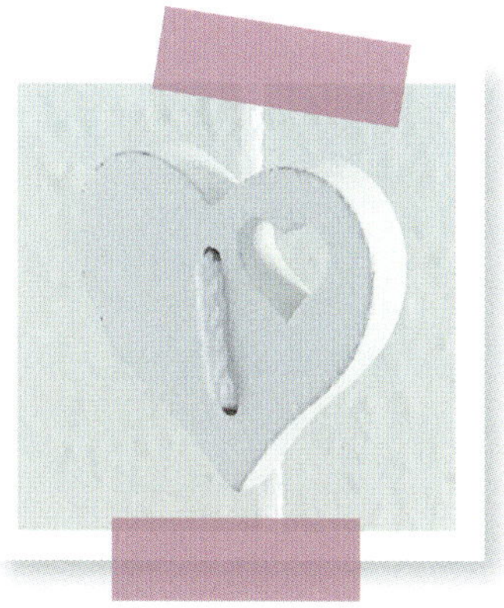

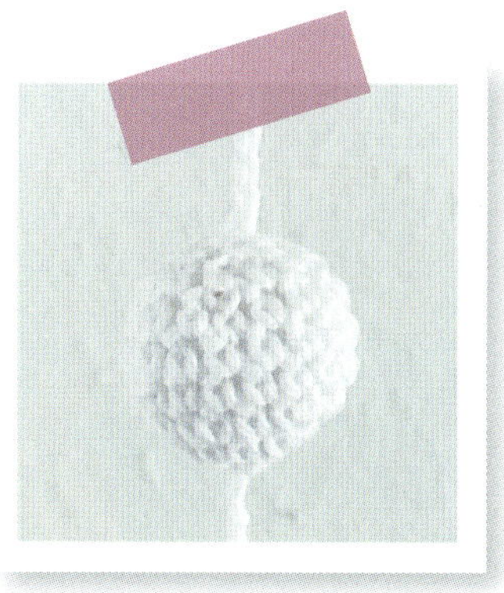

Material

- 30 g Catania Baumwolle, Farbe Weiß Nr. 106
- 30 g Catania Baumwolle, Farbe Silber Nr. 172
- 30 g Catania Baumwolle, Farbe Stein Nr. 242
- Mobilestern/Mobilekreuz mit 6 Armen, 30 cm Durchmesser
- Füllwatte
- 6 Sicherheitsaugen, 6 mm Durchmesser

Zubehör

- Häkelnadel Nr. 2,5
- Nähnadel
- Schere

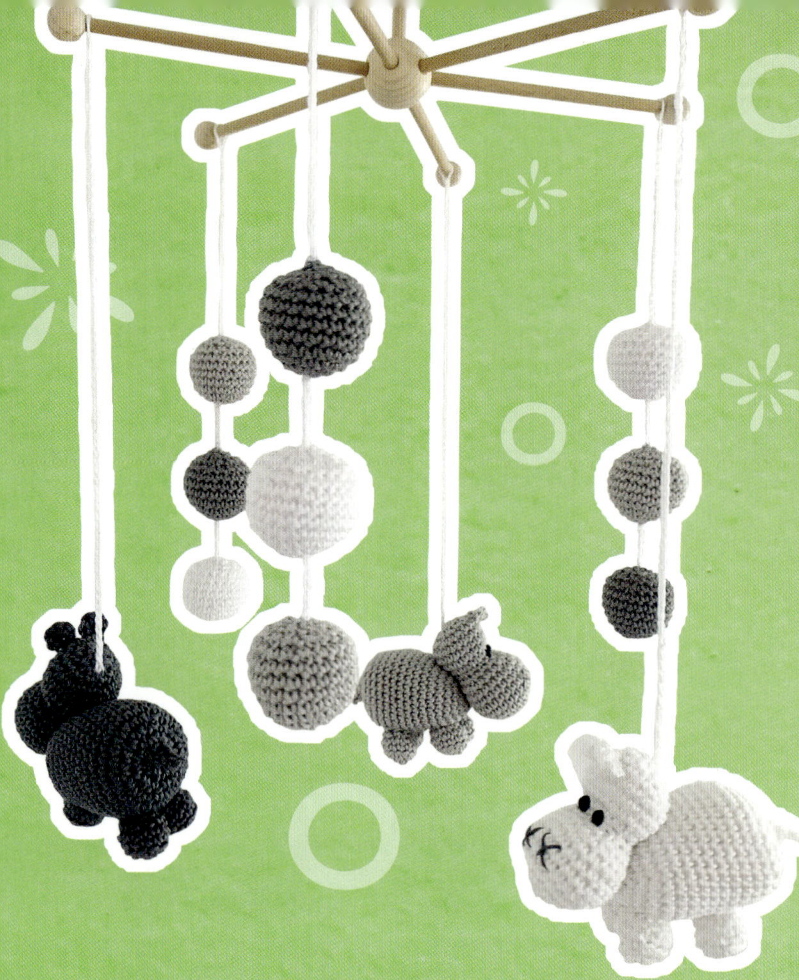

Nilpferdmobile

„ICH BIN EIN KLEINES NILPFERD UND WIEGE TAUSEND PFUND ...“

Nilpferde sind immer wieder ein schönes und beliebtes Motiv für ein Babymobile. Die drei süßen Hippos schaukeln zusammen mit gleichfarbigen Kugeln an den Mobilearmen.

Das Nilpferdmobile eignet sich perfekt für Einsteiger. Das Häkeln der Kugeln ist der Grundstein für beinahe jedes Amigurumi, wie zu Beginn in der Einleitung erklärt, und folgt einem ganz einfachen Prinzip. Ebenso die daraus abgewandelten Nilpferde.

NILPFERD

Körper

Mit der Farbe Stein die große Kugel bis einschließlich 5. Rd häkeln.

6.–15. Rd: 30 fM häkeln (= 30 fM).
16. Rd: Jede 4. und 5. M zus (= 24 fM).
17. Rd: Jede 3. und 4. M zus (= 18 fM).
18. Rd: Jede 2. und 3. M zus (= 12 fM).
Jetzt den Körper mit Füllwatte füllen.
19. Rd: Je 2 M zus häkeln (= 6 fM).
Die Arbeit noch nicht beenden, sondern für den Schwanz 4 Lfm häkeln, in die 2. M von der Nadel aus eine fM und dann noch 2 fM häkeln (= 3 fM).
Den Faden lang abschneiden, mit einer Nadel durch das vMg der letzten 6 Maschen ziehen und dann noch einmal die Nadel vom Rücken des Nilpferdes durch den Schwanz führen. Anschließend den Faden vernähen (FOTO 1–3).

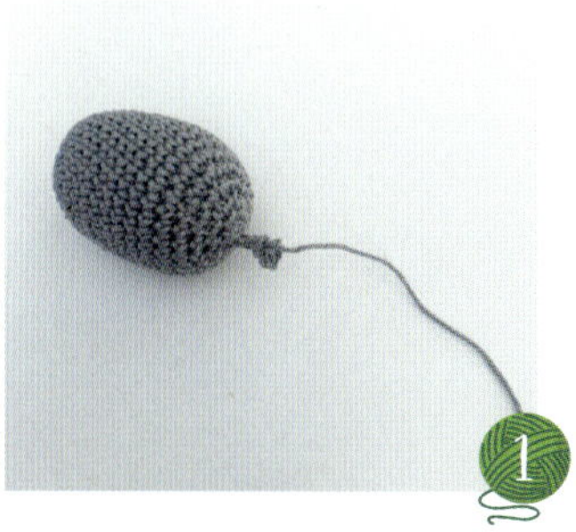

1

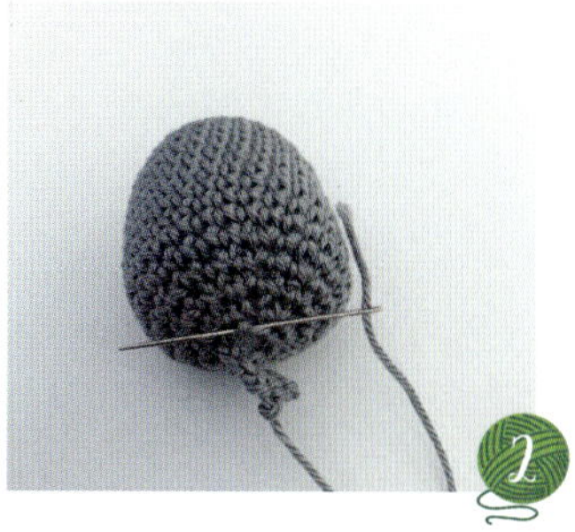

2

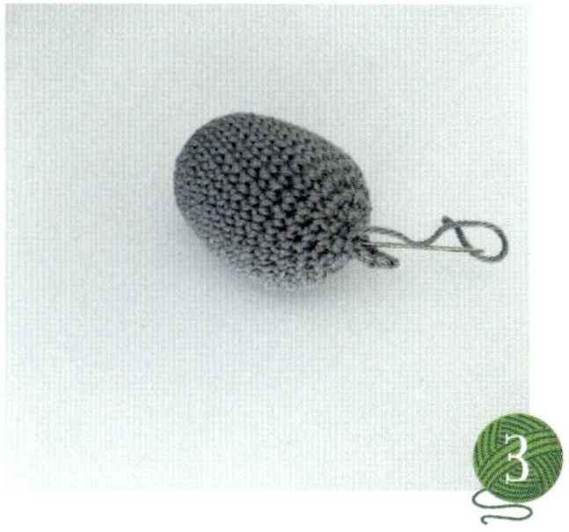

3

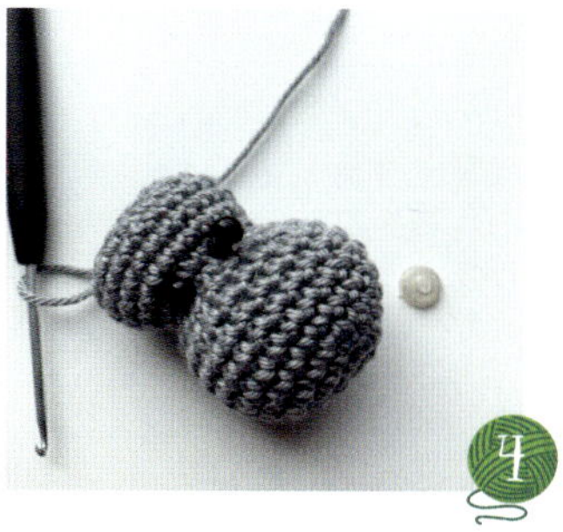

4

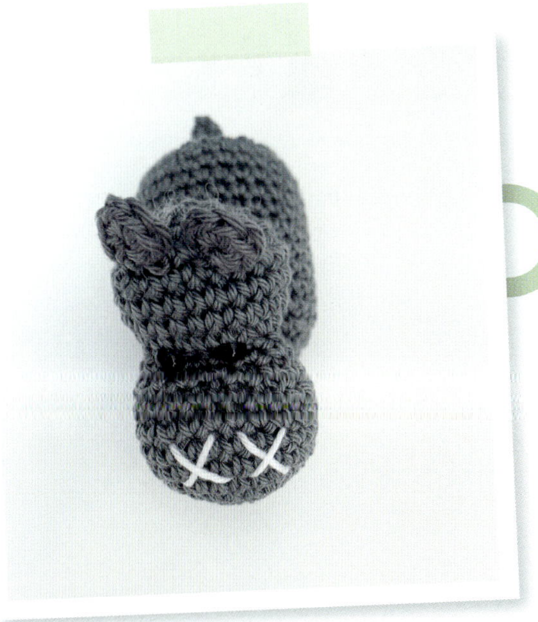

Kopf

Mit der Farbe Stein die mittlere Kugel bis einschließlich 8. Rd häkeln.

9. Rd: Jede 5. und 6. M zus (= 20 fM).
10. Rd: Jede 4. und 5. M zus (= 16 fM).
11. Rd: Jede 3. und 4. M zus (= 12 fM).
12. Rd: Jede M verd (= 24 fM).
13.–15. Rd: 24 fM häkeln (= 24 fM).
16. Rd: Jede 3. und 4. M zus (= 18 fM).
17. Rd: Jede 2. und 3. M zus (= 12 fM).
Jetzt den unteren Teil des Kopfes mit Füllwatte füllen und die Sicherheitsaugen zwischen der 8. und 9. Rd. anbringen (FOTO 4). Anschließend den oberen Teil des Kopfes mit Füllwatte füllen.
18. Rd: Je 2 fM zus häkeln (= 6 fM).
Den Faden abschneiden, mit einer Nadel durch das vMg der letzten 6 Maschen führen, zusammenziehen und anschließend den Faden vernähen.

Ohren (2 x häkeln)
Mit der Farbe Stein einen mR häkeln.
1. Rd: 6 fM in den mR häkeln.
Den Faden zum Annähen lang abschneiden und den Anfangsfaden leicht zusammenziehen, sodass ein Halbkreis entsteht (FOTO 5).

Füße (4 x häkeln)
Mit der Farbe Stein die kleine Kugel bis einschließlich 2. Rd häkeln.
3. Rd: 12 fM ins hintere Maschenglied der Vorrunde häkeln (= 12 fM) (FOTO 6).
4. Rd: 12 fM häkeln (= 12 fM).
5. Rd: * 1 fM häkeln, 2 fM zus, ab * 3 x wdh (= 8 fM).

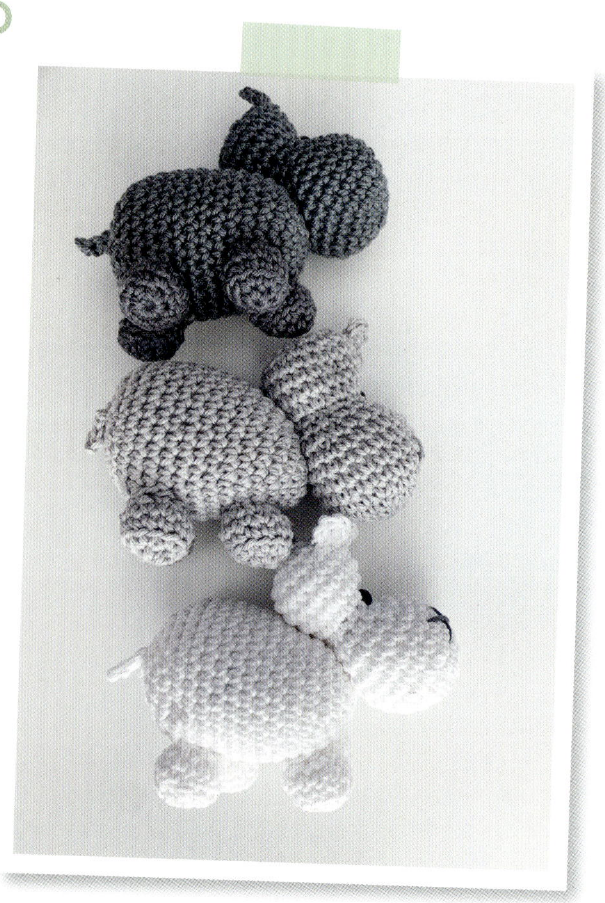

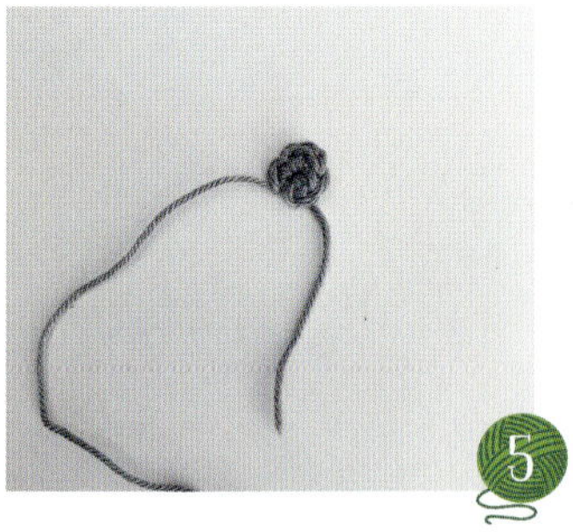
5

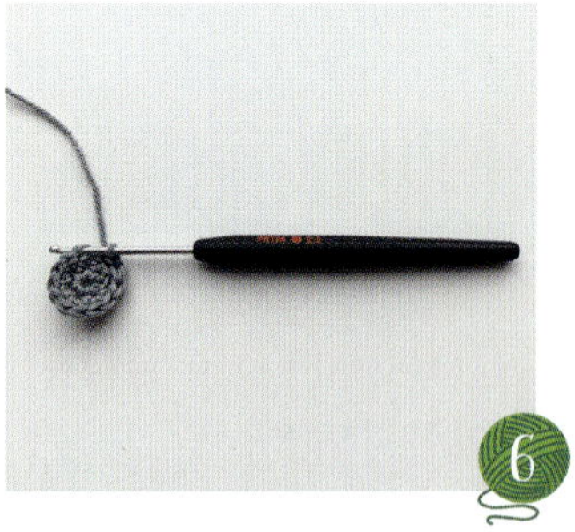
6

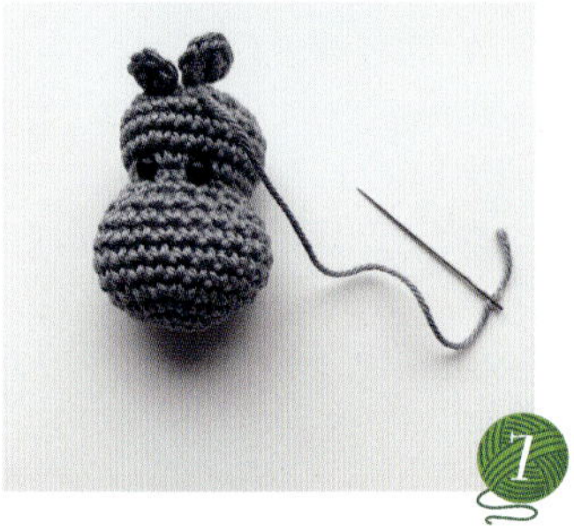
7

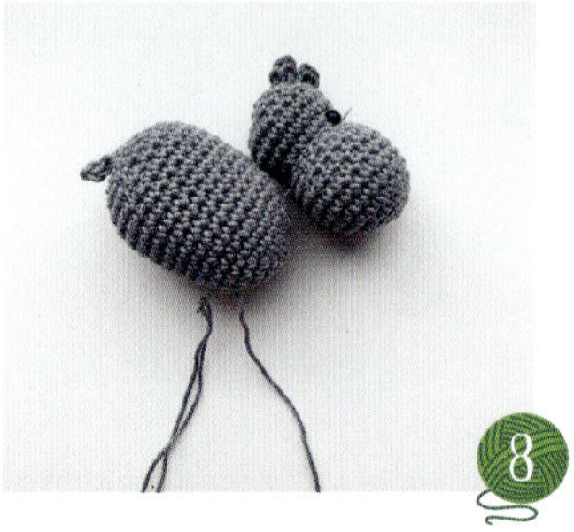
8

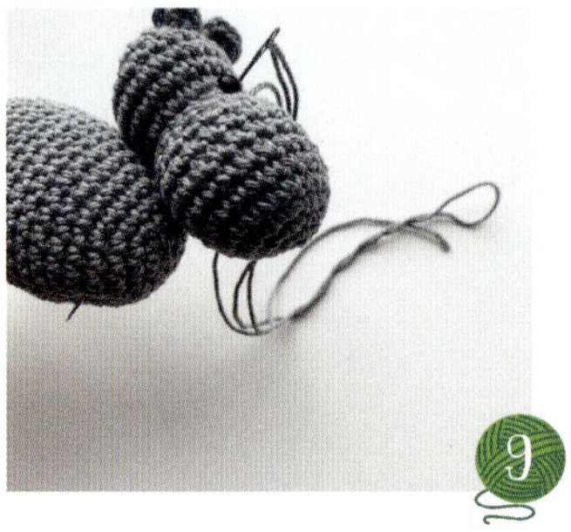
9

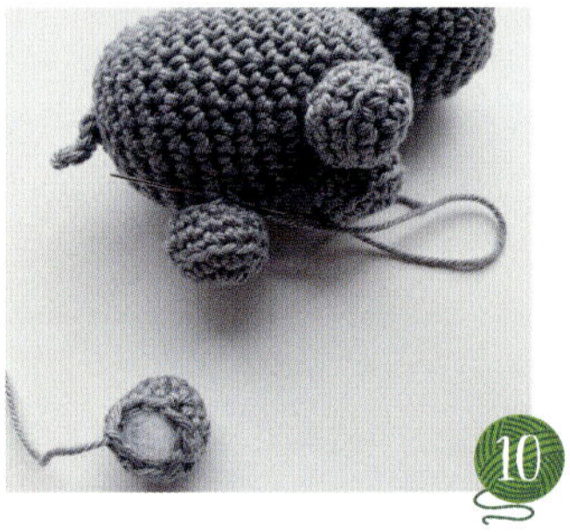
10

Fertigstellung des Nilpferds
Die Ohren am Kopf des Nilpferds annähen (FOTO 7).
Den Körper und den Kopf mit mehreren Stichen mit der Nähnadel zusammennähen (FOTO 8 + 9).
Die Füße mit etwas Watte füllen und an den Körper annähen (FOTO 10).
Die Nase des Nilpferds im Abstand von fünf Runden unter den Augen über zwei Maschen und zwei Reihen in Form eines Kreuzes aufsticken (FOTO 11).
Noch je ein Nilpferd in der Farbe Weiß und Silber anfertigen.

KUGELN
Jeweils 3 mittlere Kugeln in den Farben Weiß, Silber und Stein anfertigen.

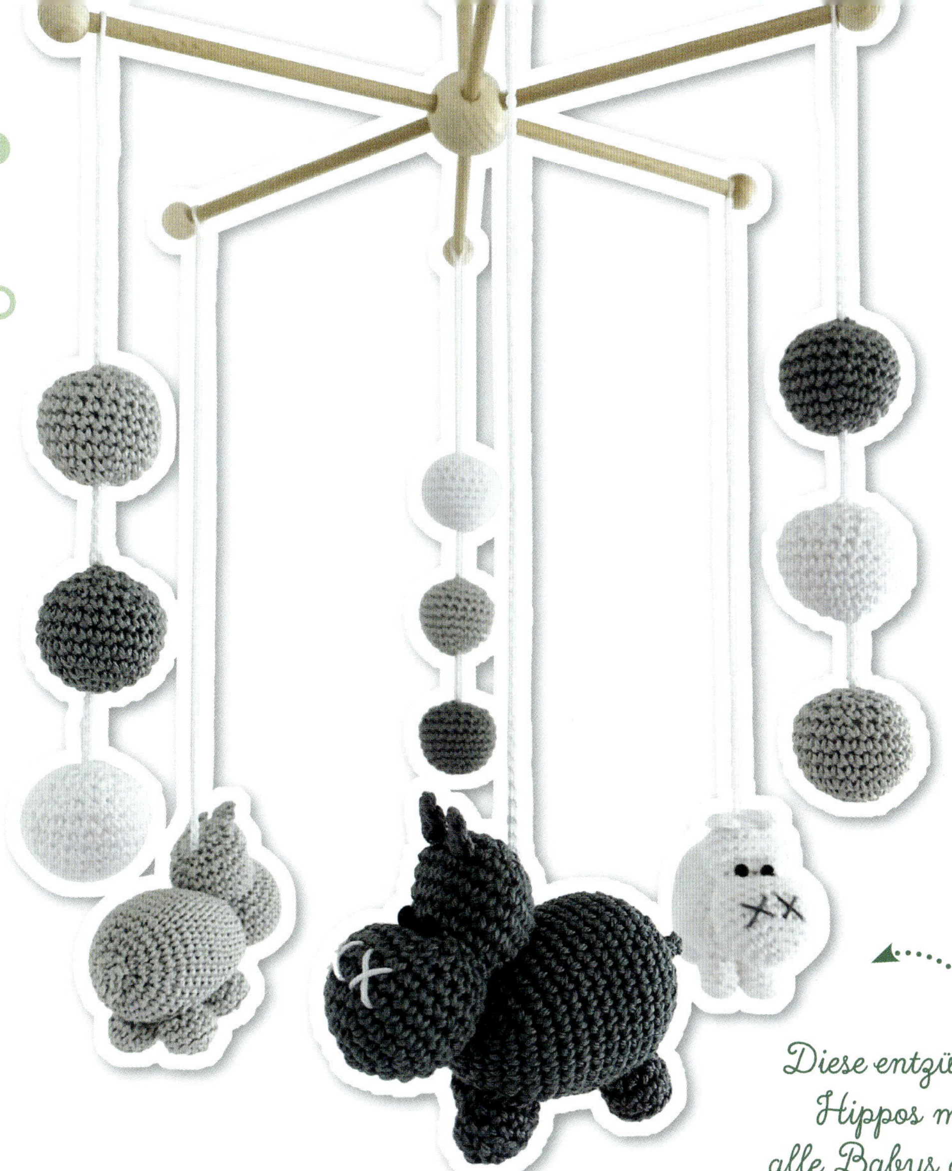

Diese entzückenden Hippos machen alle Babys glücklich.

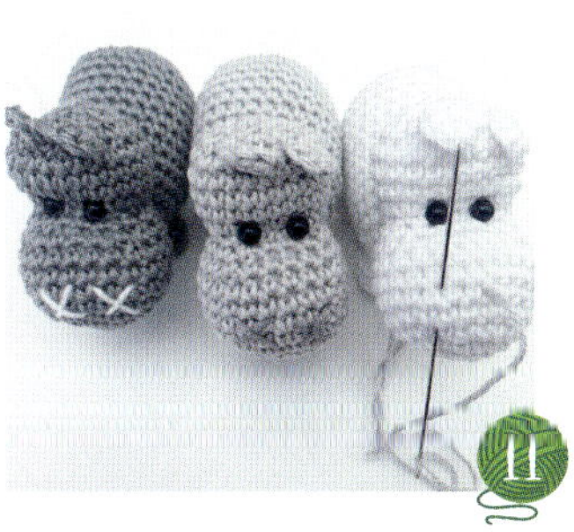

11

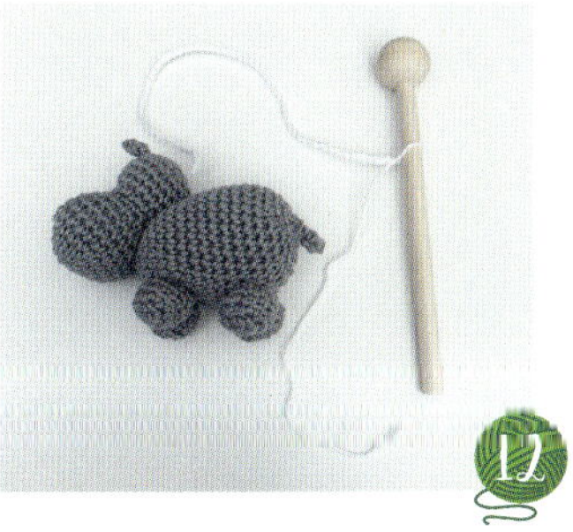

12

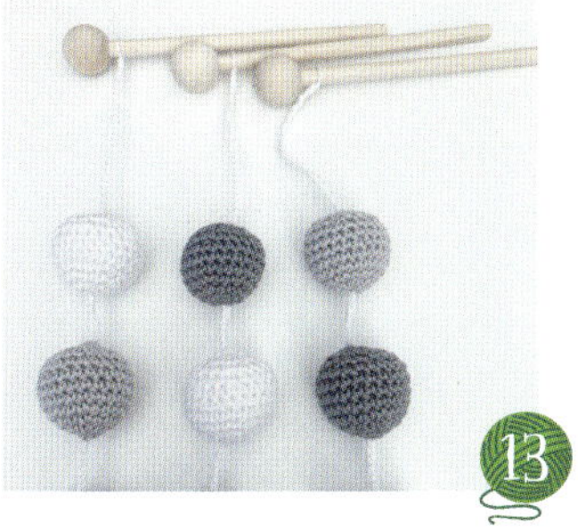

13

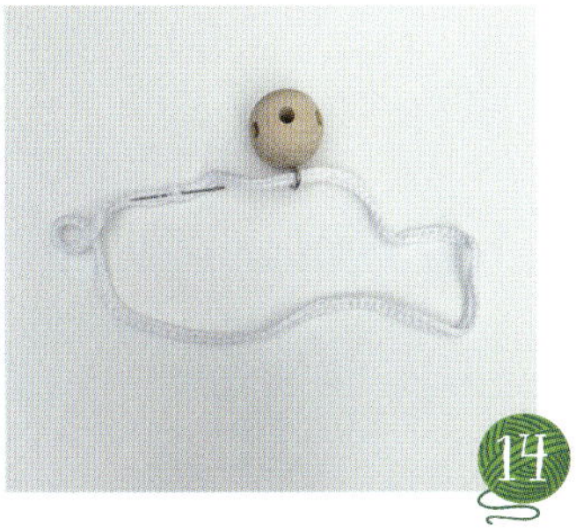

14

FERTIGSTELLUNG DES MOBILES

An den Nilpferden über 70 Lfm eine Luftmaschenkette häkeln und an den Mobilearmen befestigen (FOTO 12). Jeweils drei verschiedenfarbige Kugeln mit Luftmaschen verbinden. Die Länge der Luftmaschenkette zwischen den einzelnen Kugeln beträgt 8 Lfm. An die obere Kugel 28 Lfm häkeln (FOTO 13).

Eine Schnur zum Aufhängen des Mobiles häkeln und die 6 Mobilearme in die Löcher der Mobileaufhängung stecken.

Die Schnur auf dem Foto besteht aus 140 Lfm, die ich mit einer Reihe fM behäkelt habe (FOTO 14).

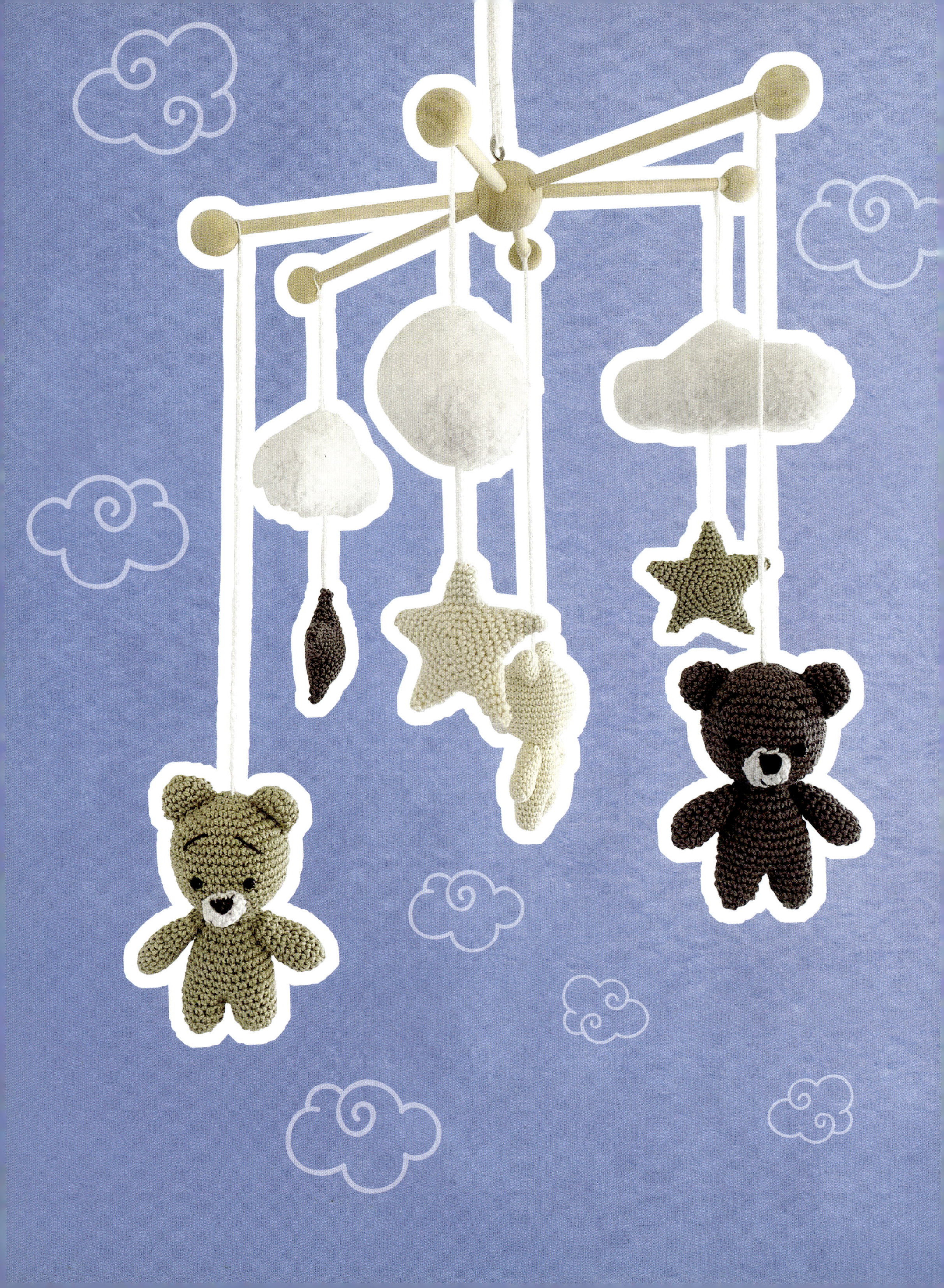

Bärchenmobile

„Unser kleiner Bär im Zoo, der schläft ganz tief und fest …“

Jeder liebt Teddybären … Ihr Baby sicher auch. Die Anfertigung der Bärchen ist nicht schwierig und auch für Einsteiger machbar. Der Kopf und der Körper werden in einem Stück gehäkelt.

Über den Bärchen schweben Wolken und Sterne. Die Sterne sind etwas komplizierter zu häkeln, ebenso die Wolken, sofern sie mit Lenja Soft angefertigt werden. Mit Baumwolle oder Acrylgarn gehäkelt, sind die Wolken etwas einfacher, aber es muss unbedingt genau auf die Anleitung geachtet werden, damit kein Schritt übersehen wird.

Material

- 30 g Catania Baumwolle von Schachenmayr, Farbe Creme Nr. 130
- 30 g Ibiza Baumwolle, Farbe Taupe Nr. 6008
- 30 g Ibiza Baumwolle, Farbe Kamel Nr. 6010
- Rest dunkelbraune Baumwolle
- 50 g Baby Smiles Lenja Soft, Farbe Weiß Nr. 1001, oder
- 50 g Ibiza, Farbe Weiß Nr. 6001, oder
- 50 g Acrylgarn, Farbe Weiß
- 6 Sicherheitsaugen, 6 mm Durchmesser
- Füllwatte
- Mobilekreuz mit 6 Armen, 35 cm Durchmesser

Zubehör

- Häkelnadel Nr. 2,5 + 4
- Sticknadel
- Schere

BÄRCHEN

Die Bärchen werden in einem Stück gehäkelt. Begonnen wird mit dem Kopf.

Kopf

Mit der Farbe Creme die große Kugel bis einschließlich 5. Rd häkeln.
6. Rd: Jede 5. M verd (= 36 fM).
7. Rd: Jede 6. M verd (= 42 fM).
8.-13. Rd: 42 fM häkeln (= 42 fM).
14. Rd: Jede 6. und 7. M zus häkeln (= 36 fM).
15. Rd: Jede 5. und 6. M zus häkeln (= 30 fM).
16. Rd: Jede 4. und 5. M zus häkeln (= 24 fM).
17. Rd: Jede 3. und 4. M zus häkeln (= 18 fM).
18. Rd: Jede 2. und 3. M zus häkeln (= 12 fM).
Jetzt die Augen zwischen der 11. und 12. Rd mit einem Abstand von 5 M anbringen und den Kopf schon ein wenig mit Füllwatte füllen (FOTO 1).
19. Rd: 12 fM häkeln (= 12 fM).
20. Rd: Jede 2. M verd (= 18 fM).
21. Rd: 18 fM häkeln (= 18 fM).
22. Rd: Jede 3. M verd (= 24 fM).
23.-28. Rd: 24 fM häkeln (= 24 fM).
Jetzt den Kopf vollständig und den Oberkörper mit Füllwatte füllen (FOTO 2 + 3).
Die nächste Runde wird nur über die Hälfte der Maschen gehäkelt. Zuvor noch 2 fM häkeln, damit Sie sich genau in der Mitte des Körpers befinden (FOTO 4). Hier beginnt das erste Bein. Einen andersfarbigen Faden oder Maschenmarkierer einlegen.
29. Rd: 12 fM häkeln (= 12 fM).
Die restlichen 12 fM unbehäkelt lassen und bei der 1. Masche der 29. Runde weiterhäkeln. Dabei den Faden straff halten, damit keine große Lücke entsteht (FOTO 5).
30.-32. Rd: 12 fM häkeln (= 12 fM).
Jetzt das Bein mit Füllwatte füllen.
33. Rd: Je 2 M zus häkeln (= 6 fM).
Den Faden abschneiden und durch die letzte Schlaufe auf der Häkelnadel ziehen. Dann den Faden mit einer Nadel durch das vMg der letzten 6 fM führen, zusammenziehen und vernähen. Das erste Bein ist damit fertig (FOTO 6).

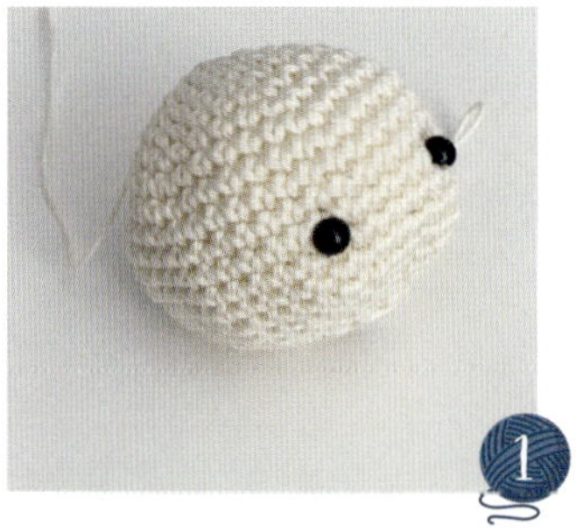

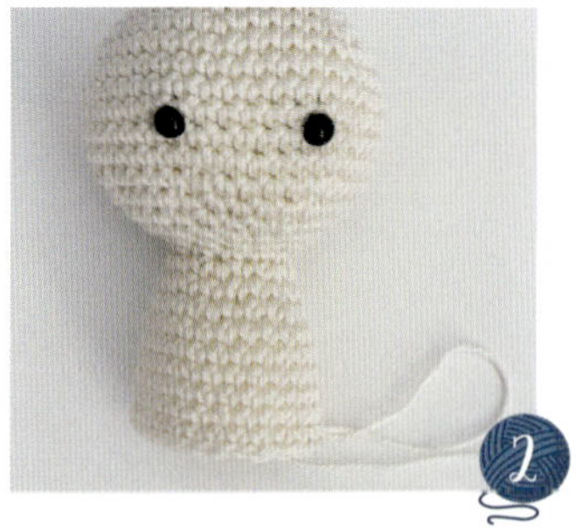

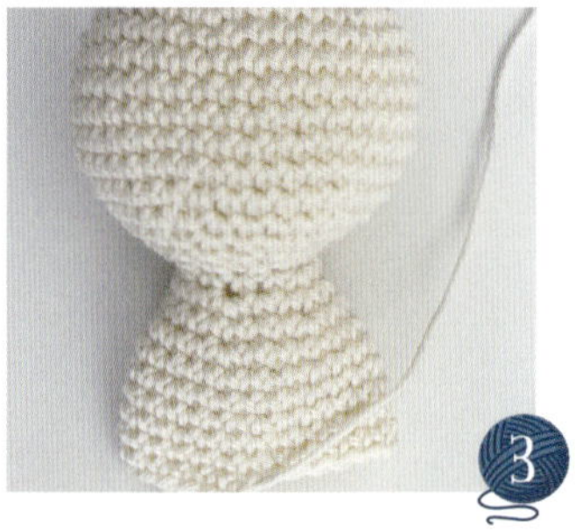

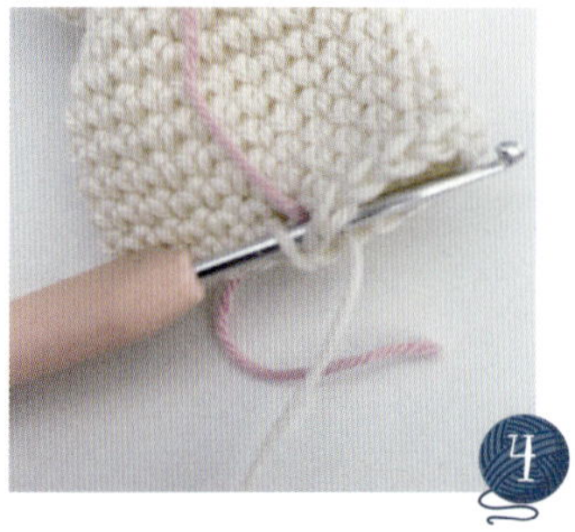

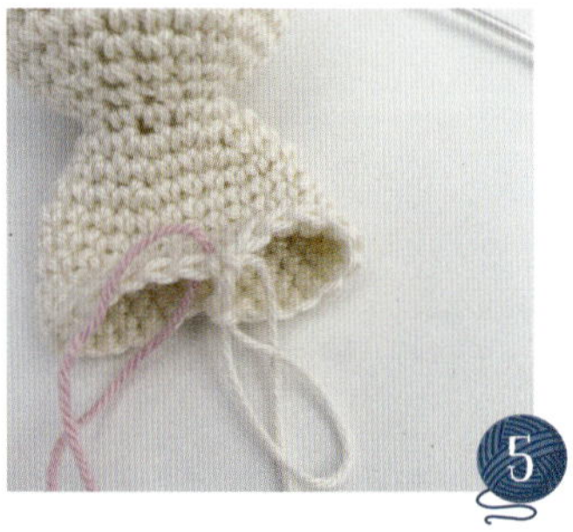

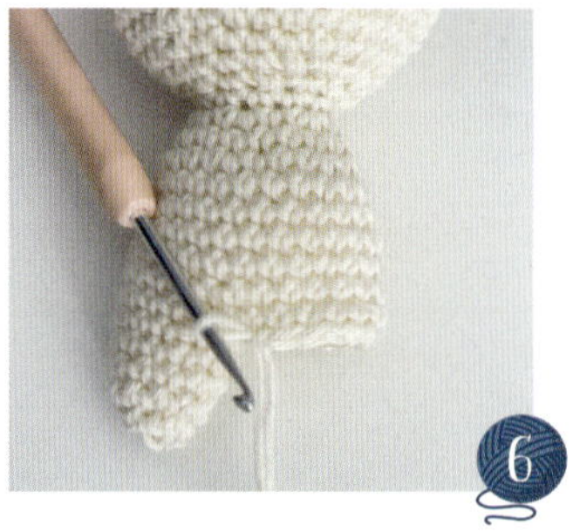

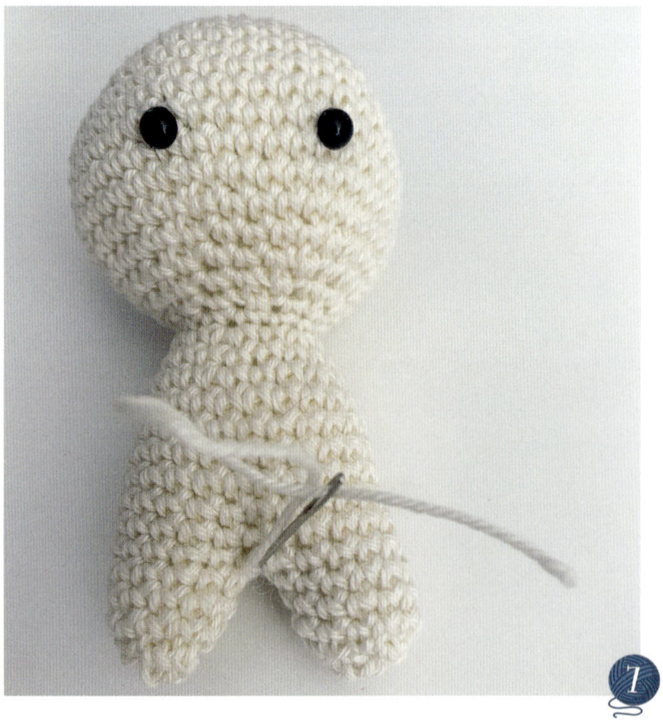

Für das zweite Bein mit der nächsten unbehäkelten fM der 29. Rd anfangen. Hier den Faden neu anschlingen und eine Luftmasche häkeln. Den Anfangsfaden dabei etwas länger lassen. Mit diesem kann später die kleine Lücke zwischen den beiden Beinen zugenäht werden. Das zweite Bein ab Rd. 30 häkeln. Anschließend mit dem Anfangsfaden die kleine Lücke zwischen den Beinen des Teddybären zunähen (FOTO 7).
Fertig sind Kopf und Körper des kleinen Teddybären.

Mäulchen

Mit Weiß die kleine Kugel bis einschließlich 2. Rd häkeln (= 12 fM).
3. Rd: 12 fM häkeln (= 12 fM).
Den Faden für das spätere Annähen am Kopf lang abschneiden und durch die letzte Schlaufe auf der Häkelnadel ziehen (FOTO 8).
Das Mäulchen wird nicht mit Füllwatte gefüllt.

Ohren (2 x häkeln)

Mit Creme die kleine Kugel bis einschließlich 2. Rd häkeln (= 12 fM).
3.–5. Rd: 12 fM häkeln (= 12 fM).
Den Faden für das spätere Annähen am Kopf lang abschneiden und durch die letzte Schlaufe auf der Häkelnadel ziehen (FOTO 9).
Die Ohren werden nicht mit Füllwatte gefüllt.

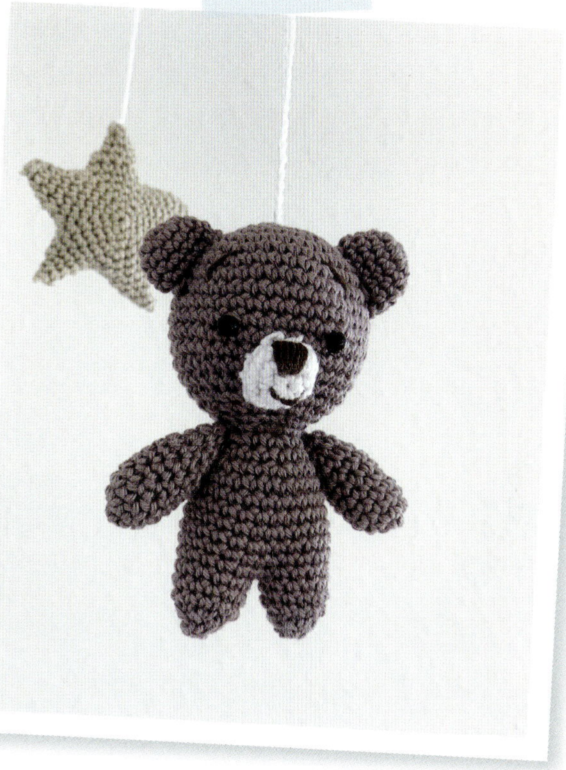

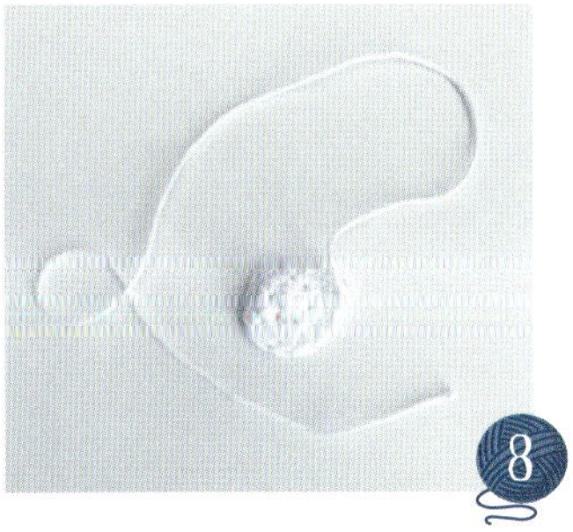

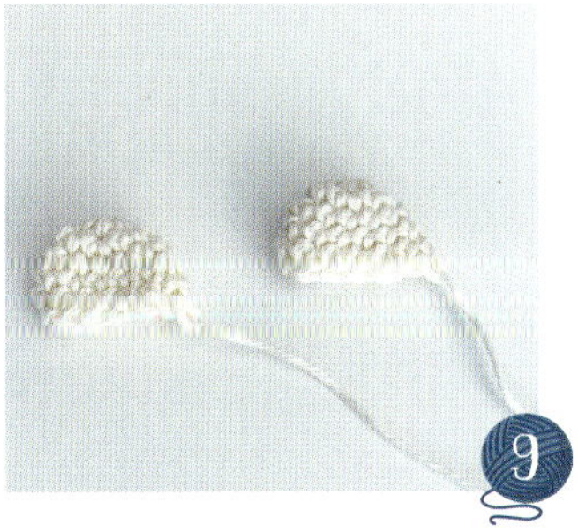

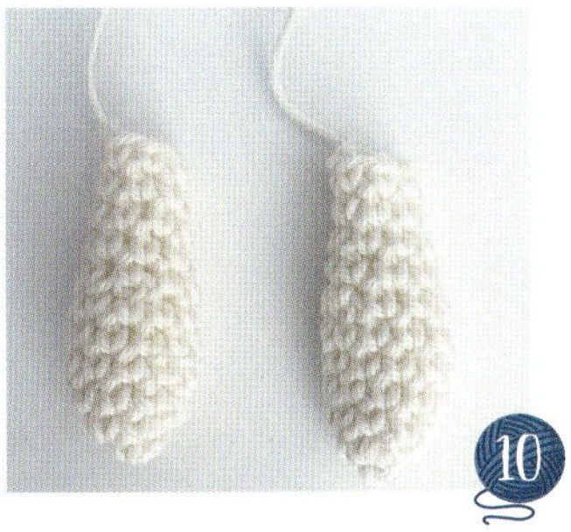

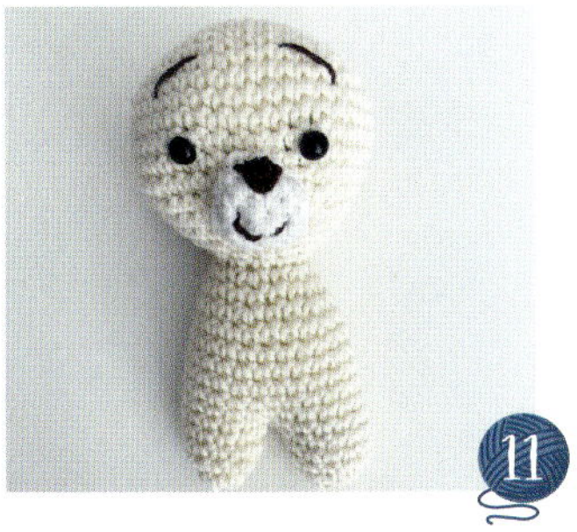

Arme (2 x häkeln)

Mit Creme einen mR häkeln.
1. Rd: 5 fM in den mR häkeln (= 5 fM).
2. Rd: Jede M verd (= 10 fM).
3.–6. Rd: 10 fM häkeln (= 10 fM).
7. Rd: 2 x jede 4. und 5. M zus häkeln (= 8 fM).
8.–11. Rd: 8 fM häkeln (= 8 fM).
Den Faden für das spätere Annähen am Körper lang abschneiden und durch die letzte Schlaufe auf der Häkelnadel ziehen. Die Arme mit Füllwatte füllen (FOTO 10).

Fertigstellung des Bärchens

Das Mäulchen annähen und mit dunkelbrauner Wolle die Nase und den Mund aufsticken. Ebenso die Augenbrauen aufsticken (FOTO 11).

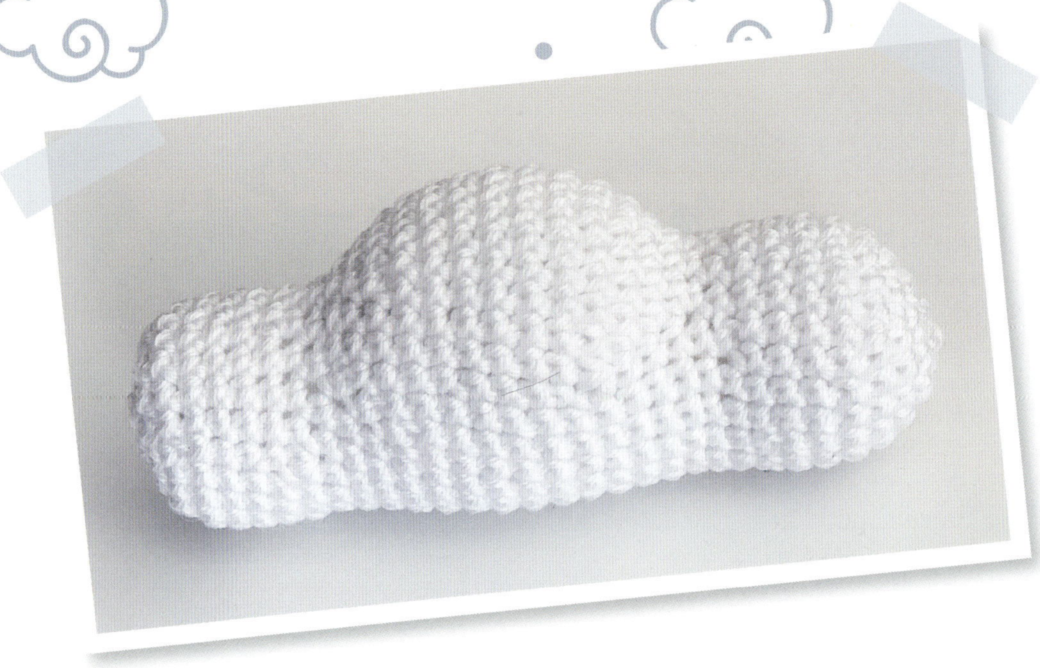

Die Ohren ca. 3 Rd von der oberen Mitte und parallel zu den Augenbrauen an den Kopf annähen (FOTO 12). Die Arme an den Körper annähen (FOTO 13).

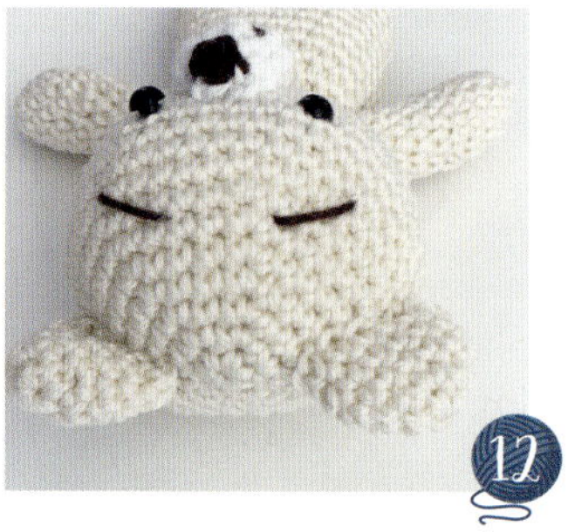

12

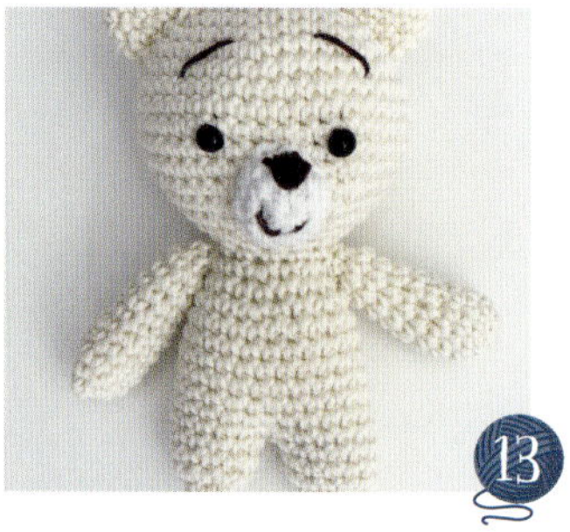

13

WOLKE

Die Anleitung für die Wolke finden Sie bei dem Schafmobile, S. 84 ff., in diesem Buch.

STERN

Innerer Kreis (2 x häkeln)

Mit der Farbe Creme einen mR häkeln.
1. Rd: 5 fM in den mR häkeln (= 5 fM).
2. Rd: Jede M verd (= 10 fM).
3. Rd: Jede 2. M verd (= 15 fM).
4. Rd: Jede 3. M verd (= 20 fM).
5. Rd: Jede 4. M verd (= 25 fM).
Den Faden abschneiden und durch die letzte Schlaufe auf der Häkelnadel ziehen.
Diese 5 Rd noch einmal häkeln, hier aber zum Schluss nicht den Faden abschneiden, weil sofort weiter gehäkelt wird. An dieser Stelle einen Maschenmarkierer anbringen oder einen andersfarbigen Faden einlegen.

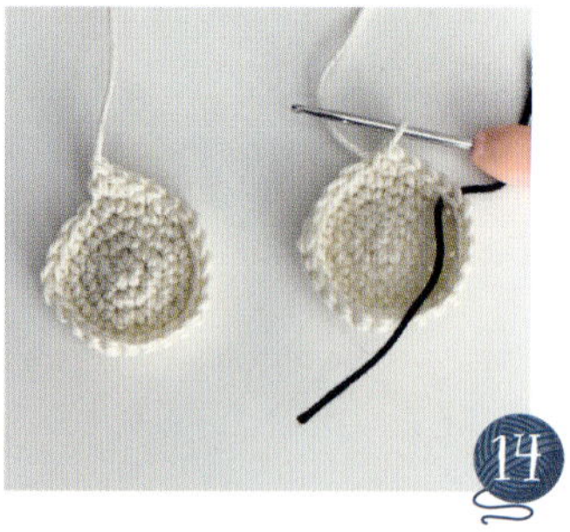

14

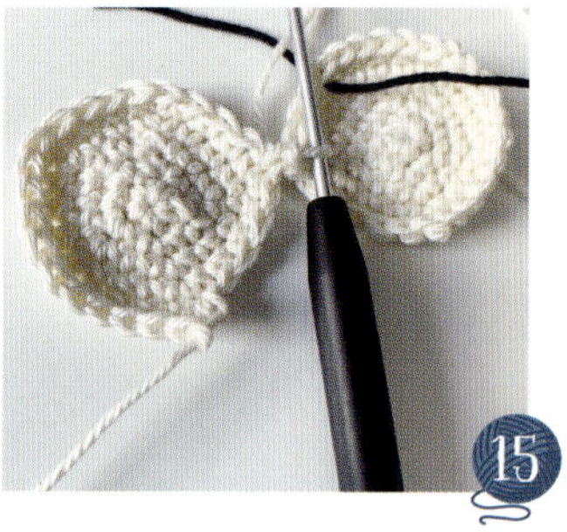

15

Zacken (5 x häkeln)

Die Zacken werden jeweils fünfmal zwischen den Zunahmen gearbeitet. Die Zacken werden nach oben hin immer dünner, indem man jeweils die fM im Übergang nicht mit behäkelt, wie es in der nachfolgenden Anleitung steht.
Für den ersten Zacken:
1. Rd: 4 fM häkeln (= 4 fM) (FOTO 14).
Jetzt werden die beiden Kreise miteinander verbunden, indem man in eine beliebige Zunahme des ersten Kreises eine fM häkelt, also dort, wo sich die Masche der letzten Zunahme befindet (FOTO 15).
Weitere 4 fM häkeln.
1 fM in die fM vor der Markierung in der letzten Reihe (FOTO 16), 4 fM.
Ab jetzt wird nur noch in Runden gehäkelt.
1. Rd: * 1 fm in die übernächste fM der Vorrunde, 3 fM, ab * 1 x wdh (= 8 fM).

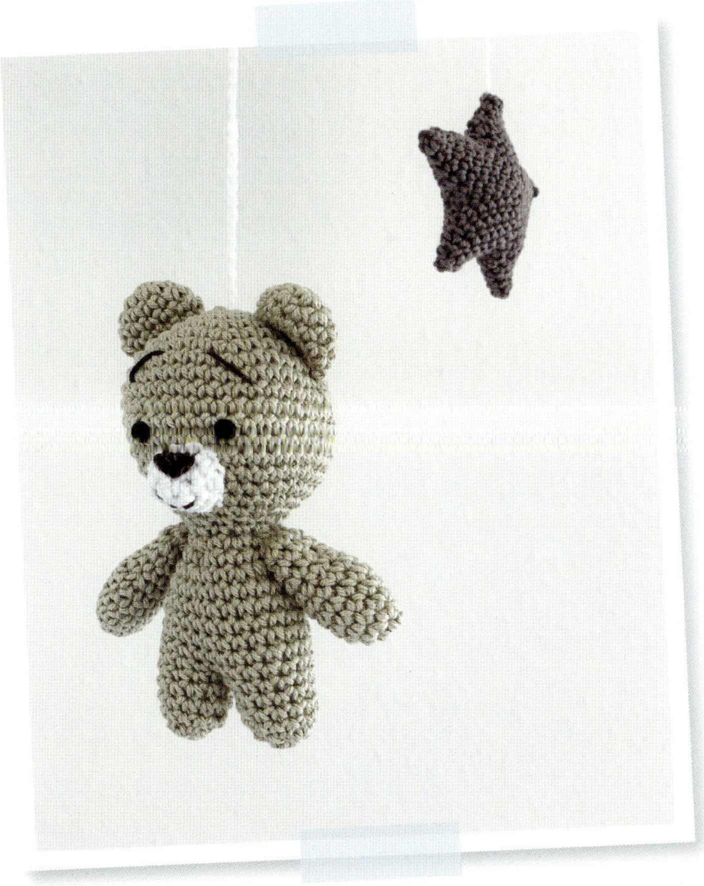

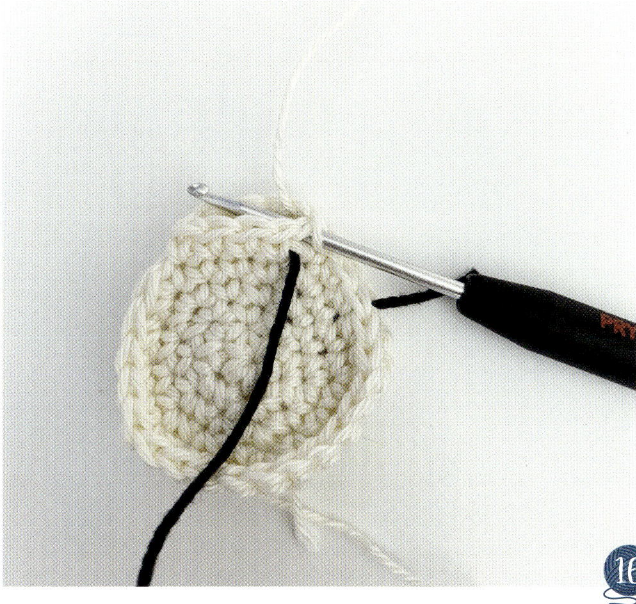

16

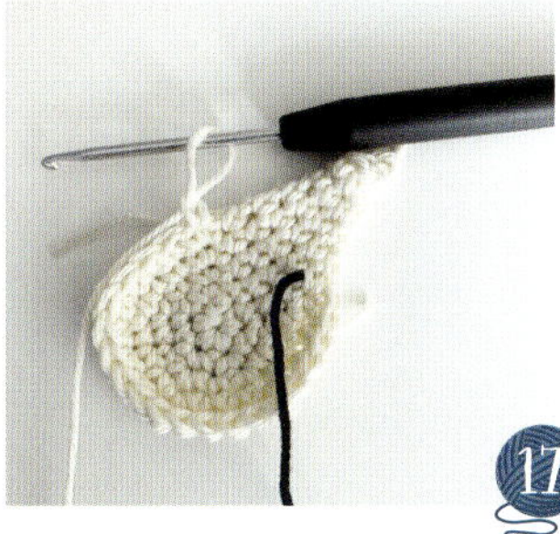

17

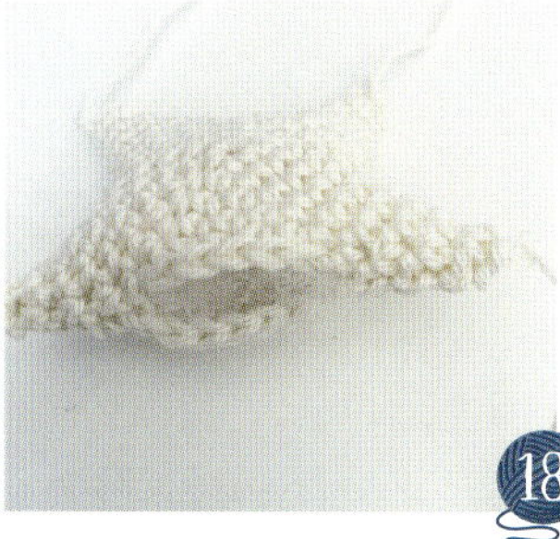

18

2. Rd: * 1 fm in die übernächste fM der Vorrunde, 2 fM, ab * 1 x wdh (= 6 fM).
3. Rd: * 1 fm in die übernächste fM der Vorrunde, 1 fM, ab * 1 x wdh (= 4 fM).
Den Faden abschneiden und durch die letzte Schlaufe auf der Häkelnadel ziehen.
Den nächsten Zacken beginnen Sie in der 1. M links von dem zuletzt gehäkelten Zacken (FOTO 17).
Den Faden dort neu anschlingen und 1 fM häkeln, 4 fM (= 5 fM), der Anfangsfaden kann dabei einfach überhäkelt werden. Er befindet sich später im Inneren des Sterns und ist nicht sichtbar. 1 fM in die Masche der nächsten Zunahme des anderen Kreises häkeln, 4 fM, 1 fm in die Anfangsmasche des Zackens, 4 fM. Jetzt weiterhäkeln mit der 1. Rd des vorher gearbeiteten Zackens.
Auf diese Weise insgesamt 4 Zacken häkeln. Vor dem Häkeln des 5. Zackens wird der Stern leicht mit Füllwatte gefüllt (FOTO 18).

Beim 5. Zacken den Faden zum späteren Zunähen der Spitze und anschließend zum Vernähen der Lücken zwischen den einzelnen Zacken lang abschneiden und durch die letzte Schlaufe auf der Häkelnadel ziehen. Den 5. Zacken von der Seite her auch mit ein wenig Füllwatte füllen. Hilfreich ist es dabei, mit der Häkelnadel etwas nachzudrücken, damit die Watte bis in die Spitze des Sterns rutscht (FOTO 19).

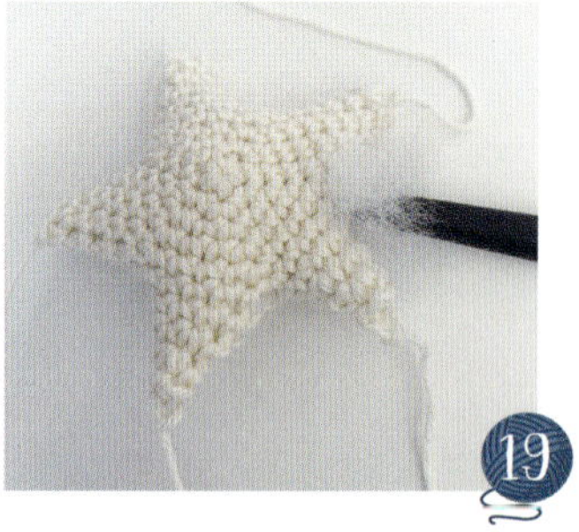

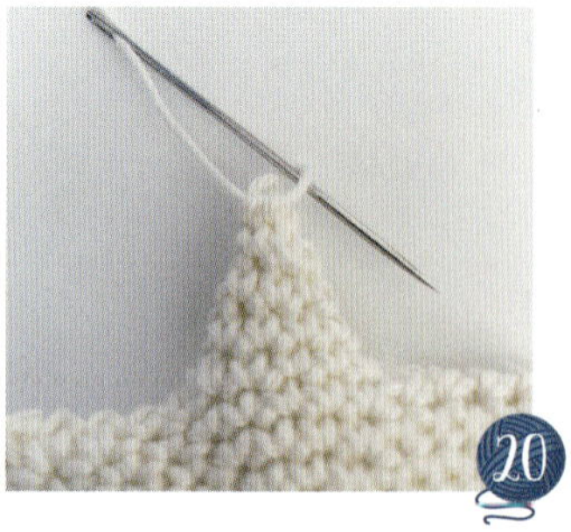

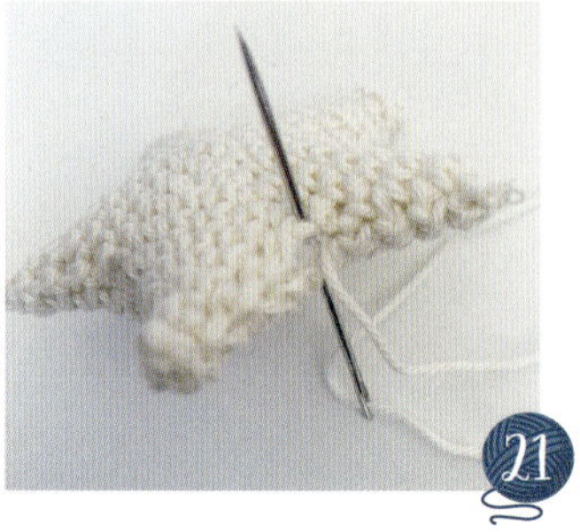

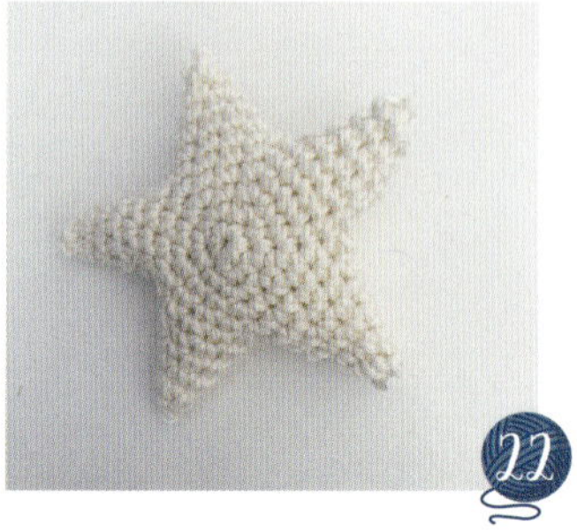

Fertigstellung des Sterns

Jetzt werden die Zacken mit den kurzen Abschlussfäden geschlossen. Dazu mit einer Nadel den Faden durch die beiden vorderen Maschenglieder und anschließend von hinten durch die entstandene Schlaufe führen und festziehen (FOTO 20). Anschließend den Faden in dem Zacken vernähen.
Zuletzt den Faden des 5. Zackens vernähen und mit ein paar Stichen die Lücken zwischen den einzelnen Zacken schließen und dann den Rest des Fadens vernähen (FOTO 21 + 22).

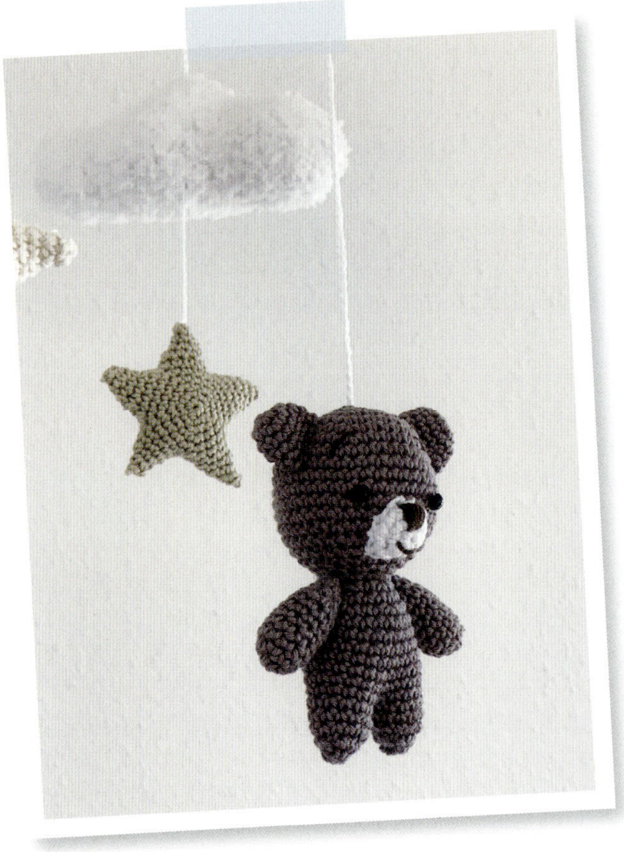

FERTIGSTELLUNG DES MOBILES

An den Bärchen jeweils eine Luftmaschenkette von 70 Lfm häkeln und diese an den Mobilestangen befestigen.
Die Wolken mit einer Luftmaschenkette aus 25 Lfm an den Stangen und jeweils unterhalb einer Wolke einen der drei Sterne mit einer Luftmaschenkette von 15 Lfm befestigen.
Eine Aufhängeschnur häkeln und an der Mobilehalterung anbringen. Zum Schluss die Mobilearme in die dafür vorgesehenen Löcher stecken.

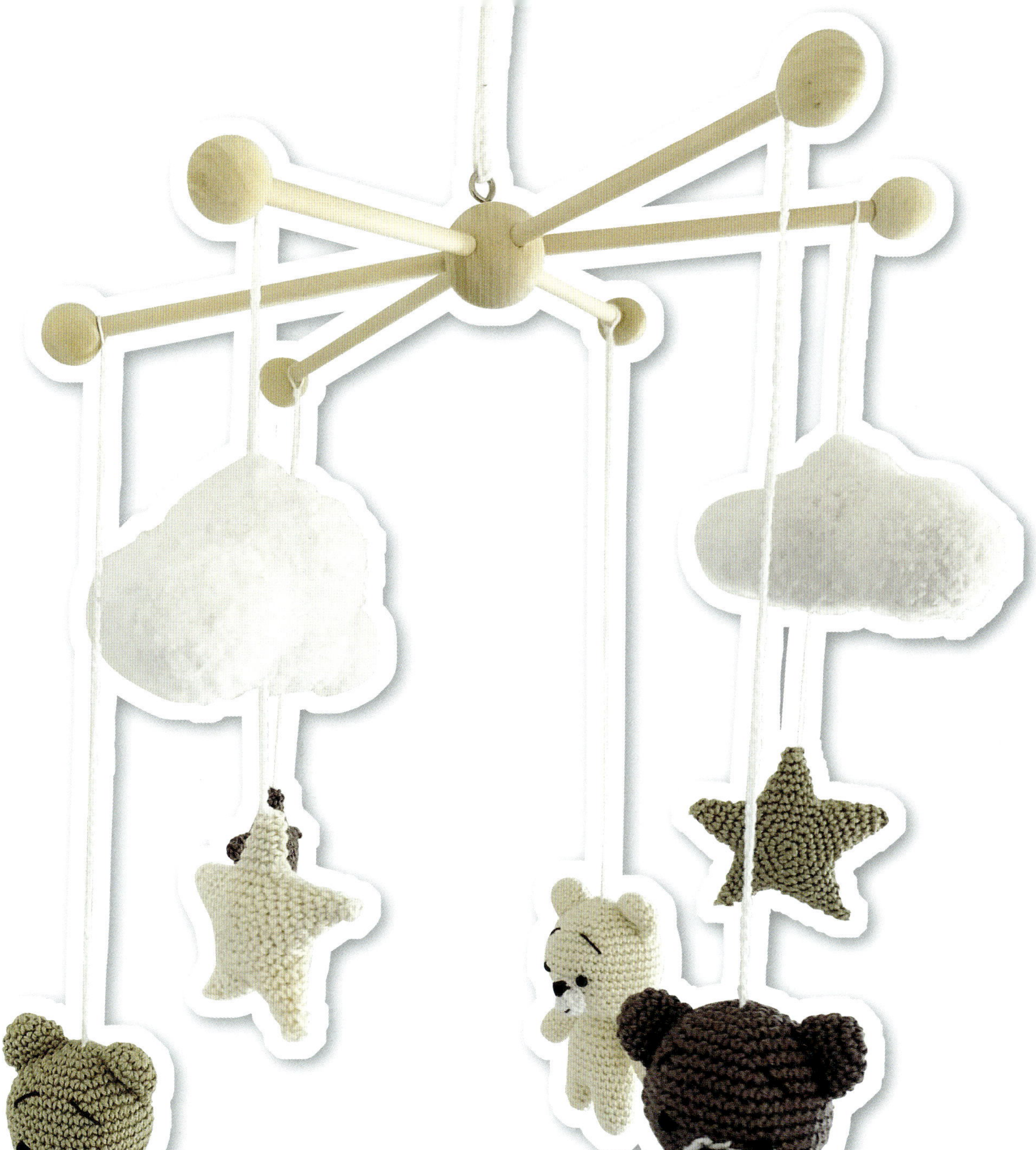

Die Mühe war es wert: Fertig ist das süße Bärchenmobile.

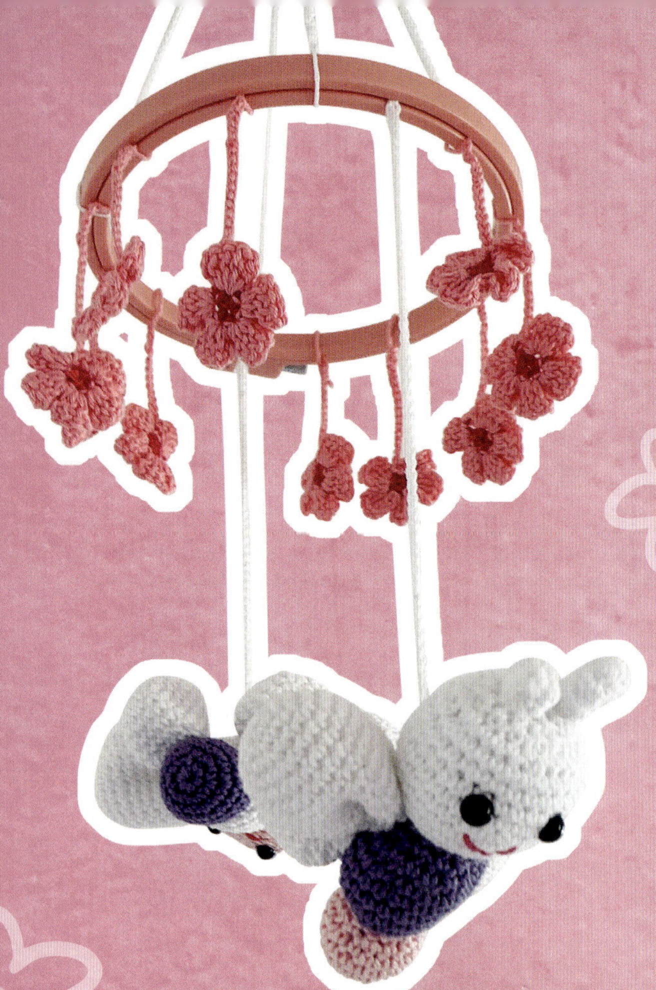

Material

20 g Ibiza Baumwolle, Farbe Weiß Nr. 6001
20 g Baumwolle Nr. 165 Sandy von ONLine Wolle, Farbe Lavendel Nr. 065
10 g Baumwolle Nr. 165 Sandy von ONLine Wolle, Farbe Rosa Nr. 228
10 g Ibiza Baumwolle, Farbe Pink Nr. 6040
10 g Ibiza Baumwolle, Farbe Flamingo Nr. 6039
4 Sicherheitsaugen, 8 mm Durchmesser
Füllwatte
Stickrahmen, rosa, 15 cm Durchmesser
Holzring, 2 cm Durchmesser

Zubehör

Häkelnadel Nr. 2,5
Sticknadel
Schere

Schmetterlings-mobile

„Schmetterling, du kleines Ding …"

Bei diesem süßen Mobile mit zwei lustigen Schmetterlingen und rosa-pink gefärbten Blümchen schaut Ihr Baby direkt ins Gesicht der lächelnden Schmetterlinge. Als Mobilehalterung dient ein Stickrahmen, an dem die einzelnen Elemente einfach und sicher angebracht werden können.

Lediglich die kleinen Blüten benötigen etwas Fingerfertigkeit, die Schmetterlinge sind recht einfach zu häkeln. Der Körper besteht im Grunde aus der kleinen, mittleren und großen Kugel, die aneinander gehäkelt werden.

SCHMETTERLING

Körper

Mit Lavendel die kleine Kugel bis einschließlich 6. Rd häkeln.
7. Rd: 18 fM häkeln (= 18 fM).
8. Rd: Jeweils 2 M zus häkeln (= 9 fM).
Farbwechsel zu Weiß.
9. Rd: Jede M verd (= 18 fM).
10. Rd: Jede 3. M verd (= 24 fM).
11.-15. Rd: 24 fM häkeln (= 24 fM).
Jetzt wird der untere Teil des Schmetterlings gefüllt (FOTO 1).
16. Rd: Jede 3. und 4. M zus häkeln (= 18 fM).
17. Rd: Jeweils 2 M zus häkeln (= 9 fM).
Farbwechsel zu Rosa.
18. Rd: Jede 3. M verd (= 12 fM).
19. Rd: Jede 2. M verd (= 18 fM).
20. Rd: Jede 3. M verd (= 24 fM).
21. Rd: Jede 4. M verd (= 30 fM).
Jetzt wird der mittlere Teil des Schmetterlings gefüllt (FOTO 2).
22.-26. Rd: 30 fM häkeln (= 30 fM).
27. Rd: Jede 4. und 5. M zus häkeln (= 24 fM).
Die Sicherheitsaugen zwischen der 23. und 24. Rd mit einem Abstand von 3 fM anbringen. Den Mund mit pinkfarbener Baumwolle aufsticken (FOTO 3).
28. Rd: Jede 3. und 4. M zus häkeln (= 18 fM).
29. Rd: Jeweils 2 fM zus häkeln (= 9 fM).
Jetzt den oberen Teil des Schmetterlings mit Füllwatte füllen.
30. Rd: Jede 2. und 3. fM zus häkeln (= 6 fM).
Den Faden lang abschneiden und durch die letzte Schlaufe auf der Häkelnadel ziehen. Dann den Faden mit einer Nadel durch das vMg der letzten 6 fM führen, zusammenziehen und vernähen (FOTO 4).

Fühler (2 x häkeln)

Mit Lila einen mR häkeln.
1. Rd: 6 fM in den mR häkeln (= 6 fM).
2. Rd: Jede M verd (= 12 fM).
3. Rd: * 1 fm in die übernächste Masche, ab * 3 x wdh (= 6 fM).
4. Rd: * 1 fm in die übernächste Masche, ab * 1 x wdh, 2 fM (= 4 fM).
5. Rd: 4 fM häkeln (= 4 fM).
Den Faden für das spätere Annähen an den Kopf des Schmetterlings lang abschneiden und durch die letzte Schlaufe auf der Häkelnadel ziehen (FOTO 5).

Kleiner Flügel (2 x häkeln)

Mit Weiß die mittlere Kugel bis einschließlich 8. Rd häkeln.
9. Rd: Je 2 M zus häkeln (= 12 fM).
Den Flügel mit ein wenig Füllwatte füllen.
10. Rd: Je 2 M zus häkeln (= 6 fM).
Den Faden für das spätere Annähen am Körper des Schmetterlings lang abschneiden und durch die letzte Schlaufe auf der Häkelnadel ziehen (FOTO 6).

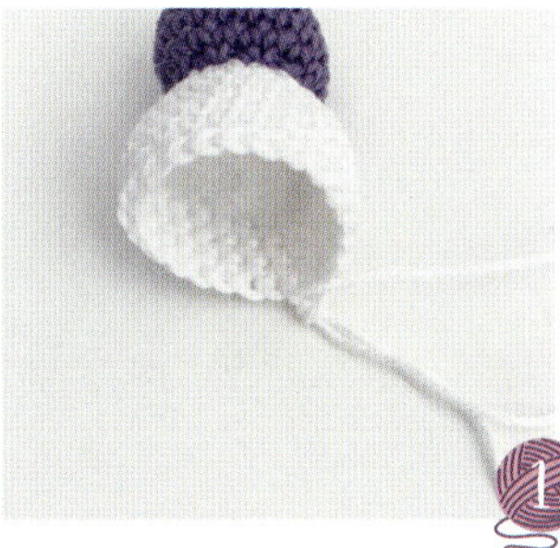
1

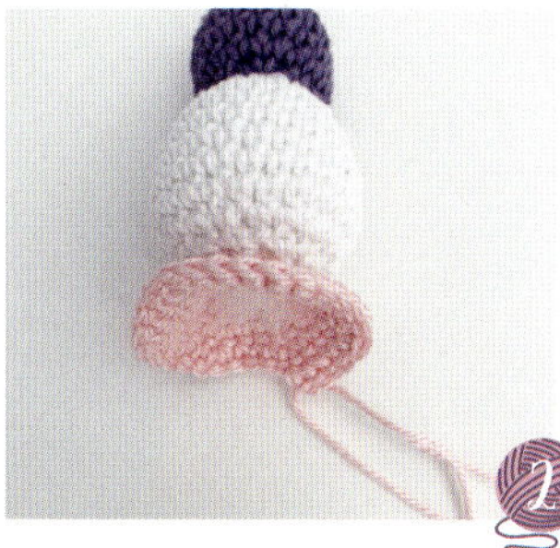
2

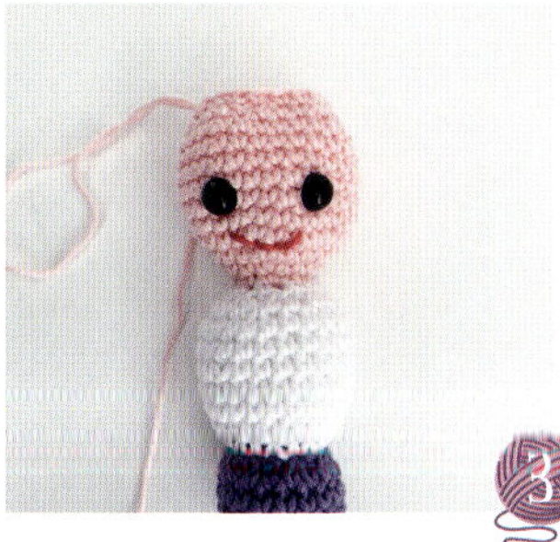
3

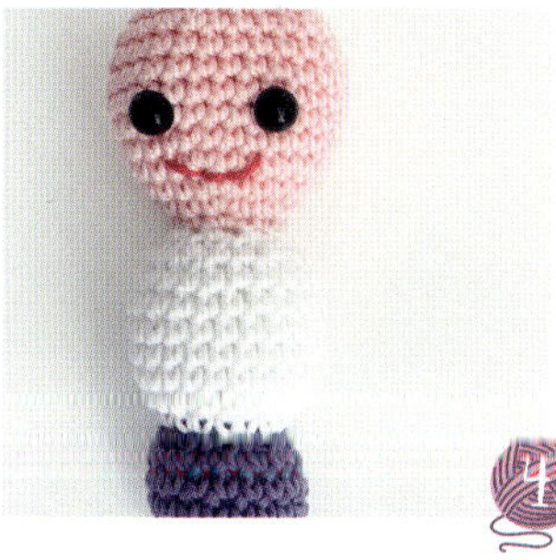
4

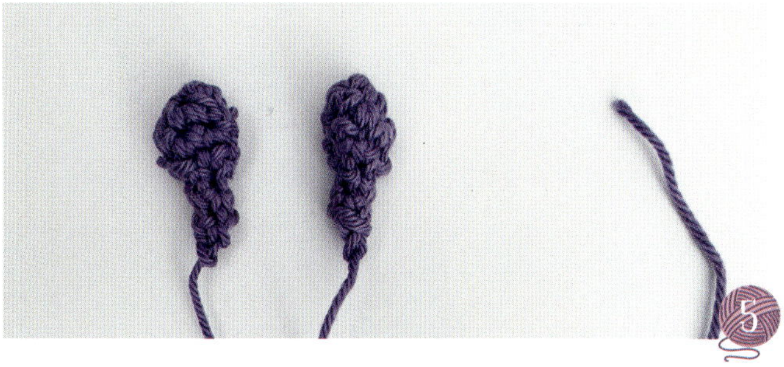
5

Großer Flügel (2 x häkeln)

Mit Weiß die kleine Kugel bis einschließlich 5. Rd häkeln.
6.–12. Rd: 30 fM häkeln (= 30 fM).
13. Rd: Je 2 M zus häkeln (= 15 fM).
Den Flügel mit wenig Füllwatte füllen.
14. Rd: * Je 2 M zus häkeln, ab * 6 x wdh, 1 fM (= 8 fM).
Den Faden für das spätere Annähen am Körper des Schmetterlings lang abschneiden und durch die letzte Schlaufe auf der Häkelnadel ziehen (FOTO 6).

Fertigstellung des Schmetterlings

Die Fühler an den Kopf des Schmetterlings annähen (FOTO 7).
Jeweils einen kleinen und einen großen Flügel an den mittleren Teil des Körpers des Schmetterlings – etwas versetzt zum Rücken hin – annähen (FOTO 8 + 9).

Den Schmetterling noch in der Farbreihenfolge Rosa, Lavendel, Weiß (beginnend beim Schwanz) mit weißen Fühlern anfertigen.

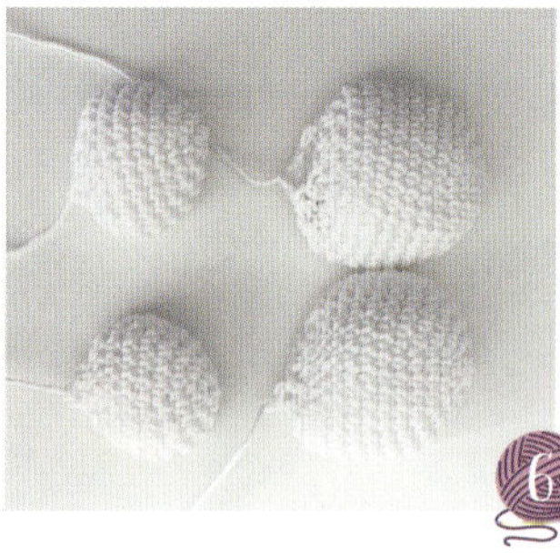

6

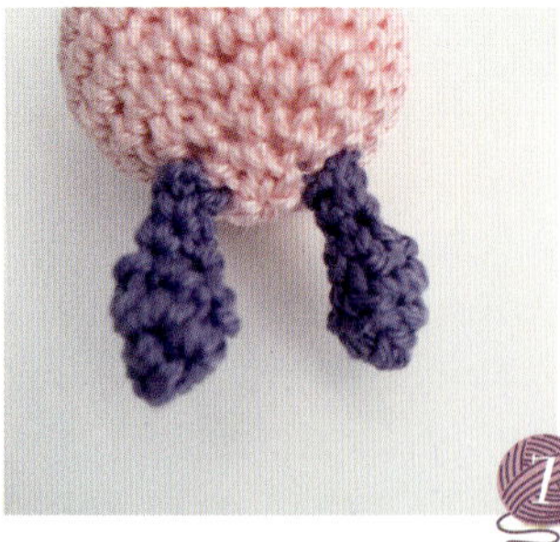

7

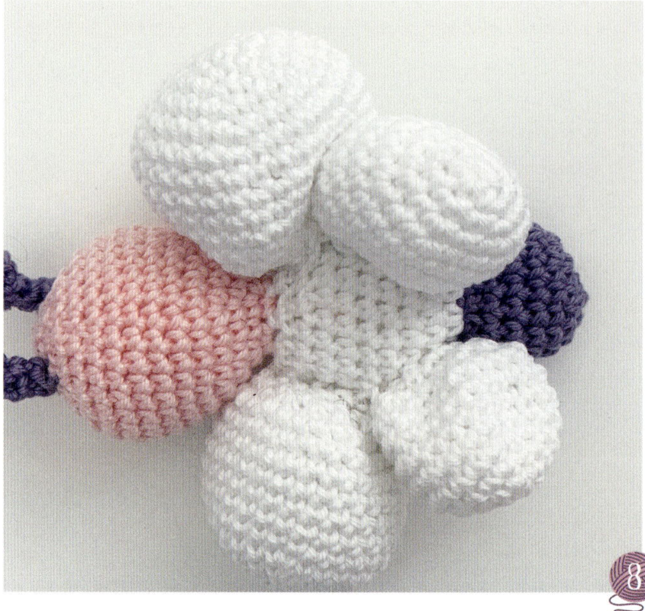

8

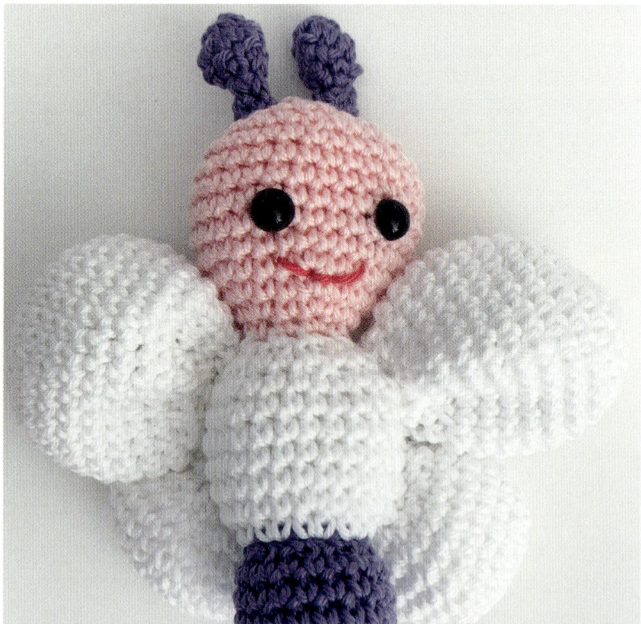

9

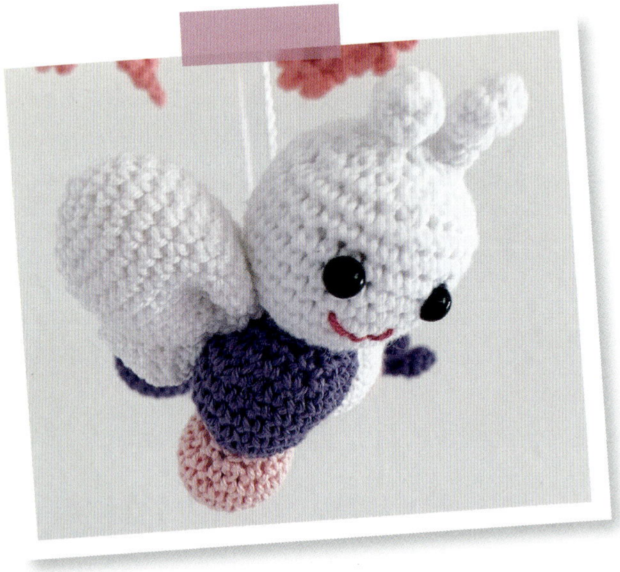

BLÜTEN

Mit Pink einen mR häkeln.
1. Rd: 5 fM (= 5 fM).
Farbwechsel zu Flamingo.
2. Rd: In die erste fM der Vorrunde: * 3 LfM, 3 Stb, 3 LfM, 1 Km zur nächsten fM der Vorrunde, ab * 4 x wdh (= 15 Stb).
Den Faden zum späteren Häkeln von Luftmaschen lang abschneiden und durch die letzte Schlinge auf der Häkelnadel ziehen. Den pinkfarbenen Faden abschneiden und vernähen (FOTO 10).
Noch 9 Blüten anfertigen.

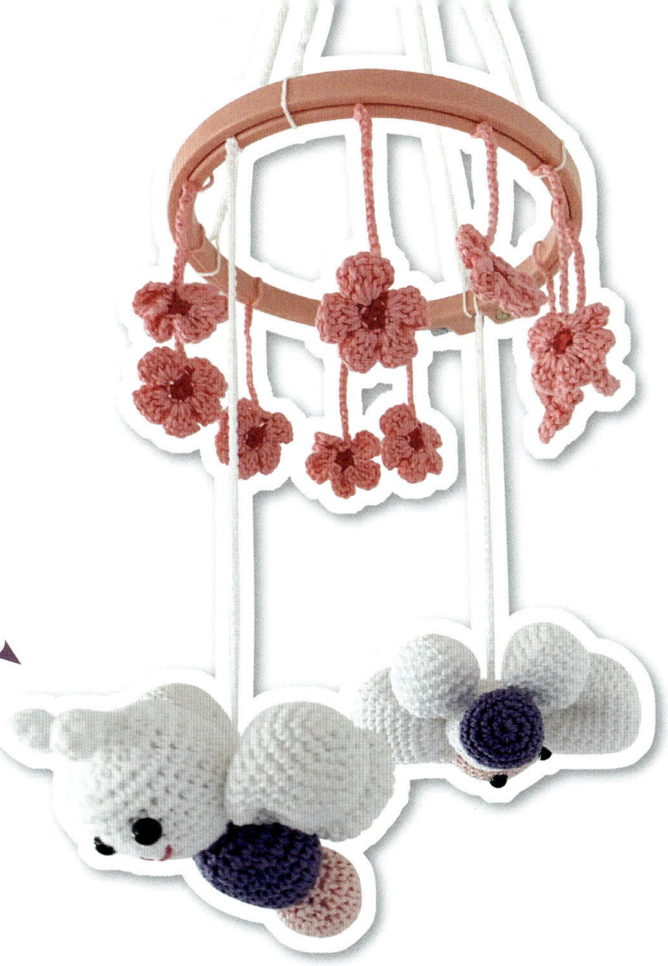

Hier fliegen die lustigen Schmetterlinge bereits unter den farbenfrohen Blüten herum.

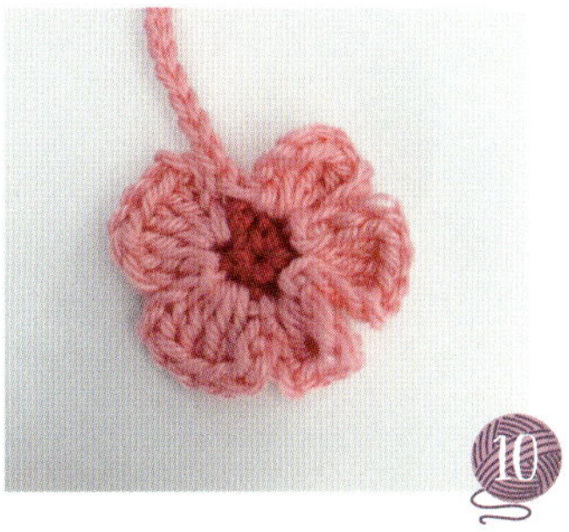

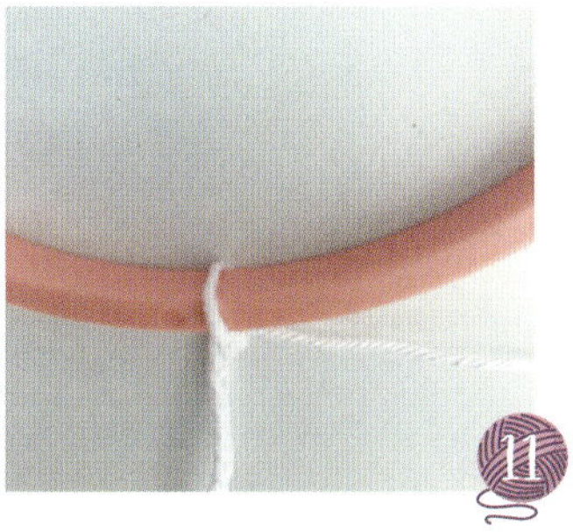

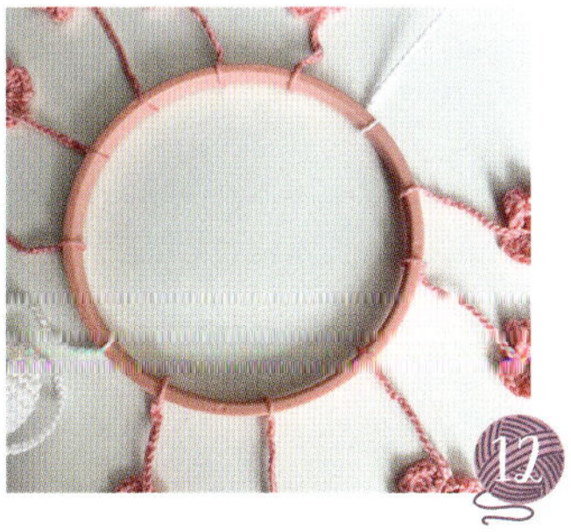

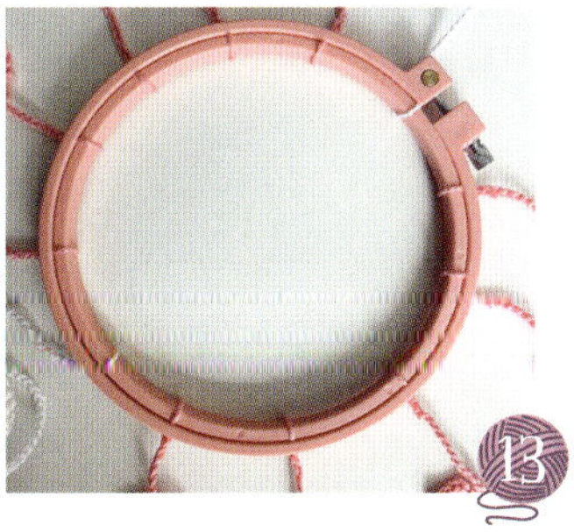

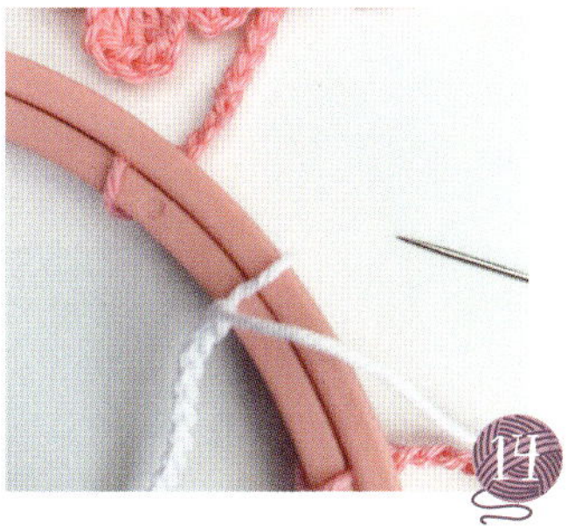

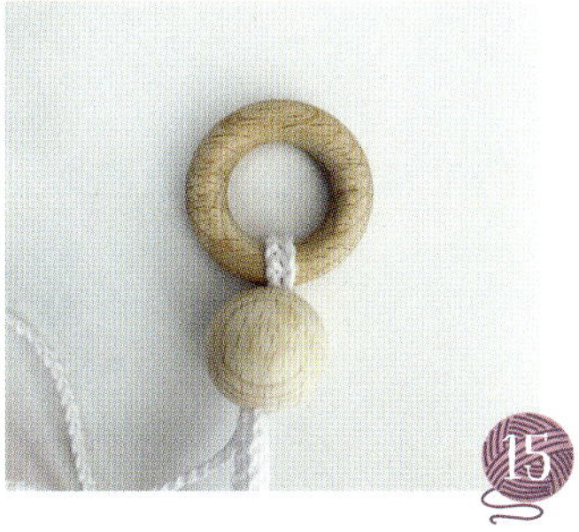

FERTIGSTELLUNG DES MOBILES

An den Schmetterlingen Aufhängeschnüre mit einmal 60 und einmal 45 Lfm anfertigen. Das Ende der Schnüre um den inneren Ring des Stickrahmens legen (FOTO 11), festnähen und den Faden in den Häkelschnüren versticken. An den Blüten mit dem verbliebenen Faden beliebige Luftmaschenketten zwischen 15 und 20 Lfm häkeln. Die Blüten um den Stickrahmen verteilen und auch hier den Endfaden wie bei den Schmetterlingen befestigen (FOTO 12). Den äußeren Ring des Stickrahmens über den inneren legen und festschrauben, damit die einzelnen Teile nicht mehr verrutschen können (FOTO 13). Zwei Luftmaschenketten von 150 Lfm häkeln. Das Ende der ersten Kette an einer Seite des Stickrahmens befestigen (FOTO 14), dann das andere Ende erst durch die Kugel, dann durch den Ring und anschließend wieder durch die Kugel führen und zum Schluss an der gegenüberliegenden Seite des Stickrahmens befestigen. Mit der anderen Luftmaschenkette im 90°-Winkel zur ersten genauso verfahren. Durch Herunterschieben der Holzkugel und Lösen oder Straffen der Luftmaschenkette über dem Holzring lässt sich jetzt regulieren, dass das Mobile in der Waage und nicht an einer Seite tiefer oder höher hängt (FOTO 15).

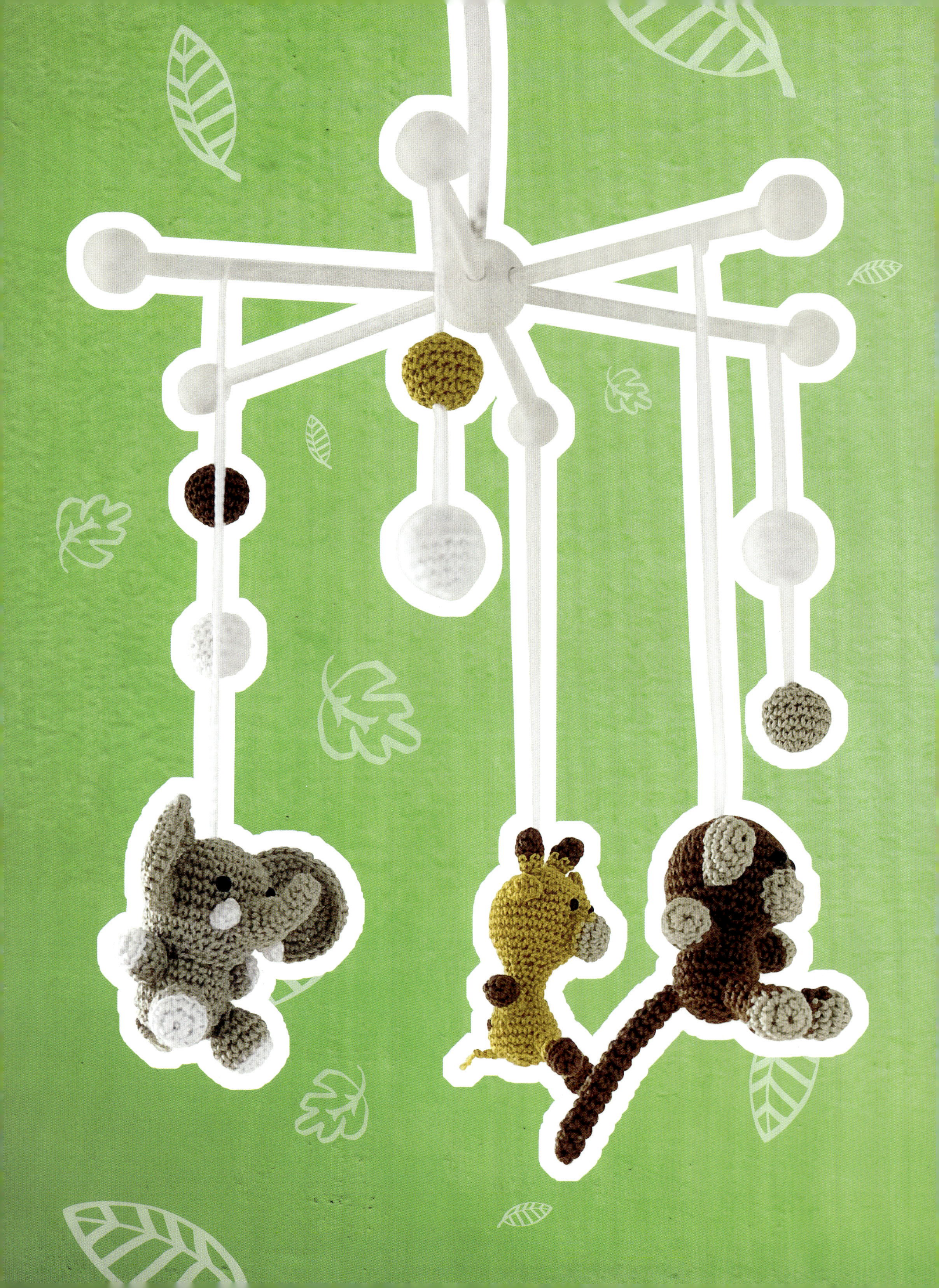

Zoo-mobile

Material

20 g Catania Baumwolle, Farbe Marone Nr. 0157
20 g Ibiza Baumwolle, Farbe Weiß Nr. 6001
20 g Ibiza Baumwolle, Farbe Sonne Nr. 6022
20 g Ibiza Baumwolle, Farbe Kamel Nr. 6010
6 Sicherheitsaugen, 6 mm Durchmesser
Füllwatte
Mobilekreuz/Mobilestern, weiß, mit 6 Armen, 35 cm Durchmesser

Zubehör

Häkelnadel Nr. 2,5
Schere
Sticknadel

„Ene Besuch im Zoo …"

Ein Besuch im Zoo ist doch immer wieder etwas Besonderes – wie aufregend ist es erst für Ihr Baby, wenn der Zoo nach Hause kommt!

Die Machart von Affe, Giraffe und Elefant ähneln sich sehr. Wenn Sie also einmal das Prinzip verstanden haben, ist schon viel gewonnen. Als schwierigstes Tier schätze ich hier die Giraffe und als leichtestes den Elefanten ein.

Die Körper der Tierchen werden immer sofort an den Kopf angehäkelt; das erspart ein späteres Zusammennähen. Bei der Giraffe bitte unbedingt darauf achten, dass die Arme unterhalb des Halses angenäht werden und der ist sehr lang. Also nicht direkt unter dem Kopf annähen, das sähe sehr lustig aus.

Der Schwanz des Affen lässt sich einfacher häkeln, wenn Sie diesen immer wieder an den Stellen, an denen gerade gehäkelt wird, ein wenig zusammendrücken, sodass eher in (kleinen) Reihen als in dieser engen Runde gehäkelt wird.

Bei allen Zootieren sind viele Kleinigkeiten anzufertigen, die viel Feinmotorik benötigen. Auch das Füllen der dünnen Arme und Beine ist nicht immer ganz einfach. Hilfreich ist hier das Ende einer Häkelnadel, mit dem man die Füllwatte etwas hinterherschieben kann. Sollte das Füllen der Extremitäten gar nicht gelingen, kann man auch darauf verzichten. Die Optik des Mobiles ändert sich dadurch nur unwesentlich.

ELEFANT

Kopf und Körper

Mit der Farbe Kamel die große Kugel bis einschließlich 13. Rd häkeln.
Die Sicherheitsaugen zwischen der 6. und 7. Rd mit einem Abstand von 5 fM anbringen.
14. Rd: Jede 2. M verd (= 18 fM).
15. Rd: Jede 3. M verd (= 24 fM).
16.–18. Rd: 24 fM häkeln (= 24 fM).
Jetzt den Kopf mit Füllwatte füllen.
19. Rd: Jede 3. und 4. M zus (= 18 fM).
20. Rd: Jede 2. und 3. M zus (= 12 fM).
21. Rd: 12 fM häkeln, dabei nur in das hMg einstechen (= 12 fM).
Den Körper nun mit Füllwatte füllen.
22. Rd: Je 2 M zus häkeln (= 6 fM).
Den Faden lang abschneiden und durch die letzte Schlaufe auf der Häkelnadel ziehen. Dann den Faden mit einer Nadel durch das vMg der letzten 6 fM führen, zusammenziehen und vernähen (FOTO 1).

Arme und Beine (4 x häkeln)

Mit Weiß die kleine Kugel bis einschließlich 2. Rd häkeln.
Farbwechsel zu Kamel.
3. Rd: 12 fM häkeln, dabei jeweils nur in das hMg einstechen (= 12 fM).
4.–5. Rd: 12 fM häkeln (= 12 fM).
6. Rd: Je 2 M zus häkeln (= 6 fM).
Den Faden für das spätere Annähen am Körper lang abschneiden und durch die letzte Schlaufe auf der Häkelnadel ziehen. Arme und Beine leicht mit Füllwatte füllen (FOTO 2).

Rüssel

Mit der Farbe Kamel einen mR häkeln.
1. Rd: 6 fM in den mR häkeln (= 6 fM).
2. Rd: 6 fM häkeln, dabei jeweils nur in das hMg einstechen (= 6 fM).
3.–5. Rd: 6 fM häkeln (= 6 fM).
6. Rd: Jede 3. M verd (= 8 fM).
7. Rd: Jede 4. M verd (= 10 fM).
8. Rd: Jede 5. M verd (= 12 fM).
9. Rd: 12 fM häkeln (= 12 fM).
10. Rd: 3 fM häkeln, 1 Km (= 4 fM).

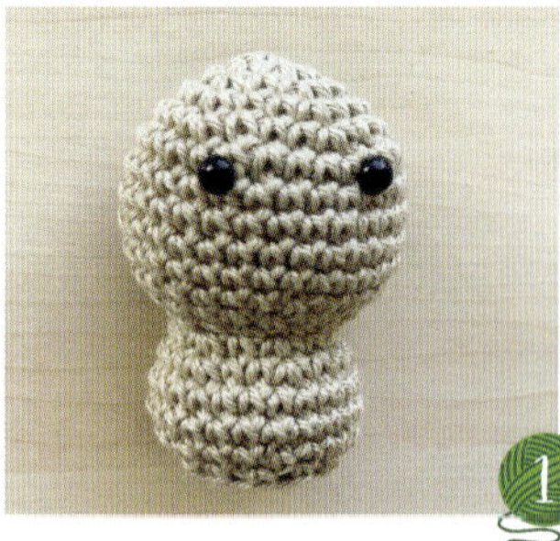
1

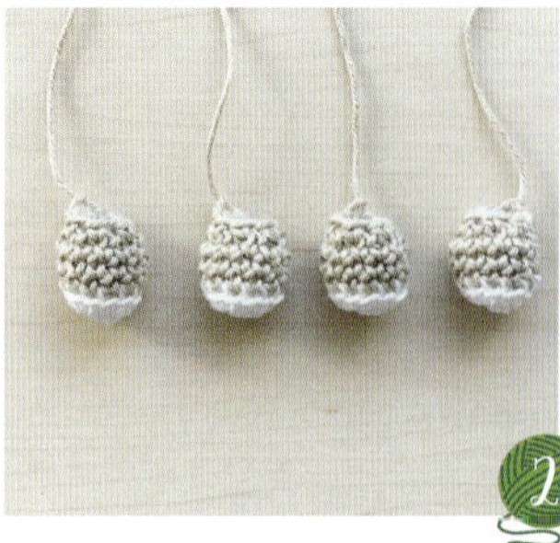
2

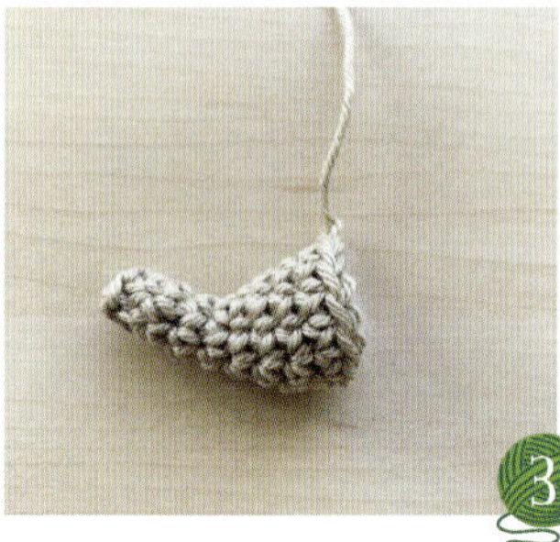
3

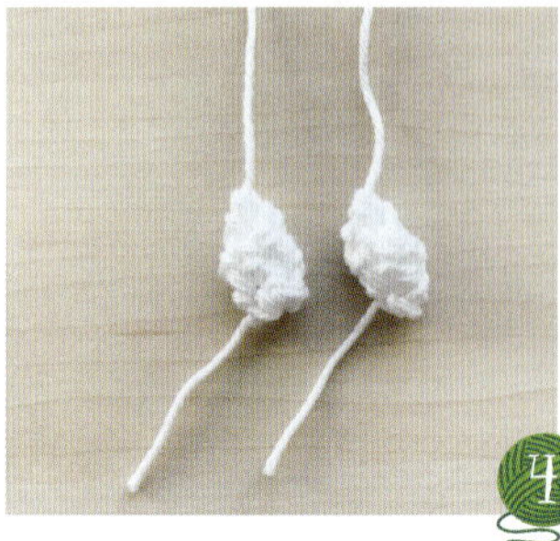
4

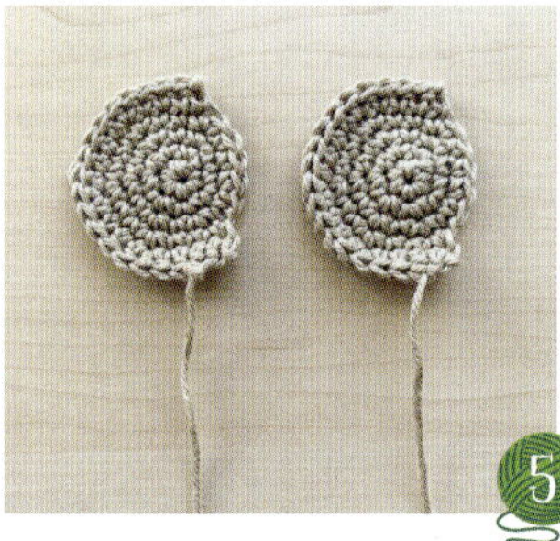
5

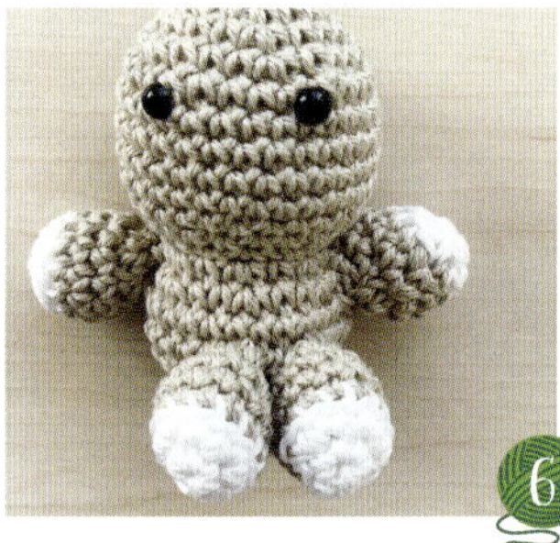
6

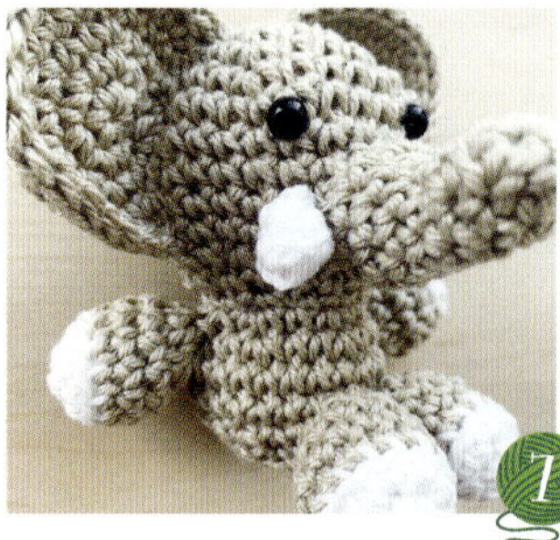
7

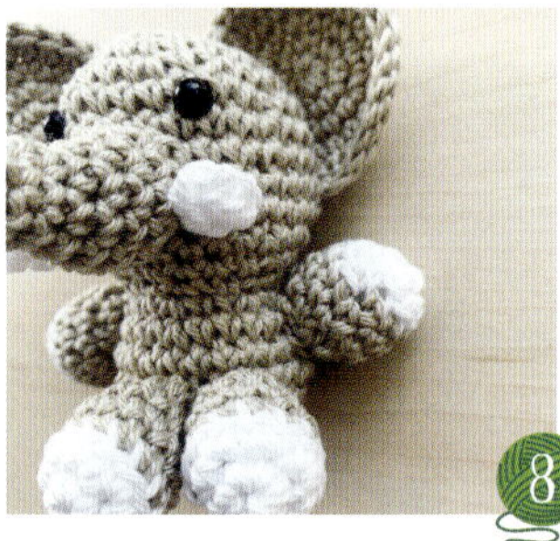
8

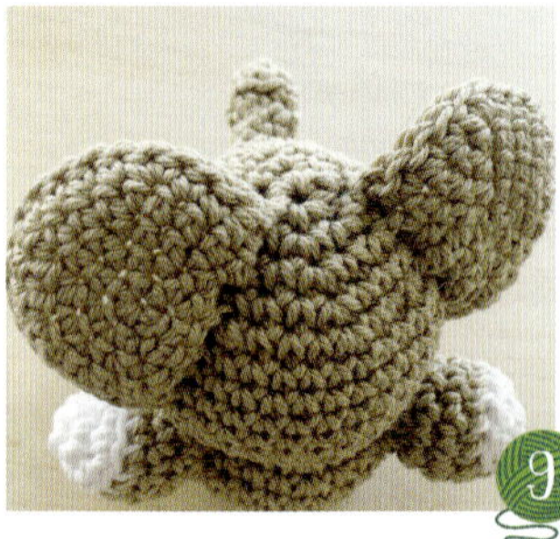
9

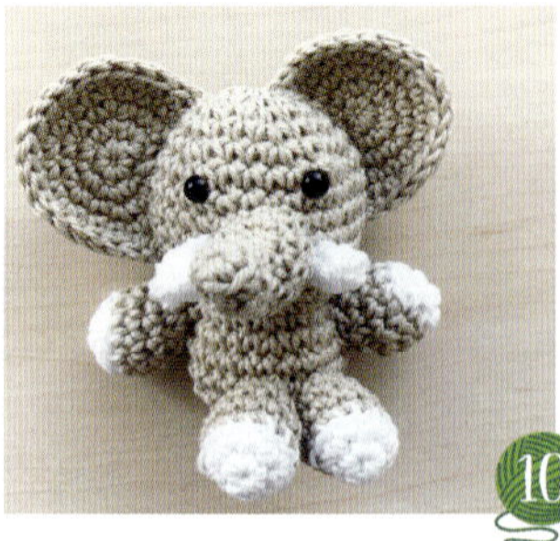
10

Den Faden für das spätere Annähen am Kopf lang abschneiden und durch die letzte Schlaufe auf der Häkelnadel ziehen (FOTO 3).

Stoßzähne (2 x häkeln)

Anders, als bei den Erklärungen beschrieben, können Sie hier auch die andere Seite – also nicht die „schöne Seite" – nehmen, weil sich die kleinen Stoßzähne nur sehr schwer umstülpen lassen. Es fällt hier auch gar nicht auf.

Mit Weiß einen mR häkeln.

1. Rd: 5 fM in den mR häkeln (= 5 fM).

2.–3. Rd: 5 fM häkeln (= 5 fM).

Den Faden für das spätere Annähen am Kopf lang abschneiden und durch die letzte Schlaufe auf der Häkelnadel ziehen. Die Stoßzähne werden nicht gefüllt (FOTO 4).

Ohren (2 x häkeln)

Mit Kamel die kleine Kugel bis einschließlich 3. Rd häkeln.

4. Rd: * Jede 3. M verd, ab * 3 x wdh, 4 fM (= 20 fM).

Ab jetzt wird in hin- und hergehenden Reihen gehäkelt. Die Arbeit wenden.

5. R: 1 Lfm, 1 fM, * jede 4. M verd, ab * 2 x wdh, 4 fM (= 24 fM).

6. R: 1 Km in die 2. M, 20 Km, 1 Km in die übernächste M (= 22 Km).

Den Faden für das spätere Annähen am Kopf lang abschneiden und durch die letzte Schlaufe auf der Häkelnadel ziehen (FOTO 5).

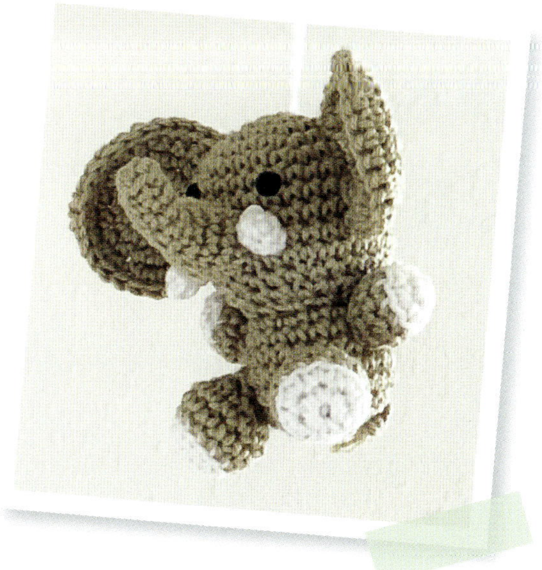

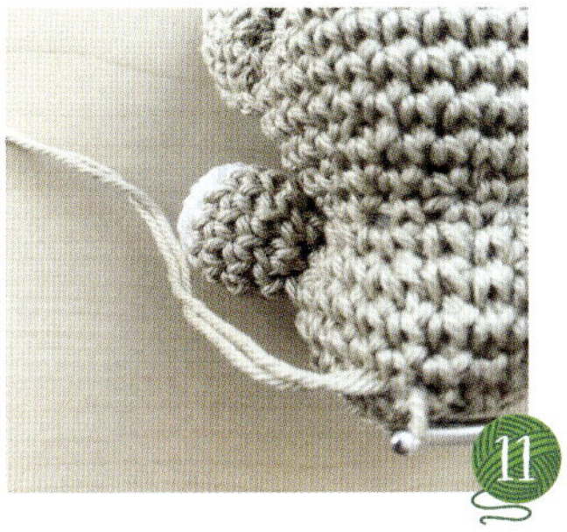

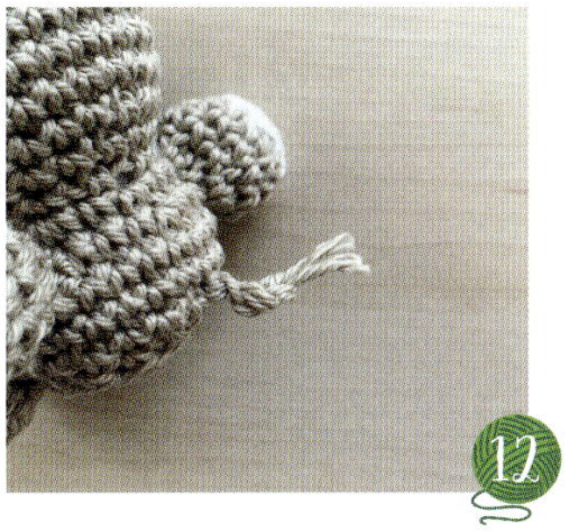

Fertigstellung des Elefanten

Die Beine an der unteren Kante des Körpers nach vorne gerichtet annähen.

Die Arme unterhalb des Halses zur Seite gerichtet annähen (FOTO 6).

Die Anfangsfäden von Stoßzähnen und Ohren vernähen. Die Ohren seitlich an der rechten und linken Seite des Kopfes annähen (FOTO 7–9). Den Rüssel annähen und rechts und links davon die Stoßzähne mit wenigen Stichen befestigen (FOTO 10).

Einen langen Faden in der Farbe Kamel abschneiden, doppelt legen und als Schlaufe am hinteren Ende des Körpers durchziehen (FOTO 11), 4 Lfm mit doppeltem Faden häkeln, den Rest des Fadens durch die Schlaufe ziehen und die Fäden auf 1–2 cm Länge kürzen. Mit einer Nähnadel die gedrehte Struktur der Baumwollfäden ein wenig auseinanderzupfen (FOTO 12).

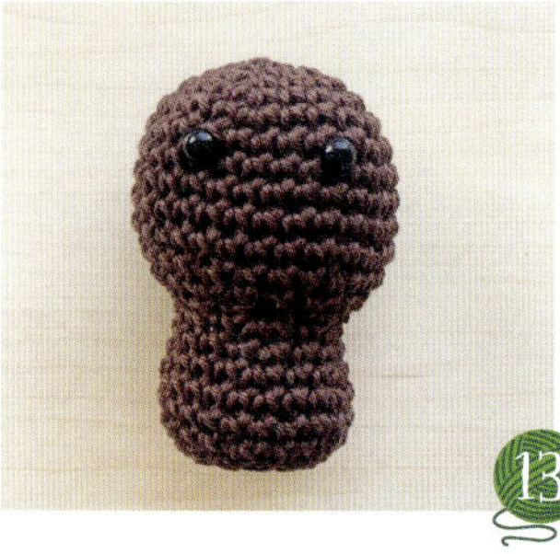
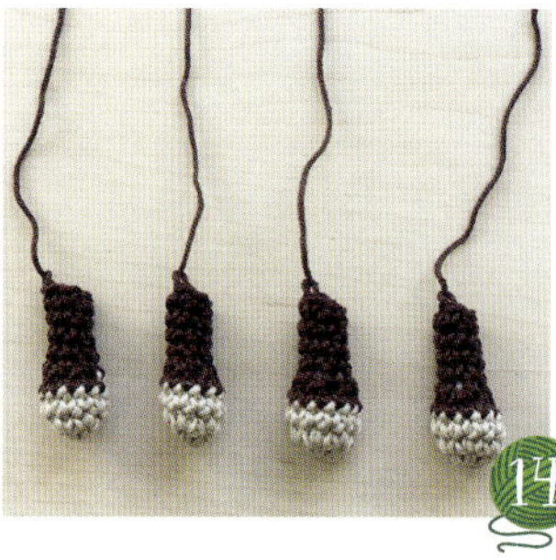
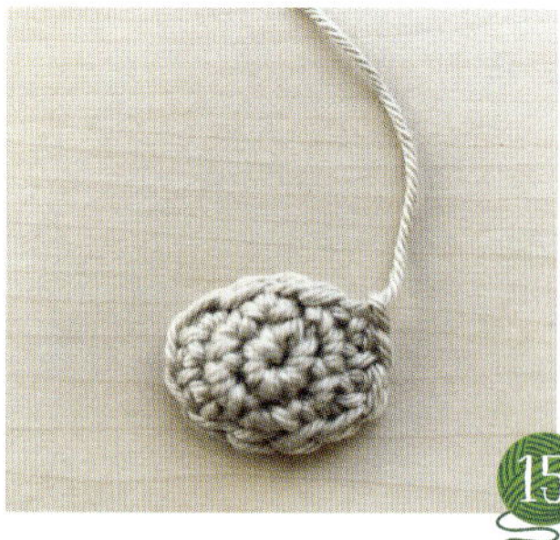
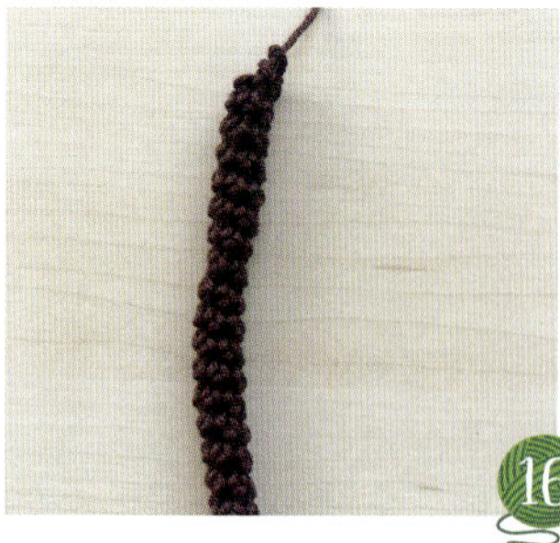

AFFE

Kopf und Körper

Mit Marone die große Kugel bis einschließlich 13. Rd häkeln.

Die Sicherheitsaugen mit einem Abstand von 4 fM zwischen der 6. und 7. Rd anbringen.

14.–15. Rd: 18 fM häkeln (= 18 fM).

16. Rd: Jede 3. M verd (= 24 fM).

17.–18. Rd: 24 fM häkeln (= 24 fM).

19. Rd: Jede 3. und 4. M zus (= 18 fM).

20. Rd: Jede 2. und 3. M zus (= 12 fM).

21. Rd: 12 fM in das hMg häkeln (= 12 fM).

22. Rd: Je 2 M zus häkeln (= 6 fM).

Den Faden abschneiden, mit einer Nähnadel durch die vMg der letzten 6 Maschen führen, zusammenziehen und den Faden vernähen (FOTO 13).

Beine und Arme (4 x häkeln)

Mit Kamel die kleine Kugel bis einschließlich 2. Rd häkeln.

3. Rd: 12 fM häkeln (= 12 fM).

Farbwechsel zu Marone.

4. Rd: 12 fM häkeln (= 12 fM).

5. Rd: Je 2 M zus (= 6 fM).

6.–9. Rd: 6 fm häkeln (= 6 fM).

Den Faden für das spätere Annähen am Körper lang abschneiden und durch die letzte Schlaufe auf der Häkelnadel ziehen.

Die Arme und Beine mit ein wenig Füllwatte füllen (FOTO 14).

Maul

Mit Kamel die kleine Kugel bis einschließlich 2. Rd häkeln.

3. Rd: 3 Km, 3 hStb, 3 Km, 3 hStb (= 12 M).

4. Rd: 1 Km (= 1 Km).

Das Maul wird nicht mit Füllwatte gefüllt (FOTO 15).

Schwanz

Mit Marone einen mR häkeln.

1. Rd: 1 Lfm, 5 feste Maschen in den Fadenring häkeln (= 5 fM).

2.–19. Rd: 5 fM häkeln (= 5 fM).

Der Schwanz wird nicht mit Füllwatte gefüllt (FOTO 16).

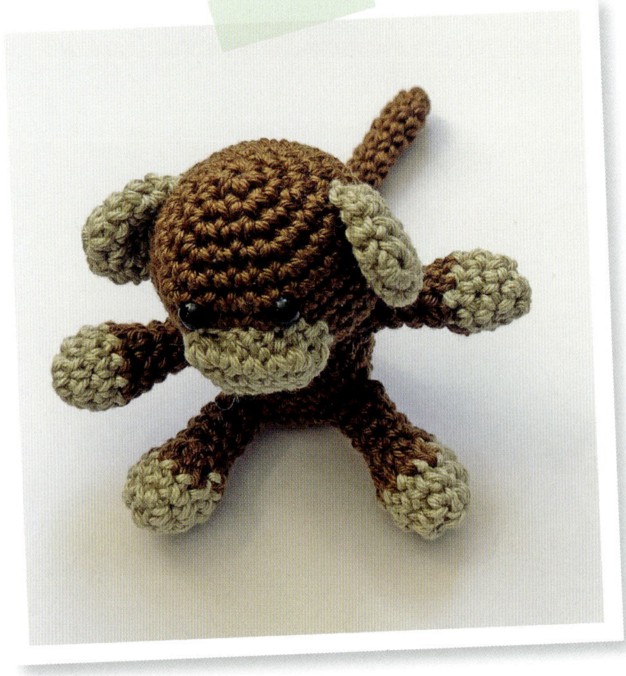

Ohren (2 x häkeln)

Mit Kamel die kleine Kugel bis einschließlich 2. Rd häkeln.
3.–4. Rd: 12 fM häkeln (= 12 fM).
Den Faden für das spätere Annähen an den Körper lang abschneiden und durch die letzte Schlaufe auf der Häkelnadel ziehen (FOTO 17).

Fertigstellung des Affen

Die Beine an der unteren Kante des Körpers nach vorne gerichtet annähen.
Die Arme unterhalb des Halses zur Seite gerichtet annähen (FOTO 18).
Das Maul unterhalb der Augen und die Ohren an beiden Seiten des Kopfes – oben jeweils 3 M von der Mitte entfernt – annähen (FOTO 19).
Den Schwanz an der hinteren Kante des Körpers annähen (FOTO 20).

GIRAFFE

Kopf und Körper

Mit der Farbe Sonne die große Kugel bis einschließlich 13. Rd häkeln, dabei die Sicherheitsaugen mit einem Abstand von 4 fM zwischen der 6. und 7. Rd anbringen.
14.–19. Rd: 12 fM häkeln (= 12 fM).
20. Rd: Jede 2. M verd (= 18 fM).
21. Rd: 18 fM häkeln (= 18 fM).
22. Rd: Jede 3. M verd (= 24 fM).
23. Rd: 24 fM häkeln (= 24 fM).
24. Rd: Jede 3. und 4. M zus (= 18 fM).
25. Rd: Jede 2. und 3. M zus (= 12 fM).
26. Rd: 12 fM in das hMg häkeln (= 12 fM).
27. Rd: Je 2 M zus häkeln (= 6 fM).
Den Faden abschneiden, mit einer Nähnadel durch die vMg der letzten 6 Maschen führen, zusammenziehen und den Faden vernähen (FOTO 21).

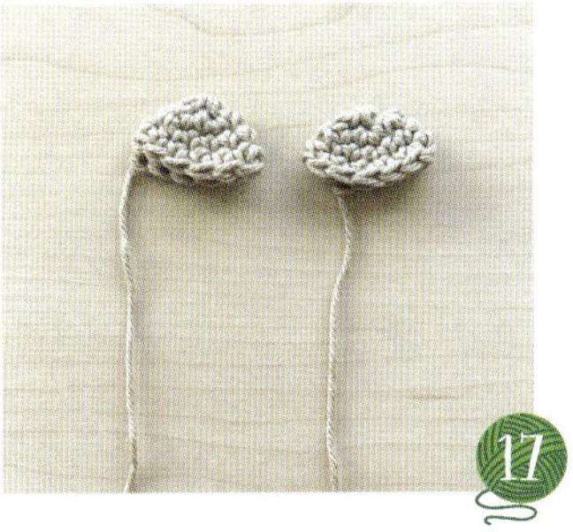
17

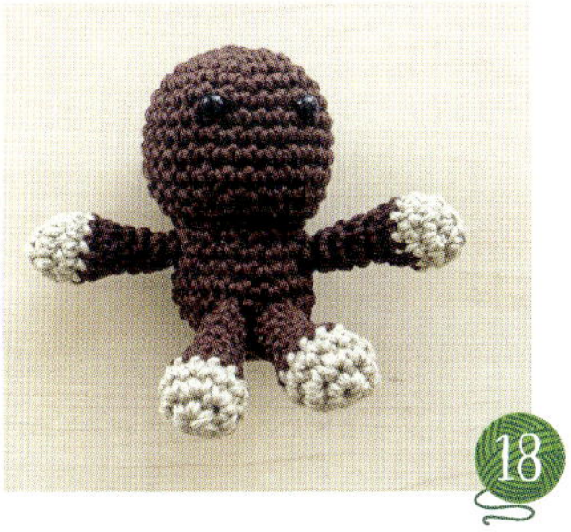
18

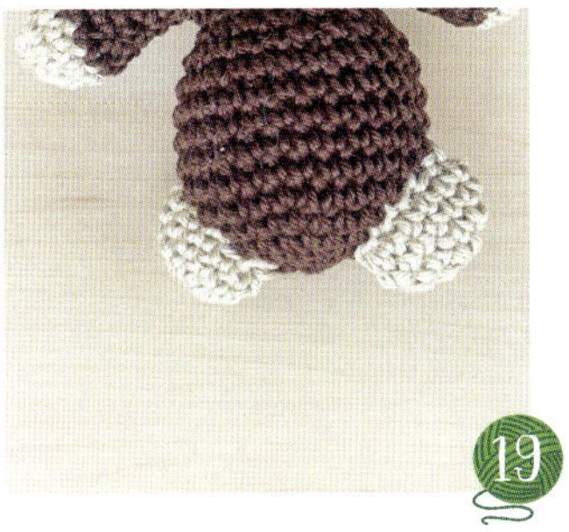
19

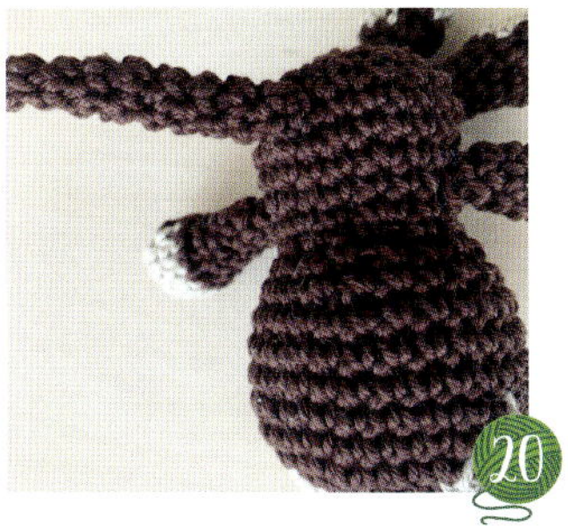
20

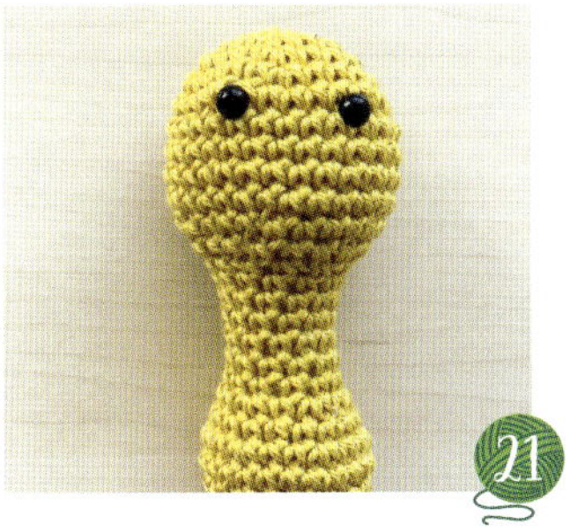
21

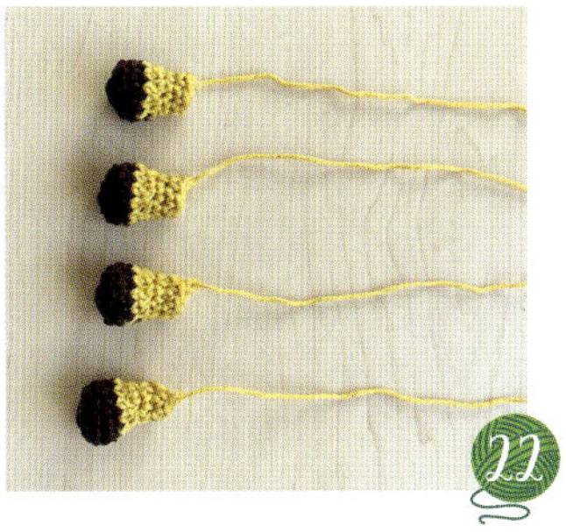
22

Beine und Arme (4 x häkeln)

Mit Marone die kleine Kugel bis einschließlich 2. Rd häkeln.
3. Rd: 12 fM in das hMg häkeln (= 12 fM).
Farbwechsel zu Sonne
4. Rd: 12 fM häkeln (= 12 fM).
5. Rd: Je 2 M zus (= 6 fM).
6.–7. Rd: 6 fm häkeln (= 6 fM).
Den Faden für das spätere Annähen am Körper lang abschneiden und durch die letzte Schlaufe auf der Häkelnadel ziehen.
Die Arme und die Beine leicht mit Füllwatte füllen (FOTO 22).

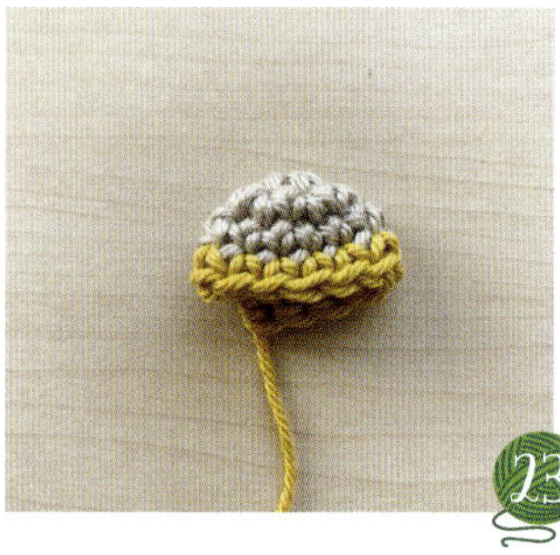
23

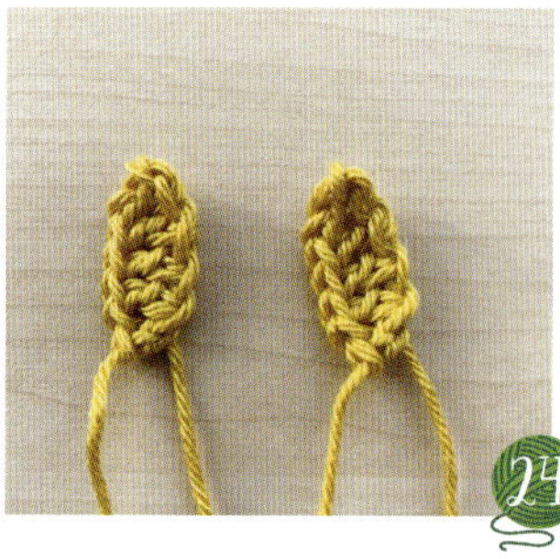
24

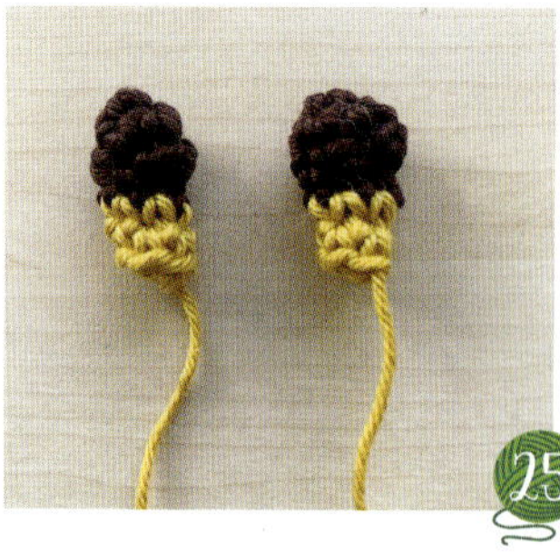
25

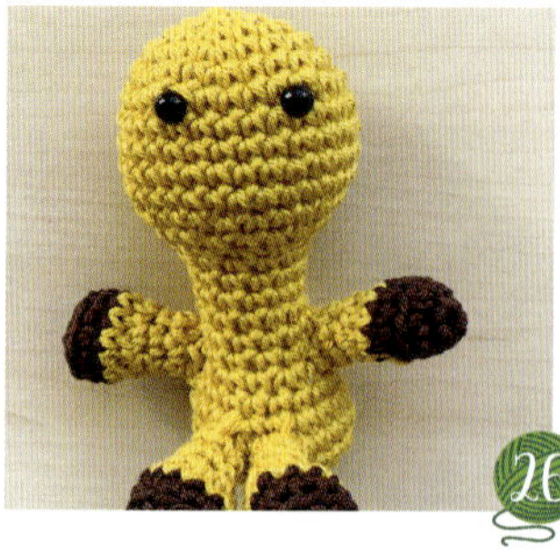
26

Maul

Mit Kamel die kleine Kugel bis einschließlich 2. Rd häkeln.
3. Rd: 12 fM häkeln (= 12 fM).
Farbwechsel zu Sonne.
4. Rd: 12 fM häkeln (= 12 fM).
Den Faden zum Annähen im Gesicht der Giraffe lang abschneiden und durch die letzte Schlaufe auf der Häkelnadel ziehen.
Das Maul wird nicht mit Füllwatte gefüllt (FOTO 23).

Ohren (2 x häkeln)

6 Lfm mit der Farbe Sonne häkeln, 1 fM in die 2. M von der Häkelnadel aus, 1 Lfm, 3 Stb, 1 Lfm, 1 fM.
Den Faden zum späteren Annähen an den Kopf lang abschneiden und durch die letzte Schlaufe auf der Häkelnadel ziehen (FOTO 24).

Hörner (2 x häkeln)

Mit Marone einen mR häkeln.
1. Rd: 5 fM (= 5 fM).
2. Rd: Jede M verd (= 10 fM).
3. Rd: * 1 fM in die übernächste Masche, ab * 4 x wdh (= 5 fM).
Farbwechsel zu Sonne.
4.–5. Rd: 5 fm häkeln (= 5 fM).
Den Faden für das spätere Annähen auf dem Kopf lang abschneiden und durch die letzte Schlaufe auf der Häkelnadel ziehen (FOTO 25).

Fertigstellung der Giraffe

Die Beine an der unteren Kante des Körpers nach vorne gerichtet annähen.
Die Arme unterhalb des Halses (Vorsicht: Nicht direkt unter dem Kopf!) zur Seite gerichtet annähen (FOTO 26).
Das Maul unterhalb der Augen annähen (FOTO 27).
Die Hörner oben mittig auf dem Kopf und jeweils seitlich außen davon ein Ohr annähen (FOTO 28).

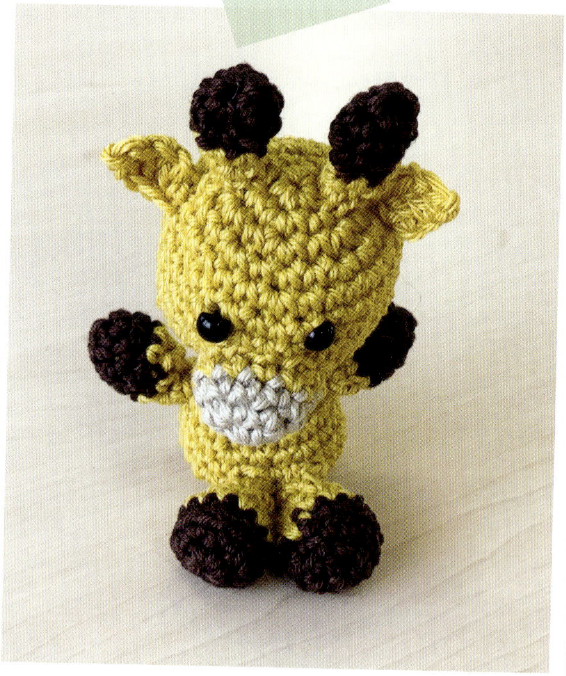

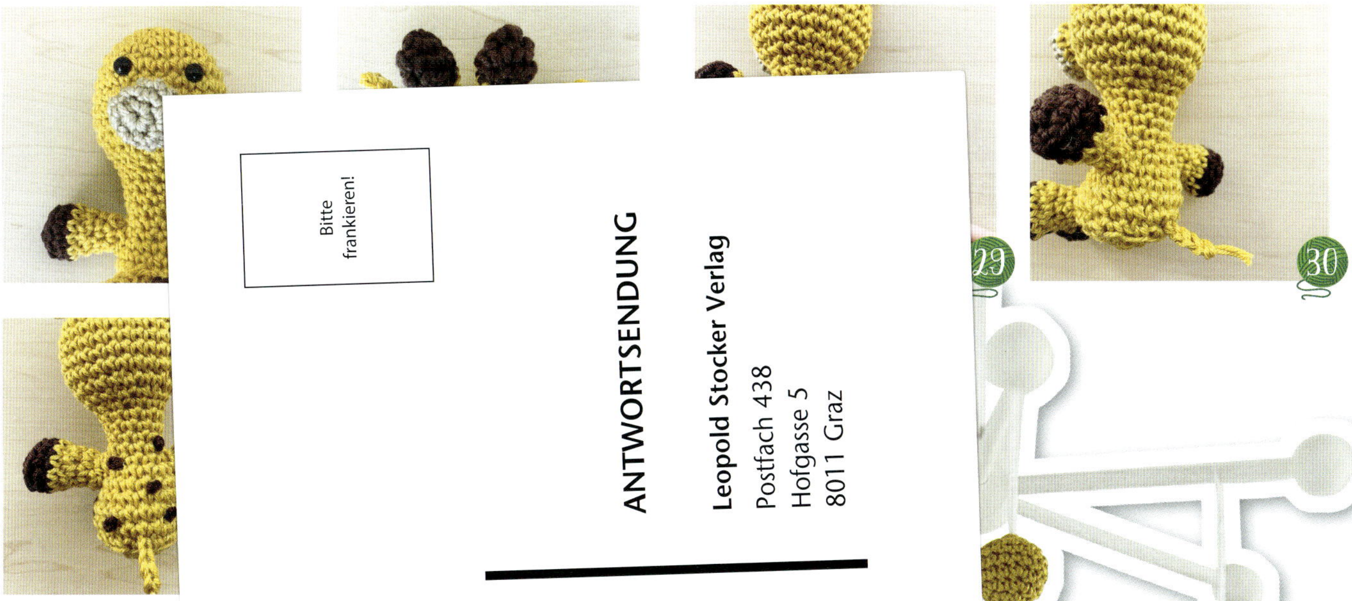

Eine Runde übe
eines Fadens in
nadel durchziel
4 Lfm häkeln, d
auf der Häkelna
(FOTO 30).
Mit der Farbe M
Giraffe ein paar
(FOTO 31).

KUGELN

Die mittlere Kug
1 mittlere Kugel
und Sonne anfer

FERTIGSTELLUNG DES MOBILES

An den Zootieren jeweils eine Luftmaschenkette von 60 Lfm anbringen und an den Stangen befestigen.
Zwischen den Kugeln an einem Stab befinden sich jeweils 13 Lfm und zwischen oberer Kugel und Mobilestange 10, 16 und 22 Lfm.
Wie bereits in den Erklärungen erwähnt, können die Längen aber auch beliebig gewählt werden; ebenso die Größe und die Farben der Kugeln und natürlich auch die Farben der Zootiere.

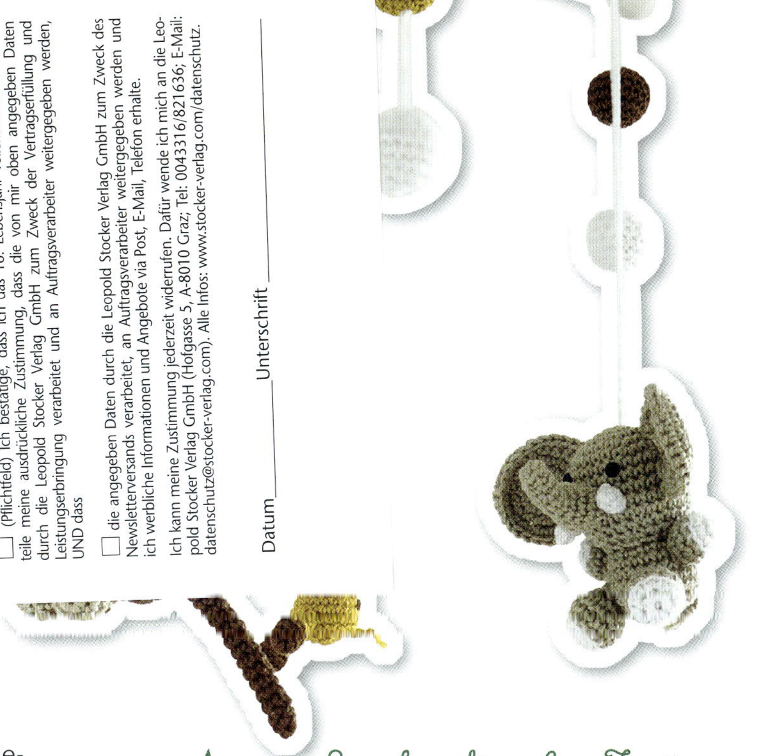

So sehen die süßen Zootiere aus, wenn sie nach der Fertigstellung an dem Mobilekreuz hängen.

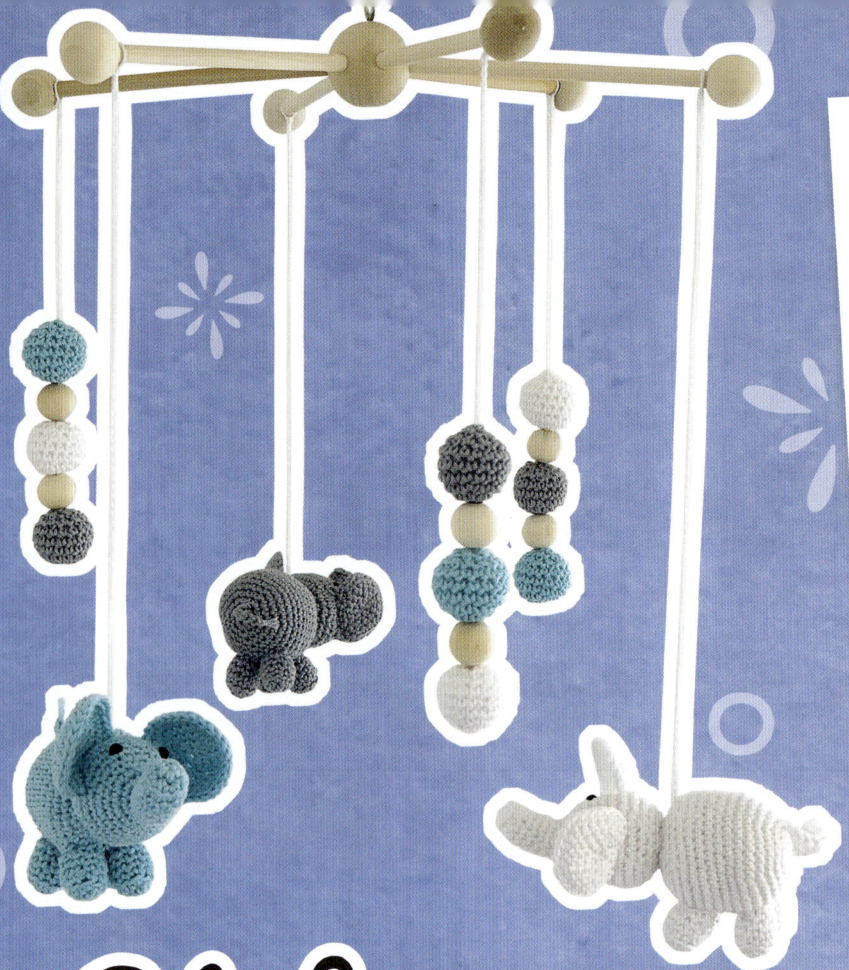

Material

50 g Ibiza Baumwolle, Farbe Weiß Nr. 6001
30 g Woll Butt Camilla, Farbe Grau Nr. 35441
30 g Woll Butt Camilla, Farbe Aqua Nr. 24039
6 Sicherheitsaugen, 6 mm Durchmesser
6 Holzkugeln, 2 cm Durchmesser
Füllwatte
Mobilekreuz mit 6 Armen und einem Durchmesser von 40 cm

Zubehör

Häkelnadel Nr. 2,5
Sticknadel
Schere

Elefantenmobile

WAS MÜSSEN DAS FÜR BÄUME SEIN, WO DIE GROSSEN ELEFANTEN SPAZIEREN GEHEN ...“

Die süßen, knuffigen Elefanten an diesem Mobile sind gut für Einsteiger geeignet. Lediglich das Straffen des Rüssels ist etwas komplizierter. Bei diesem Mobile kommen Holzkugeln mit ins Spiel. Diese sehen in allen möglichen Größen immer sehr hübsch an Mobiles aus.

ELEFANT

Körper

Mit Weiß die große Kugel bis einschließlich 5. Rd häkeln.
6. Rd: Jede 5. fM verd (= 36 fM).
7.–14. Rd: 36 fM häkeln (= 36 fM).
15. Rd: Jede 5. und 6. M zus häkeln (= 30 fM).
16. Rd: Jede 4. und 5. M zus häkeln (= 24 fM).
17. Rd: Jede 3. und 4. M zus häkeln (= 18 fM).
18. Rd: Jede 2. und 3. M zus häkeln (= 12 fM).
Jetzt den Körper mit Füllwatte füllen.
19. Rd: Je 2 M zus häkeln (= 6 fM).
Den Faden abschneiden und durch die letzte Schlaufe auf der Häkelnadel ziehen. Dann den Faden mit einer Nadel durch das vMg der letzten 6 fM führen, zusammenziehen und vernähen (FOTO 1).

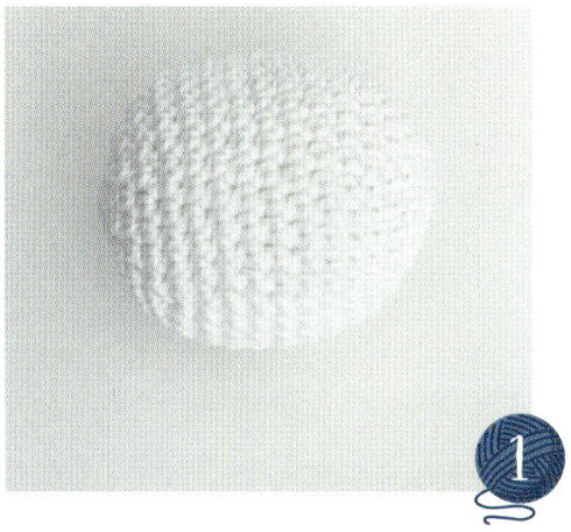

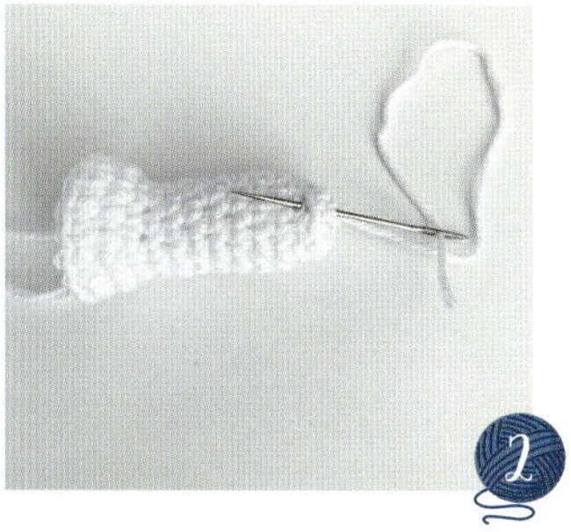

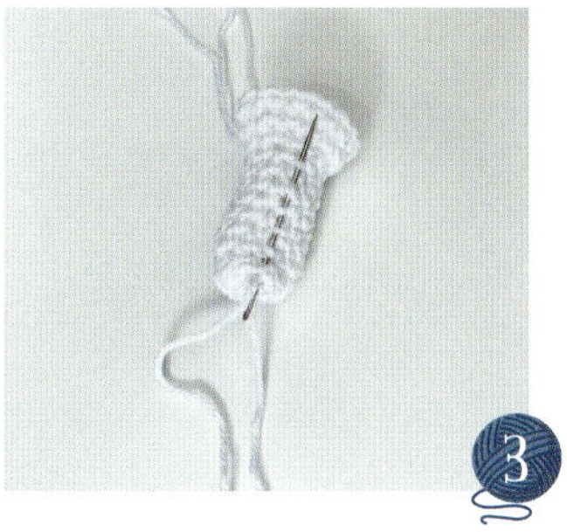

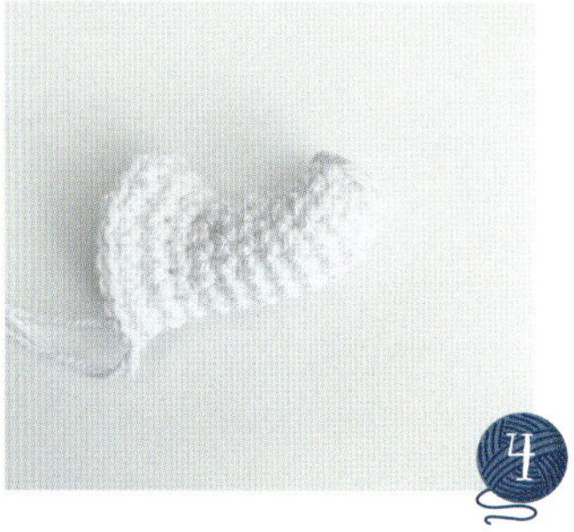

Kopf

Beim Kopf des Elefanten beginnen Sie mit dem Rüssel. Mit Weiß einen mR häkeln, dabei den Anfangsfaden etwa 15 cm länger lassen, weil dieser später zum Straffen des Rüssels dient.
1. Rd: 5 fM in den mR häkeln (= 5 fM).
2. Rd: Jede M verd (= 10 fM).
3. Rd: 10 fM nur in das hMg häkeln (= 10 fM).
4.–8. Rd: 10 fM häkeln (= 10 fM).
Den Anfangsfaden mit der Häkelnadel durch den mR auf die andere Seite ziehen.
9. Rd: 4 fM häkeln, 2 x 1 fM verd, 4 fM (= 12 fM).
10. Rd: Jede 2. fM verd (= 18 fM).
11. Rd: 18 fM häkeln (= 18 fM).
Den Rüssel mit wenig Füllwatte füllen und den langen Anfangsfaden mit einer Nähnadel bis zur 3. Rd führen (FOTO 2).
Anschließend den Faden vorne am Rüssel bis zur 9. Rd abwechselnd oberhalb und unterhalb einer Rd ein- und ausstechen (FOTO 3).
Den Faden durchziehen, straffen und vernähen. Durch das Straffen bekommt der Rüssel eine leichte Rundung (FOTO 4).

12. Rd: Jede 3. fM verd (= 24 fM).
13. Rd: 24 fM häkeln (= 24 fM).
14. Rd: Jede 4. fM verd (= 30 fM).
15. Rd: 30 fM häkeln (= 30 fM).
16. Rd: Jede 5. fM verd (= 36 fM).
Nun die Sicherheitsaugen zwischen der 10. und 11. Rd mit einem Abstand von 4 fM anbringen (FOTO 5).
17. Rd: Jede 5. und 6. M zus häkeln (= 30 fM).
18. Rd: Jede 4. und 5. M zus häkeln (= 24 fM).
19. Rd: Jede 3. und 4. M zus häkeln (= 18 fM).
20. Rd: Jede 2. und 3. M zus häkeln (= 12 fM).
Jetzt den Kopf mit Füllwatte füllen.
21. Rd: Je 2 M zus häkeln (= 6 fM).
Den Faden für das spätere Annähen am Körper lang abschneiden und durch die letzte Schlaufe auf der Häkelnadel ziehen. Dann den Faden mit einer Nadel durch das vMg der letzten 6 fM führen und zusammenziehen (FOTO 6).

Ohren (2 x häkeln)

Mit Weiß die kleine Kugel bis einschließlich 3. Rd häkeln.
4. Rd: 4 x jede 3. fM verd, 3 fM (= 19 fM).
Die Runde wird nicht zu Ende gehäkelt, sondern es geht jetzt in Reihen weiter. Die Arbeit wenden.
5. R: 1 Lfm, 4 x jede 4. fM verd, 4 fM (= 24 fM).
6. R: Ohne Wende-Lfm 1 Km in die übernächste fM, 20 Km, 1 Km in die übernächste fM (= 22 Km).
Den Faden zum späteren Annähen an den Kopf lang abschneiden und durch die letzte Schlaufe auf der Häkelnadel ziehen. Den Anfangsfaden vernähen (FOTO 7).

Beine (4 x häkeln)

Mit Weiß einen mR häkeln.
1. Rd: 5 fM in den mR häkeln (= 5 fM).
2. Rd: Jede fM verd (= 10 fM).
3. Rd: 10 fM nur in das hMg häkeln (= 10 fM).
4.-6. Rd: 10 fM häkeln (= 10 fM).
Den Faden für das spätere Annähen am Körper des Elefanten lang abschneiden und durch die letzte Schlaufe auf der Häkelnadel ziehen. Das Bein nur mit ein wenig Füllwatte füllen (FOTO 8).

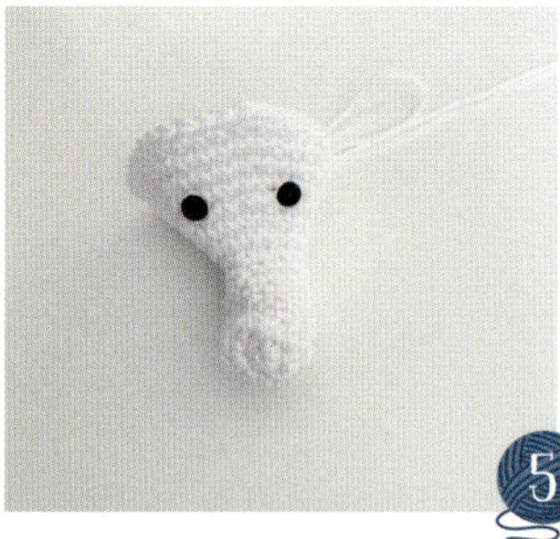
5

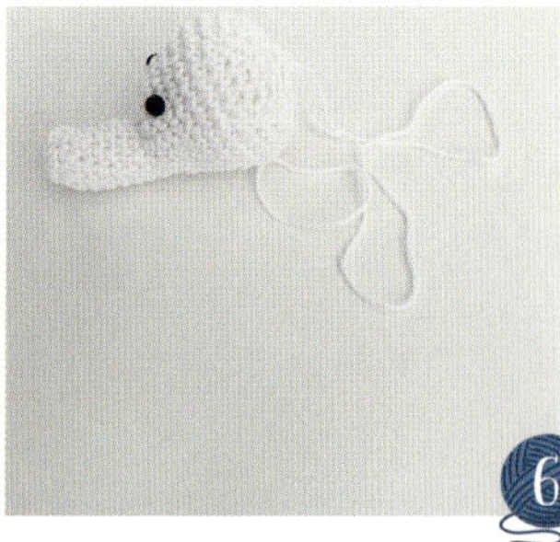
6

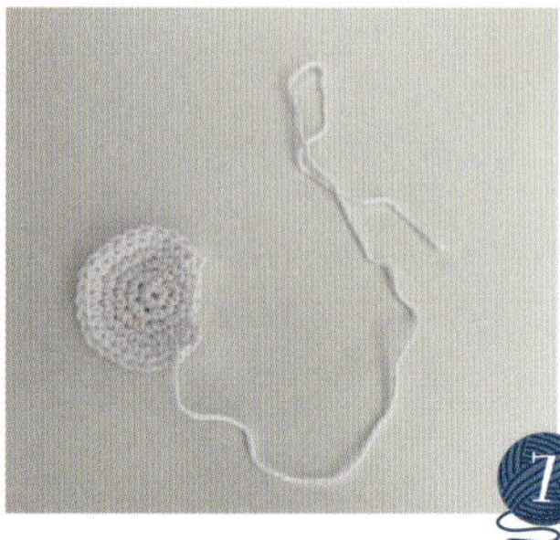
7

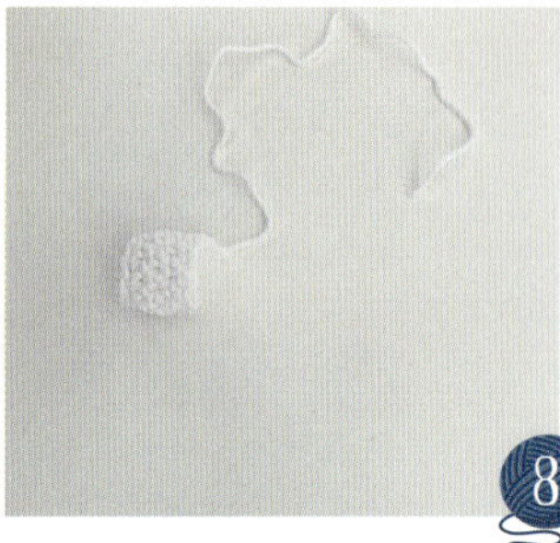
8

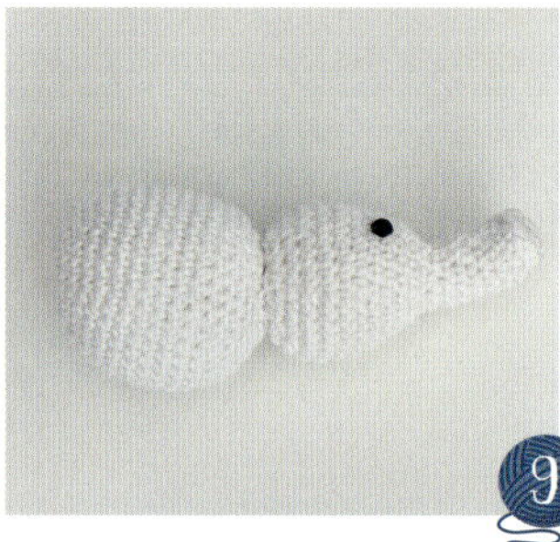
9

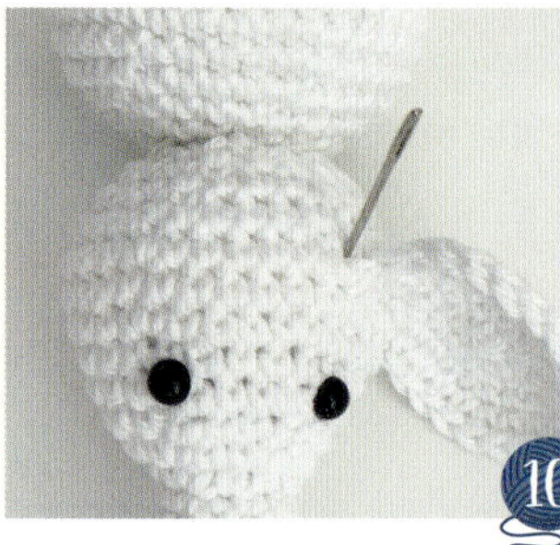
10

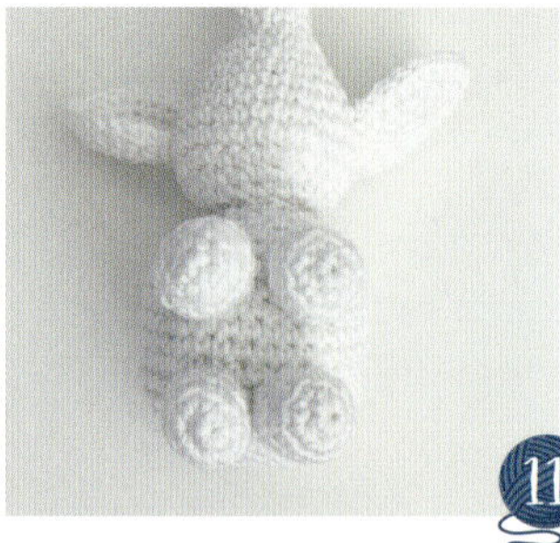
11

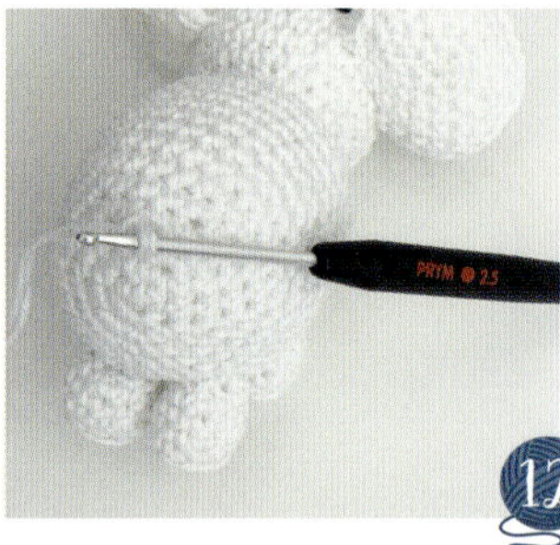

12

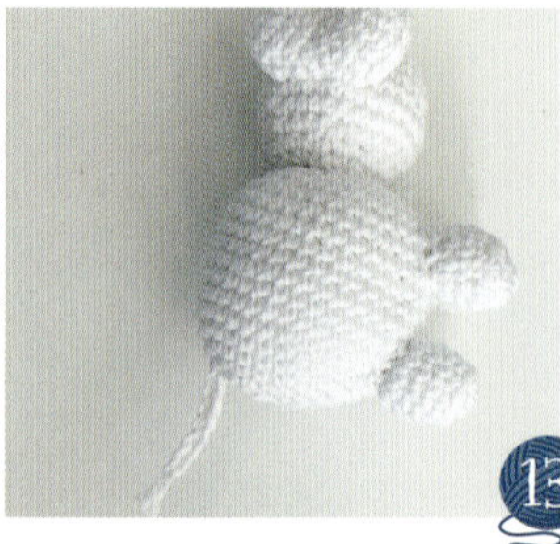
13

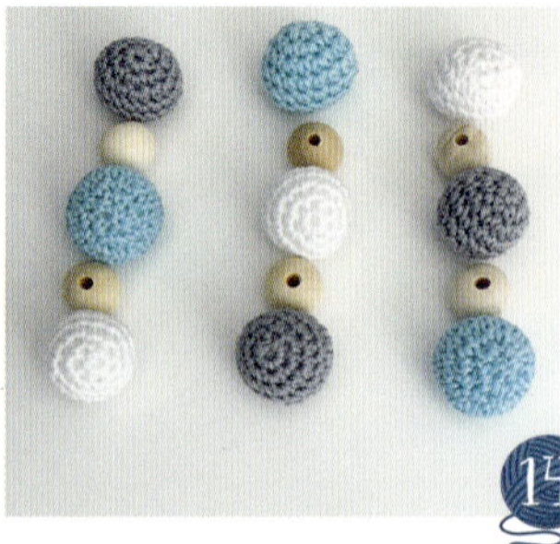
14

Fertigstellung des Elefanten

Den Kopf etwas oberhalb der vorderen Mitte des Körpers annähen (FOTO 9).
Die Ohren mit 4 Rd Abstand zu den Augen am Kopf des Elefanten annähen (FOTO 10).
Die Beine unterhalb des Bauches des Elefanten annähen (FOTO 11).
Für den Schwanz die Schlaufe eines doppelt gelegten weißen Fadens ein bis zwei Runden oberhalb der hinteren Mitte durch eine Masche ziehen (FOTO 12) und 7 Lfm mit doppeltem Faden häkeln. Die Endfäden durch die letzte Schlaufe auf der Häkelnadel ziehen und auf ca. 1 cm kürzen. Dann die Enden mit einer Nähnadel ein wenig ausfransen (FOTO 13).

Jeweils noch einen Elefanten in den Farben Aqua und Grau anfertigen.

KUGELN

Jeweils 3 kleine Kugeln in den Farben Weiß, Aqua und Grau häkeln.

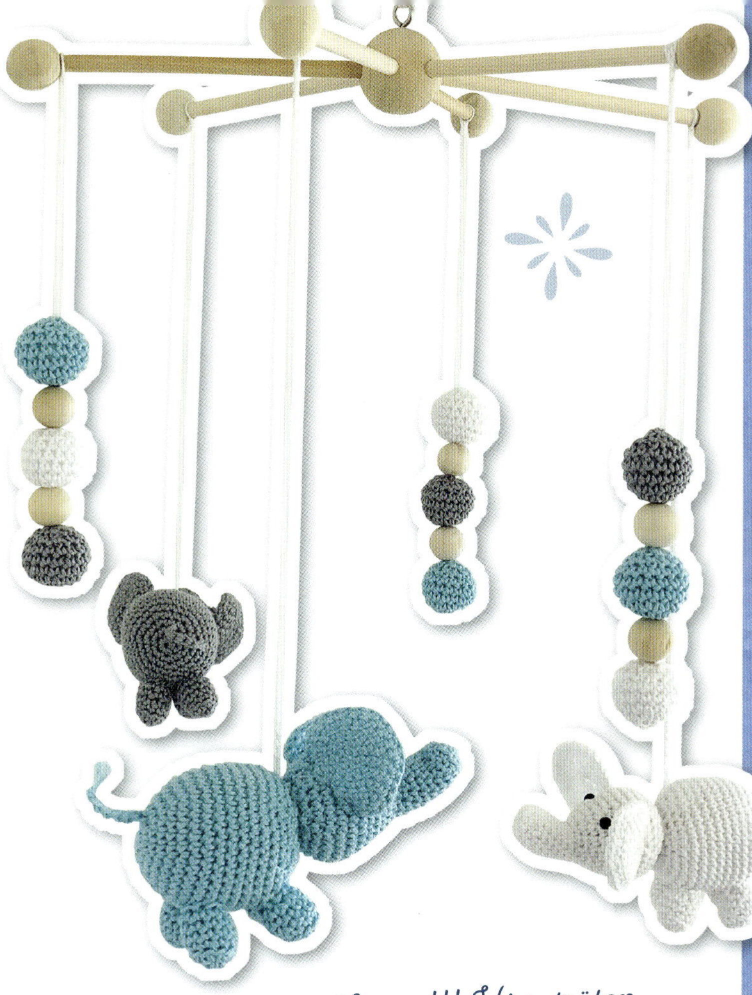

Töröoö!!! Hier tröten die lustigen Elefanten um die Wette.

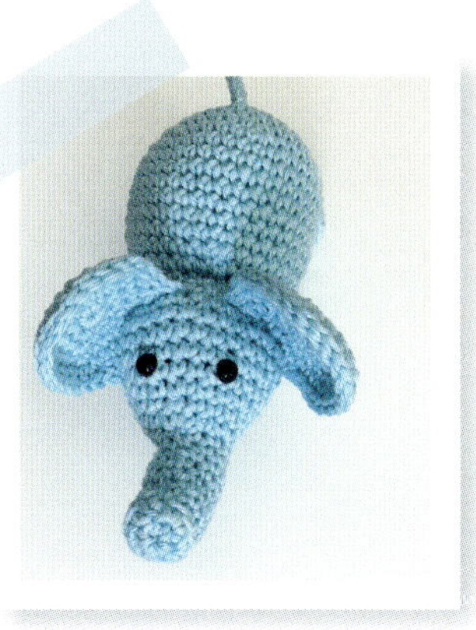

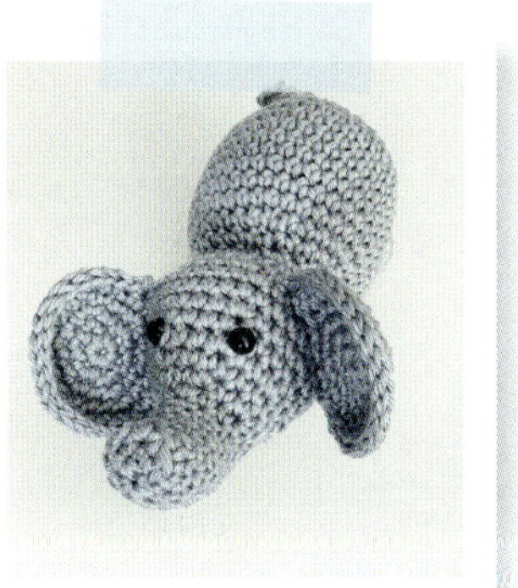

FERTIGSTELLUNG DES MOBILES

Die kleinen gehäkelten Kugeln und die Holzkugeln, wie auf dem Foto abgebildet, aufreihen und für die Aufhängung mit Luftmaschenketten in den Längen von 30, 40 und 50 Lfm anfertigen (FOTO 14). Diese dann an den einzelnen Stangen befestigen.
Die drei Elefanten mit Luftmaschenketten in den Längen 75, 70 und 80 Lfm an den verbleibenden drei Stangen befestigen.
Für das Mobilekreuz eine Aufhängeschnur aus 121 Lfm häkeln, mit einer Reihe von 120 fM behäkeln und an der Mobilehalterung befestigen.

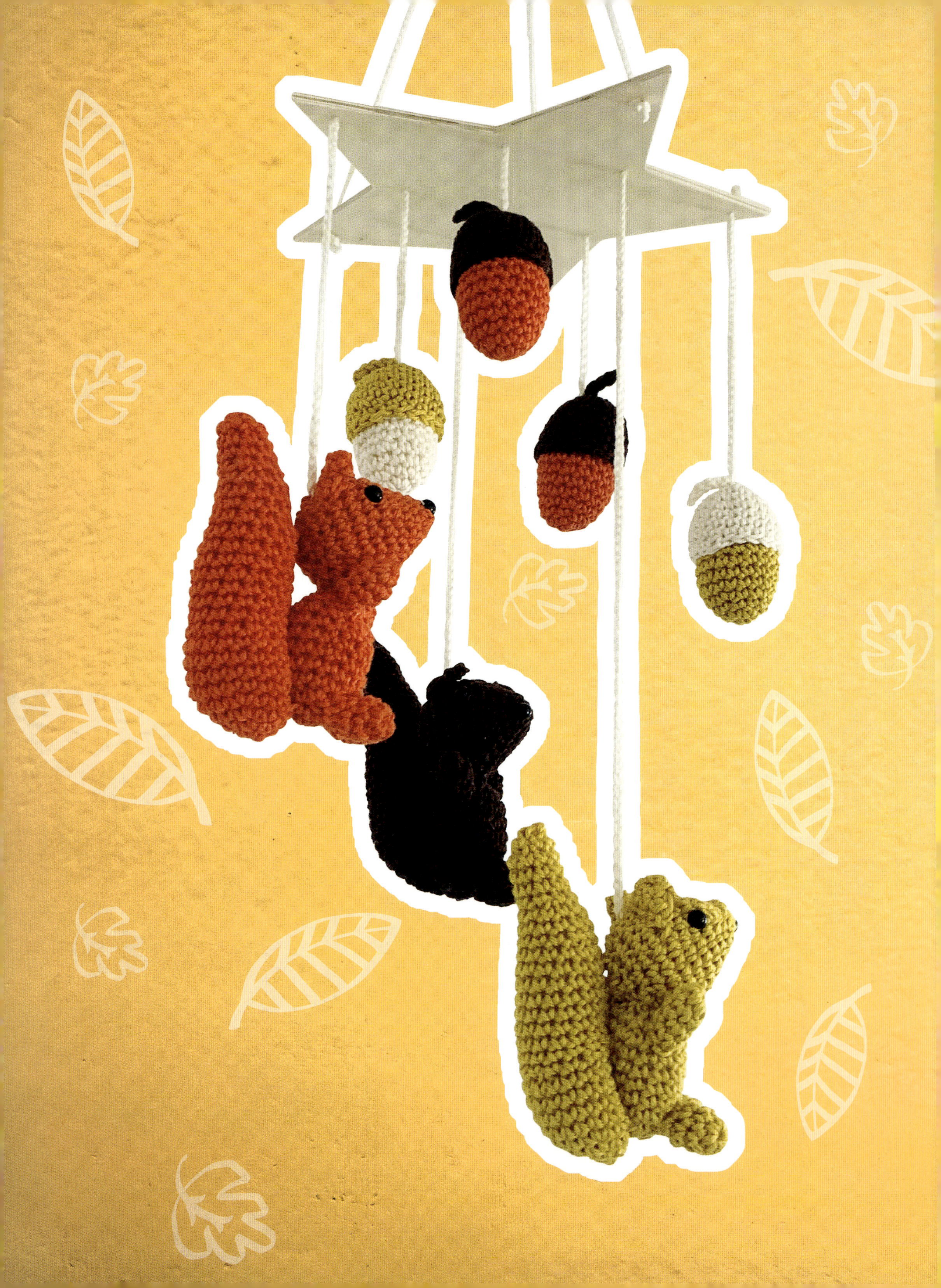

Eichhörnchen-mobile

„EI, EI, EI, EI, EICHHÖRNCHEN …"

Diese putzigen, flinken, kleinen Eichhörnchen begeistern beim Betrachten jedes Baby. Komplettiert wird das Mobile passenderweise mit Eicheln in unterschiedlichen Farben.
Anstelle eines Mobilekreuzes kam hier ein Holzstern zum Einsatz, den ich mit einer Handbohrmaschine mit zusätzlichen Löchern versehen habe.
Wer diese Möglichkeit nicht hat, kann diverse andere Mobilekreuze oder Sterne zur Aufhängung verwenden. Es gibt im Handel Holzsterne mit unterschiedlicher Anzahl an vorgebohrten Löchern.

Material

- 20 g Ibiza Baumwolle, Farbe Kakao Nr. 6015
- 20 g Ibiza Baumwolle, Farbe Sonne Nr. 6022
- 20 g Ibiza Baumwolle, Farbe Orange Nr. 6027
- 10 g Catania Baumwolle, Farbe Creme Nr. 130
- 9 Sicherheitsaugen, 6 mm Durchmesser
- Füllwatte
- Holzstern von Butinette
- Holzperle, 2 cm Durchmesser
- Holzring, Außendurchmesser 4 cm

Zubehör

- Häkelnadel Nr. 2,5
- Nähnadel
- Schere
- Handbohrmaschine

EICHHÖRNCHEN

Körper

Mit der Farbe Orange einen mR häkeln.
1. Rd: 5 fM häkeln (= 5 fM).
2. Rd: Jede M verd (= 10 fM).
3. Rd: Jede 2. M verd (= 15 fM).
4.–9. Rd: 15 fM häkeln (= 15 fM).
10. Rd: Jede 2. und 3. M zus (= 10 fM).
11. Rd: Je 2 M zus häkeln (= 5 fM).
Den Faden abschneiden, durch die letzte Schlaufe auf der Häkelnadel ziehen und dann mit einer Nähnadel durch die vMg der letzten M führen. Anschließend den Faden festziehen und vernähen (FOTO 1).

Kopf

Mit der Farbe Orange einen mR häkeln.
1. Rd: 6 fM häkeln (= 6 fM).
2. Rd: Jede 2. M verd (= 9 fM).
3. Rd: Jede 3. M verd (= 12 fM).
4. Rd: Jede 4. M verd (= 15 fM).
5. Rd: Jede 5. M verd (= 18 fM).
Jetzt in den mR des Anfangs ein Sicherheitsauge befestigen. Dies ist die Nase des Eichhörnchens.
6. Rd: Jede 6. M verd (= 21 fM).
7. Rd: Jede 7. M verd (= 24 fM).
8.–9. Rd: 24 fM häkeln (= 24 fM).
10. Rd: Jede 3. und 4. M zus (= 18 fM).
Nun die Sicherheitsaugen zwischen der 5. und 6. Rd mit einem Abstand von 6 fM anbringen.
11. Rd: Jede 2. und 3. M zus (= 12 fM).
Den Kopf mit Füllwatte füllen.
12. Rd: Je 2 fM zus (= 6 fM).
Den Faden zum späteren Annähen an den Körper lang abschneiden, durch die letzte Schlaufe auf der Häkelnadel ziehen, durch die vMg der letzten 6 fM führen und festziehen (FOTO 2 + 3).

Schwanz

Mit der Farbe Orange einen mR häkeln.
1. Rd: 5 fM häkeln (= 5 fM).
2. Rd: Jede M verd (= 10 fM).
3. Rd: Jede 2. M verd (= 15 fM).
4. Rd: Jede 3. M verd (= 20 fM).
5.–8. Rd: 20 fM häkeln (= 20 fM).
9. Rd: Jede 3. und 4. M zus (= 15 fM).
10.–17. Rd: 15 fM häkeln (= 15 fM).

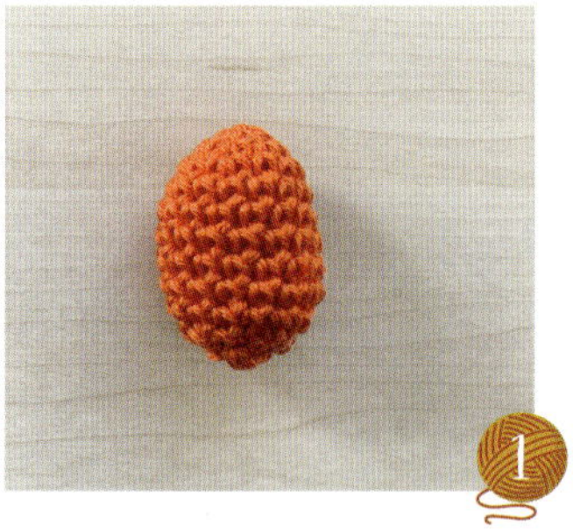

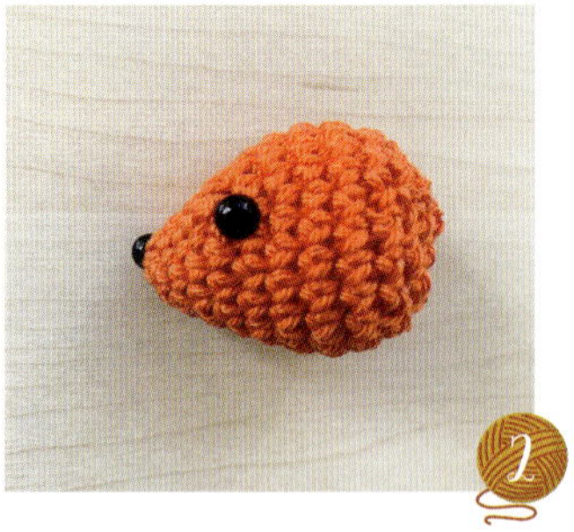

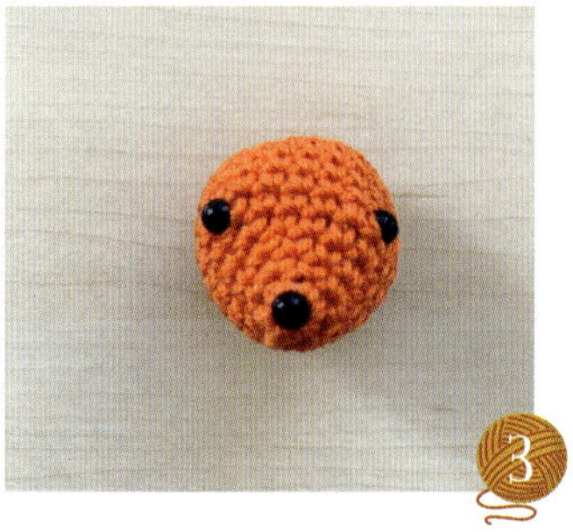

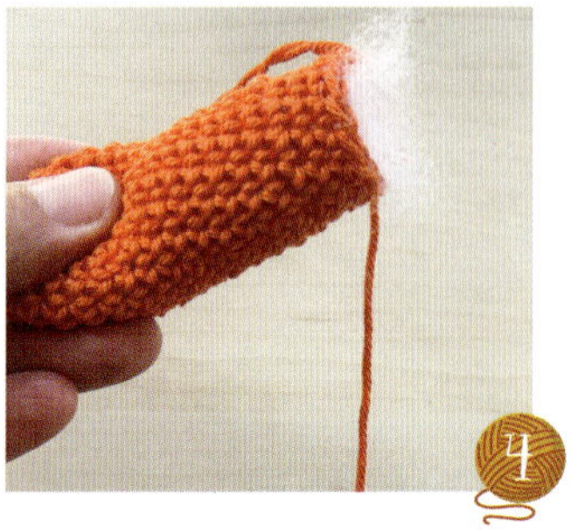

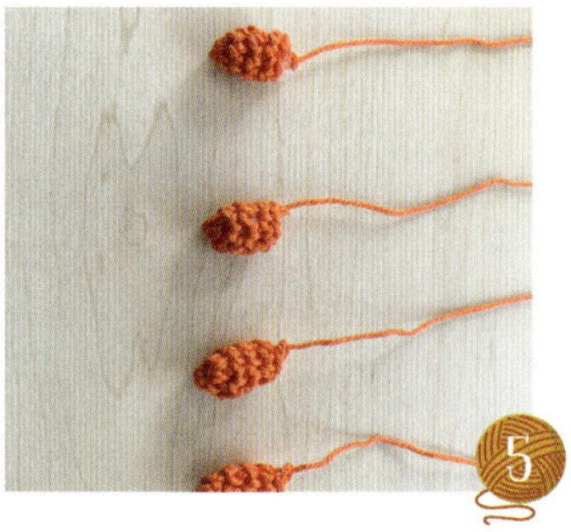

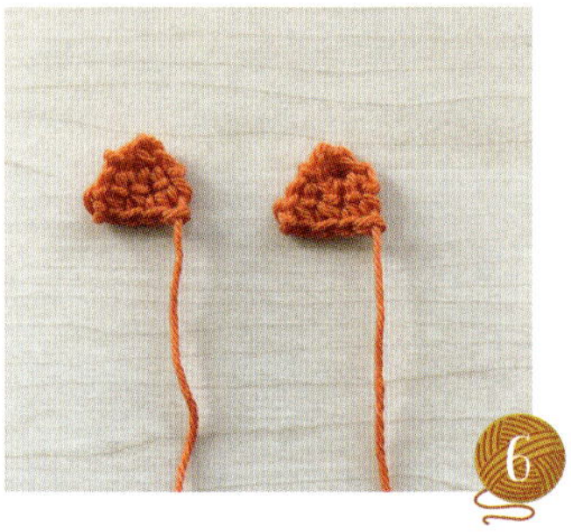

18. Rd: Jede 4. und 5. zus (= 12 fM).
19.–20. Rd: 12 fM häkeln (= 12 fM).
Den Schwanz füllen. Dabei sollte der Anfang, der später unten am Körper angenäht wird, nicht zu prall gefüllt sein. Dies erreichen Sie, indem Sie den Schwanz an der unteren Stelle mit Zeigefinger und Daumen ein wenig zusammendrücken. So kann die Füllwatte an dieser Stelle nicht weiter herunterrutschen (FOTO 4).
21. Rd: Jede 3. und 4. M zus (= 9 fM).
22.–25. Rd: 9 fM häkeln (= 9 fM).
26. Rd: Jede 2. und 3. M. zus (= 6 fM).
Den Faden zum späteren Annähen an den Körper lang abschneiden, durch die letzte Schlaufe auf der Häkelnadel ziehen, durch die vMg der letzten 6 fM führen und festziehen.

Arme und Beine (4 x häkeln)

Mit der Farbe Orange die kleine Kugel bis einschließlich 1. Rd häkeln.
2.–4. Rd: 6 fM häkeln (= 6 fM).
Den Faden durch die letzte Schlaufe auf der Häkelnadel ziehen, für das spätere Annähen am Körper lang abschneiden und durch die letzte Schlaufe auf der Häkelnadel ziehen. Die Arme bzw. Beine leicht mit Füllwatte füllen (FOTO 5).

Ohren (2 x häkeln)

Die Ohren werden in hin- und hergehenden Reihen gehäkelt.
1. R: 2 Lfm mit der Farbe Orange häkeln.
2. R: 2 fM in die 2. M ab Häkelnadel (= 2 fM).
3. R: 2 fM ieM, 2 fM ieM (= 4 fM).
4. R: 4 feste Maschen häkeln (= 4 fM).
Den Faden für das spätere Annähen am Kopf lang abschneiden und durch die letzte Schlaufe auf der Häkelnadel ziehen (FOTO 6).

Fertigstellung des Eichhörnchens

Den Kopf an den Körper annähen (FOTO 7). Den Schwanz dicht unten am Körper annähen und auch noch einmal in der Mitte des Eichhörnchens (FOTO 8) und am Kopf (FOTO 9) befestigen, weil er ansonsten wegen seines Gewichts nach hinten kippen würde. Die Beine unten am Körper nach vorne gerichtet und die Arme oben am Körper zur Seite gerichtet annähen (FOTO 10).

Das Eichhörnchen noch jeweils in den Farben Sonne und Kakao anfertigen.

EICHEL

Frucht

Mit der Farbe Creme einen mR häkeln.
1. Rd: 6 fM häkeln (= 6 fM).
2. Rd: Jede M verd (= 12 fM).
3. Rd: 12 fM häkeln (= 12 fM).
4. Rd: Jede 2. M verd (= 18 fM).
5.–10. Rd: 18 fM häkeln (= 18 fM).
12. Rd: Jede 2. und 3. M zus (= 12 fM).
Die Frucht mit Füllwatte füllen.
13. Rd: Je 2 M zus (= 6 fM).

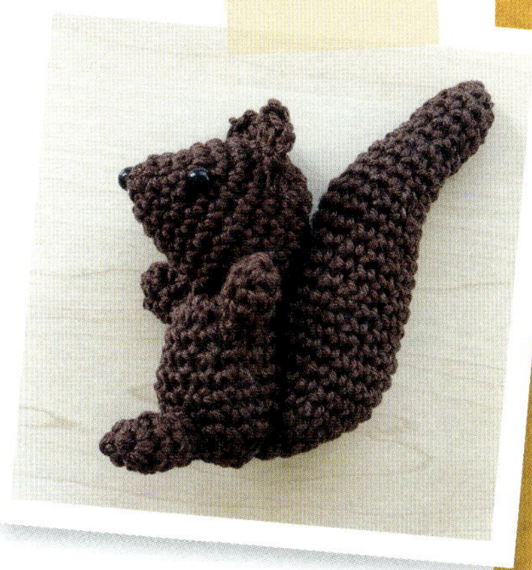

Den Faden abschneiden, durch die vMg der letzten 6 fM führen, zusammenziehen und vernähen (FOTO 11).

Kappe

Mit der Farbe Sonne einen mR häkeln.
1. Rd: 6 fM häkeln (= 6 fM).
2. Rd: Jede M verd (= 12 fM).
3. Rd: Jede 2. M verd (= 18 fM).
4. Rd: Jede 6. M verd (= 21 fM).
5.–7. Rd: 21 fM häkeln (= 21 fM).
8. Rd: Jede 6. und 7. M zus (= 18 fM).
9. Rd: 1 Km.
Den Faden zum späteren Annähen an die Frucht etwas länger abschneiden und durch die letzte Schlaufe auf der Häkelnadel ziehen (FOTO 12).

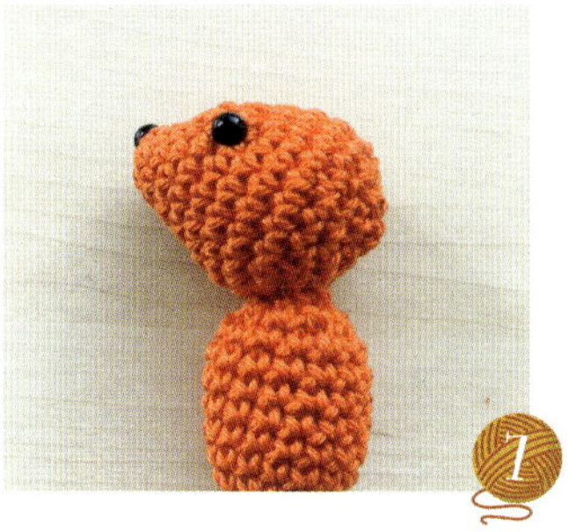

7

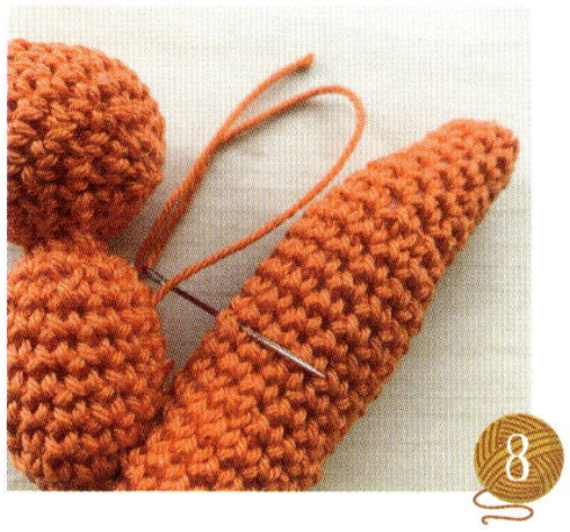

8

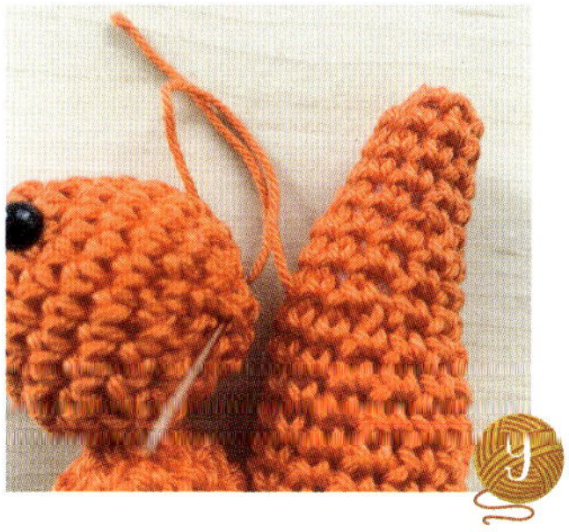

9

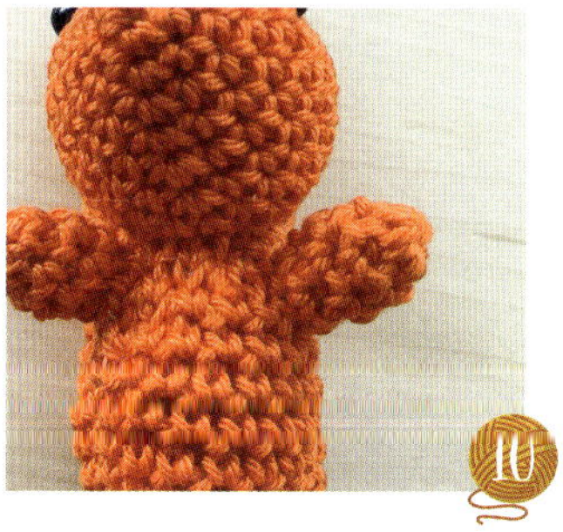

10

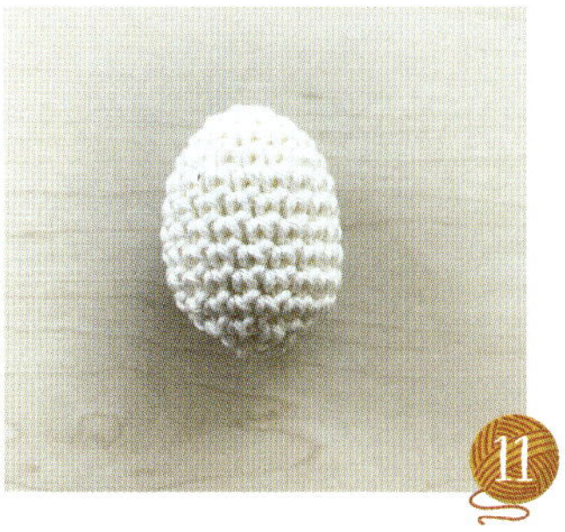

11

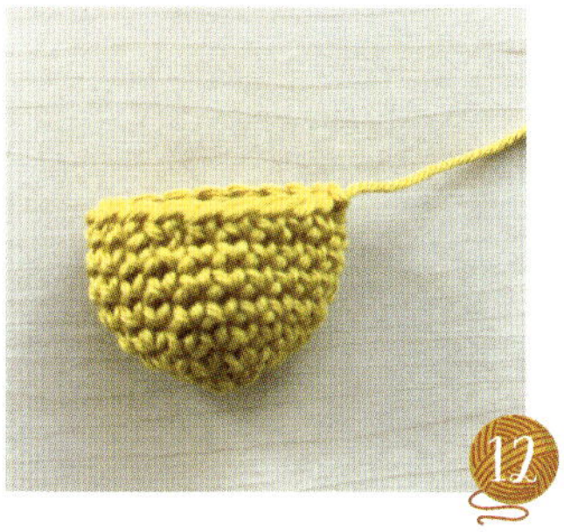

12

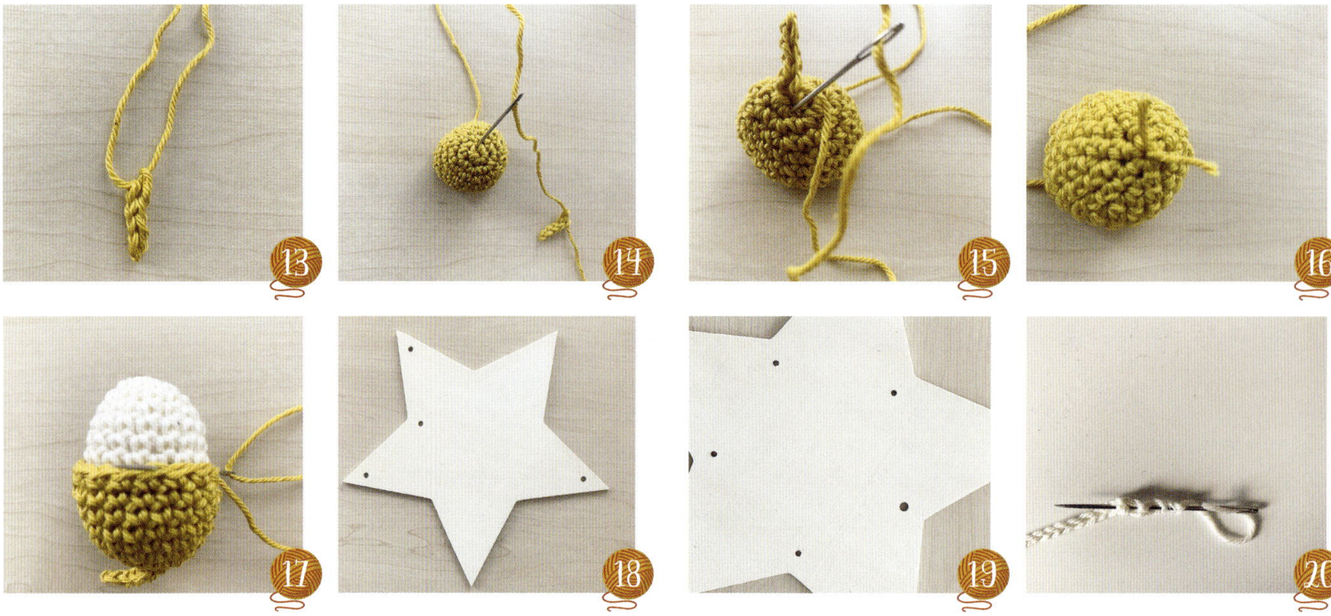

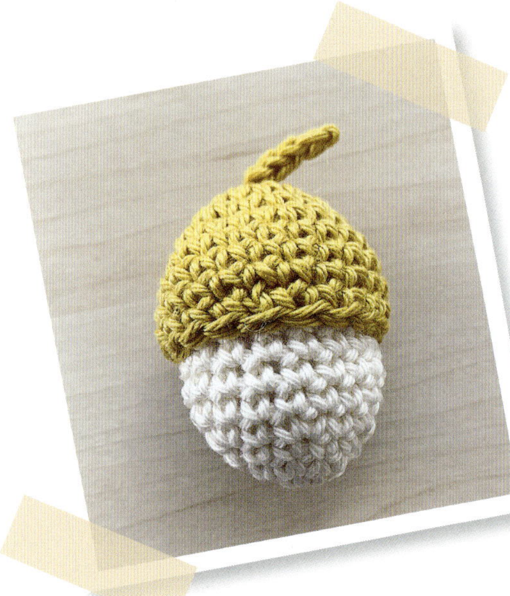

Fertigstellung der Eichel

Den End- und Anfangsfaden des Stieles mit etwas Abstand voneinander von unten ins Innere der Kappe ziehen. Dort die beiden Fäden miteinander verknoten und kürzen (FOTO 14–16).

Die Kappe über die Frucht ziehen und an drei bis vier Stellen an der Frucht festnähen (FOTO 17).

Die Eichel noch in folgenden Farben anfertigen:

- Frucht Sonne – Kappe Creme
- Kappe Dunkelbraun – Frucht Orange (2 x)

FERTIGSTELLUNG DES MOBILES

Den Holzstern mit zusätzlichen Löchern versehen (FOTO 18 + 19).

Folgende Schnüre in der Farbe Creme zum Aufhängen der einzelnen Elemente häkeln. Die Anfangs- und Endfäden dabei etwas länger lassen und noch nicht vernähen.

- Eichhörnchen Orange: 40 Lfm
- Eichhörnchen Braun: 65 Lfm
- Eichhörnchen Sonne: 83 Lfm
- Eichel Braun/Orange: 15 Lfm
- Eichel Braun/Orange: 32 Lfm
- Eichel Sonne/Creme: 30 Lfm
- Eichel Creme/Sonne: 45 Lfm

Stiel

In der Farbe Sonne 5 Lfm häkeln, dabei den Anfangsfaden etwas länger lassen, 1 Km in die 2. M ab Häkelnadel, 3 Km (= 4 Km). Den Faden zum Annähen an die Kappe etwas länger abschneiden und durch die letzte Schlaufe auf der Häkelnadel ziehen (FOTO 13).

Die Schnüre an einer Seite an den Eichhörnchen und Eicheln befestigen und den Anfangsfaden vernähen. Nun können die Elemente an dem Stern befestigt werden. Dabei den noch nicht vernähten Faden mit einer Nähnadel durch ein Loch des Sterns führen und durchziehen, bis sich auch ein ganzes Stück der Luftmaschenkette oberhalb des Sterns befindet. * Den Faden innerhalb der Luftmaschenkette vernähen (FOTO 20) und anschließend in der Schnur einen knappen Knoten machen und fest anziehen (FOTO 21).
Zum Aufhängen des Sterns drei Luftmaschenketten über 100 Lfm in der Farbe Creme häkeln. Die Enden bereits innerhalb der Luftmaschenkette vernähen, die Anfangsfäden noch stehen lassen.

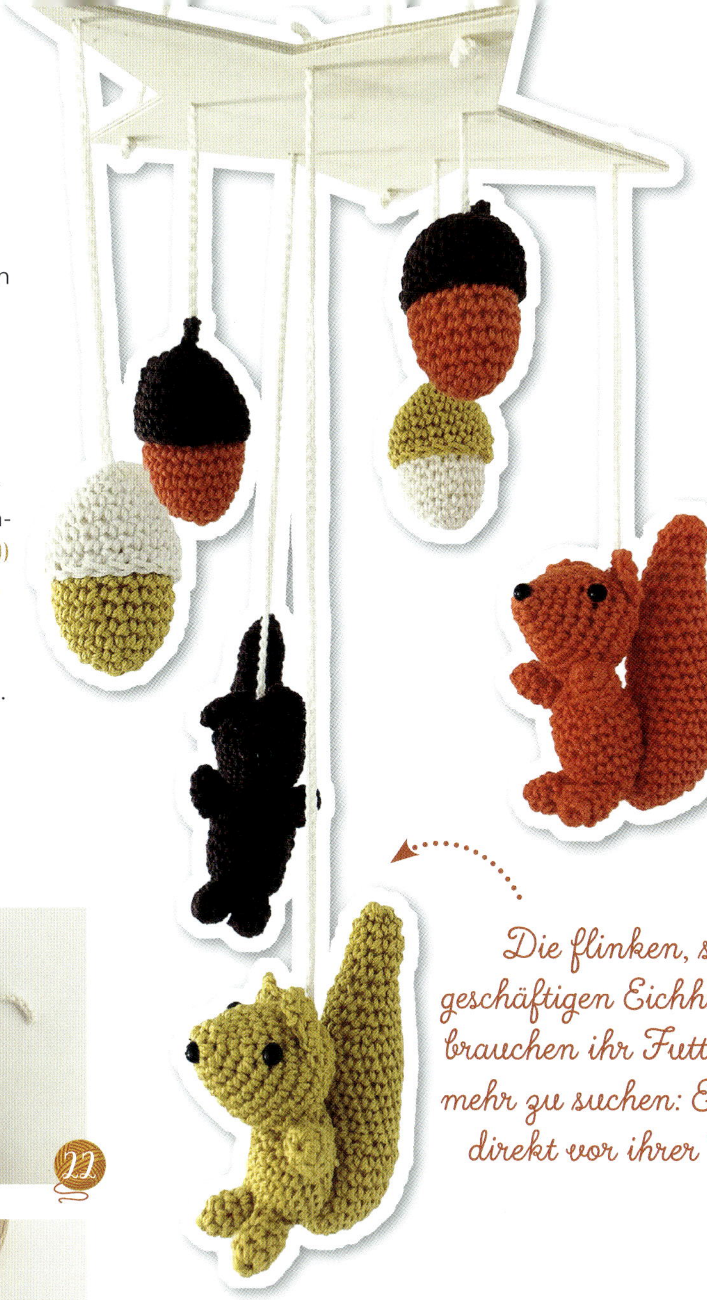

Die flinken, stets geschäftigen Eichhörnchen brauchen ihr Futter nicht mehr zu suchen: Es hängt direkt vor ihrer Nase.

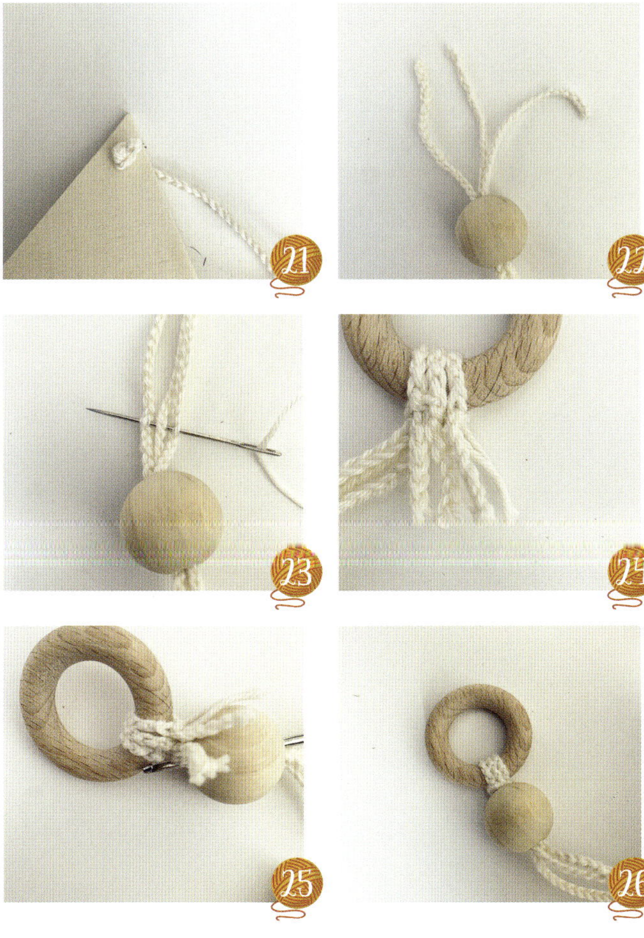

Diese werden mit einer Nähnadel von oben nach unten durch die drei Eckpunkte des Sterns gezogen. Dann wie bei den Eichhörnchen und Eicheln ab * weiter vorgehen.
Die anderen Enden, bei denen die Fäden bereits vernäht wurden, mit einer Häkelnadel durch die Kugel ziehen (FOTO 22). Die Schnüre soweit durchziehen oder lockern, bis sich der Holzstern in der Waagerechten befindet, also gerade hängt. Sobald dies der Fall ist, die Schnüre mit einem Faden fixieren (FOTO 23), die Enden um den Ring legen und jedes Ende noch einmal mit Nadel und Faden festnähen (FOTO 24). Die Enden der Luftmaschenketten kürzen und in die Kugel hineinziehen (FOTO 25 + 26).

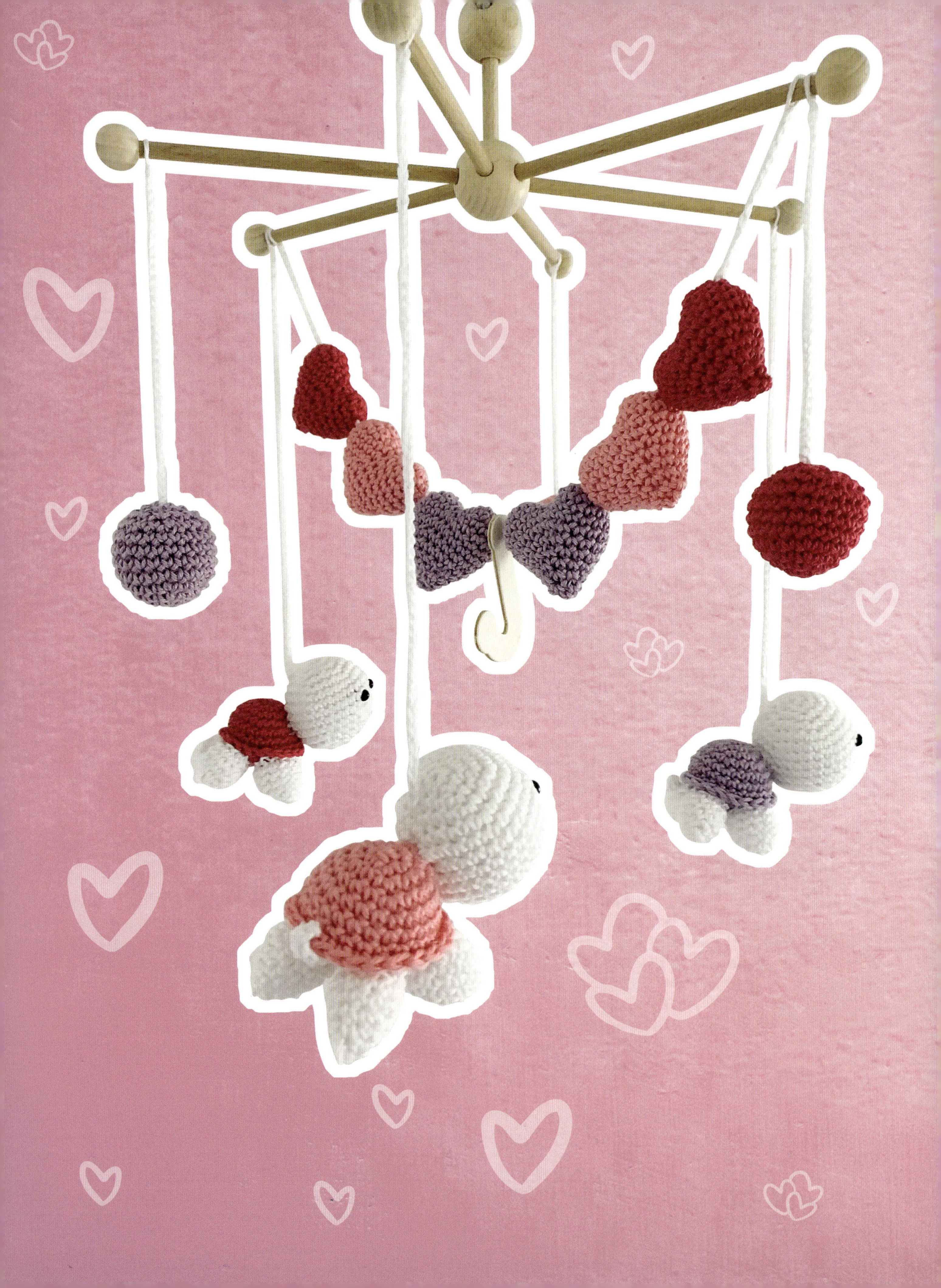

Material

30 g Ibiza Baumwolle, Farbe Weiß Nr. 6001
30 g Ibiza Baumwolle, Farbe Pink Nr. 6040
30 g Ibiza Baumwolle, Farbe Begonie Nr. 6038
30 g Ibiza Baumwolle, Farbe Flamingo Nr. 6039
6 Sicherheitsaugen, 6 mm Durchmesser
Füllwatte
Mobilekreuz mit 6 Armen, 35 cm Durchmesser
Holzbuchstabe

Zubehör

Häkelnadel Nr. 2,5
Sticknadel
Schere

Schildkrötenmobile

„Sie ist ein Tier und liebt die Sonne …"

Umgeben von kleinen Herzen schaukeln hier drei Schildis an ihren Schnüren hin und her.

Der Clou bei diesem Mobile: Es kann durch den Holzbuchstaben personalisiert werden. Es gibt unterschiedliche Holzbuchstaben im Handel zu kaufen. Der bei diesem Mobile verwendete Buchstabe ist sehr dünn, so ist es ganz einfach möglich, ihn mit einem Loch zum späteren Aufhängen zu versehen. Sollten Sie einen anderen Buchstaben nehmen, achten Sie bitte darauf, dass dieser mit einer Bohrung versehen ist. Alternativ können Sie den Buchstaben selbst mit einem kleinen Handbohrer mit einem Loch versehen, sofern man diesen zur Hand hat.
Die Schildkröten sind recht einfach zu häkeln und zusammenzusetzen. Bei den Herzen ist nur der Anfang ein wenig kniffelig, ansonsten sind sie aber auch nicht schwer zu häkeln.

SCHILDKRÖTEN

Kopf

Mit Weiß die große Kugel bis einschließlich 13. Rd häkeln.
Die Sicherheitsaugen zwischen der 8. und 9. Rd mit 4 Maschen dazwischen anbringen.
Die Kugel mit Füllwatte füllen.
14. Rd: Je 2 M zus häkeln (= 6 fM) (FOTO 1).
Den Faden für das spätere Annähen am Panzer lang abschneiden und durch die letzte Schlaufe auf der Häkelnadel ziehen. Dann den Faden mit einer Nadel durch das vMg der letzten 6 fM führen und zusammenziehen.

Panzer

Mit Pink die mittlere Kugel bis einschließlich 7. Rd häkeln.
8. Rd: 24 fM nur ins hMg (= 24 fM) (FOTO 2).
9. Rd: Jede 3. und 4. M zus (= 18 fM).
10. Rd: Jede 2. und 3. M zus (= 12 fM).
Jetzt die obere Seite des Panzers mit Füllwatte füllen. Dabei darauf achten, dass die untere Seite flach bleibt (FOTO 3).
11. Rd: Je 2 M zus häkeln (= 6 fM).
Den Faden abschneiden und durch die letzte Schlaufe auf der Häkelnadel ziehen. Dann den Faden mit einer Nadel durch das vMg der letzten 6 fM führen, zusammenziehen und vernähen (FOTO 4).
Einen Faden in der 8. Rd anschlingen und über die vMg der 8. Rd 24 fM häkeln (FOTO 5). Den Faden abschneiden und durch die letzte Schlaufe auf der Häkelnadel ziehen. Mit einer Nähnadel den Faden im Maschenstich durch die erste Masche dieser Rd führen und anschließend vernähen (FOTO 6 + 7).

Füße (4 x häkeln)

Mit Weiß einen mR häkeln.
1. Rd: 2 Lfm, 4 fM in den mR häkeln (= 4 fM).
2. Rd: Jede M verd (= 8 fM).
3. Rd: Jede 2. M verd (= 12 fM).
4.-6. Rd: 12 fM häkeln (= 12 fM).
7. Rd: 1 Km.
Den Faden zum späteren Annähen an den Panzer lang abschneiden und durch die letzte Schlaufe auf der Häkelnadel ziehen (FOTO 8).

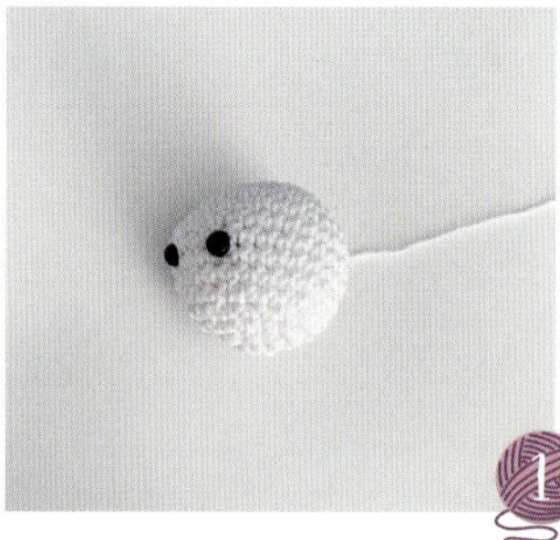
1

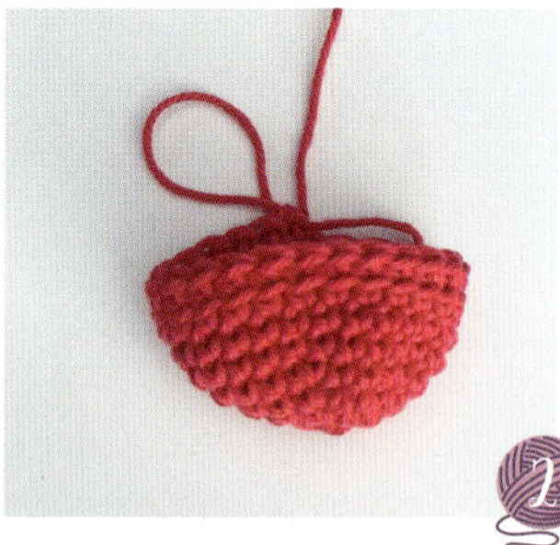
2

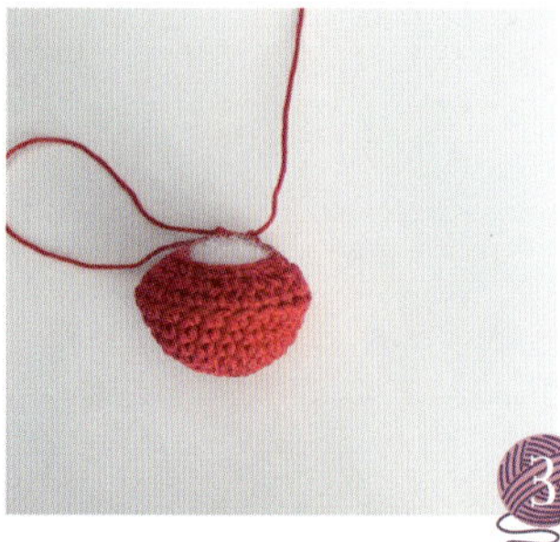
3

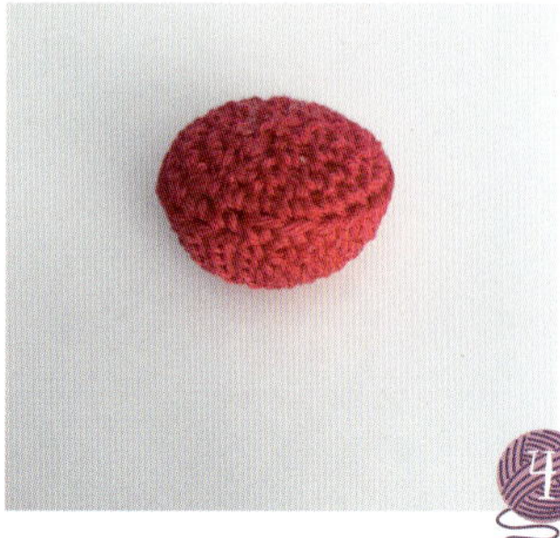
4

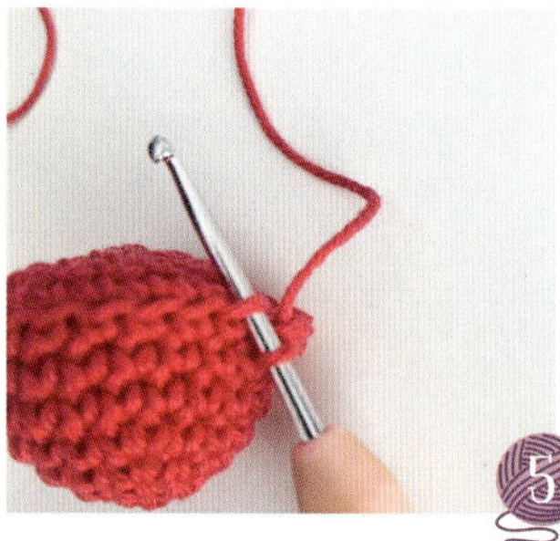
5

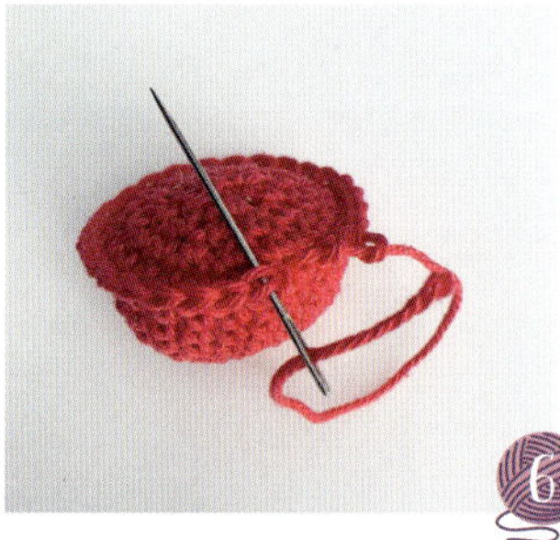
6

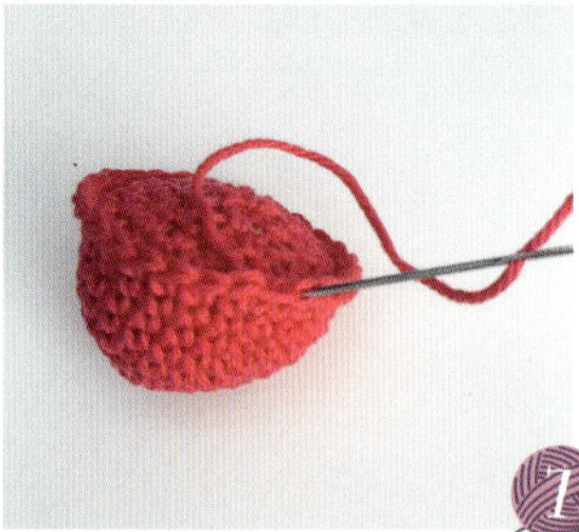
7

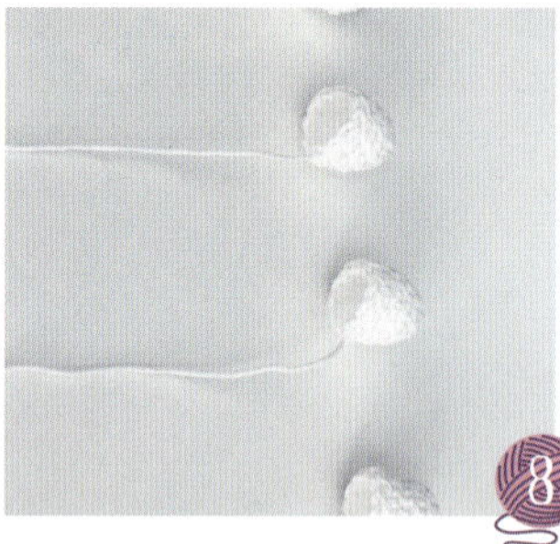
8

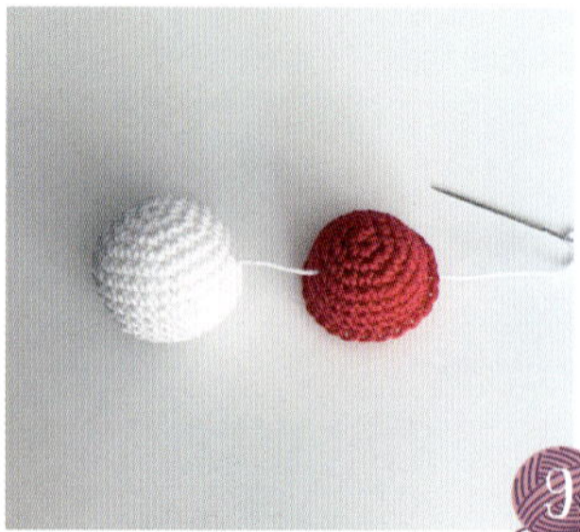
9

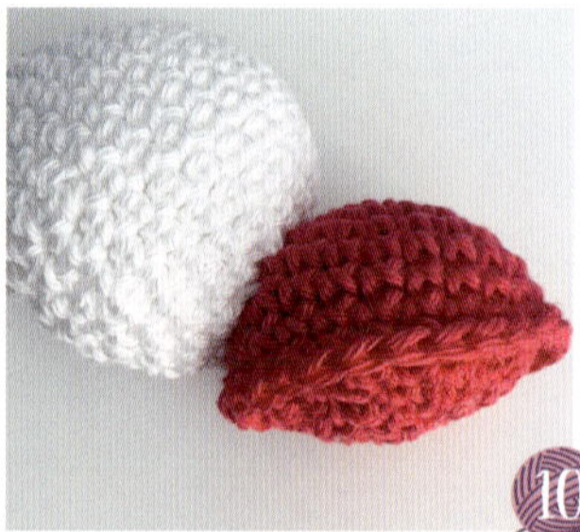
10

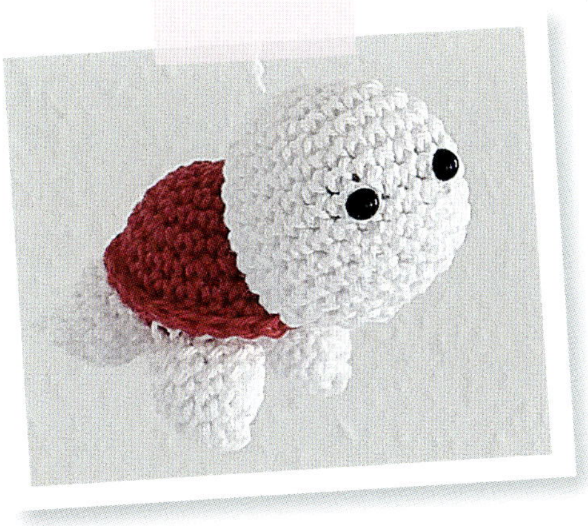

Fertigstellung der Schildkröte

Den Kopf an den Panzer annähen (FOTO 9 + 10).
Die Füße unten am Panzer annähen (FOTO 11).
Für das Schwänzchen hinten knapp unterhalb des Panzers einen weißen Faden anschlingen, 5 Lfm, in die vorletzte Lfm 1 fM, noch weitere 3 fM. Den Faden durch die letzte Schlaufe auf der Häkelnadel ziehen und neben dem Anfang des Schwanzes unter dem Panzer festnähen. Diesen und den Anfangsfaden vernähen (FOTO 12).

Die Schildkröte noch mit den Panzerfarben Begonie und Flamingo anfertigen.

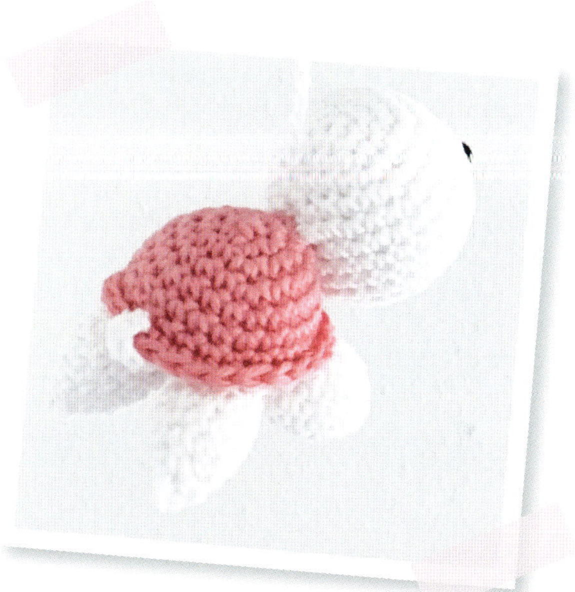

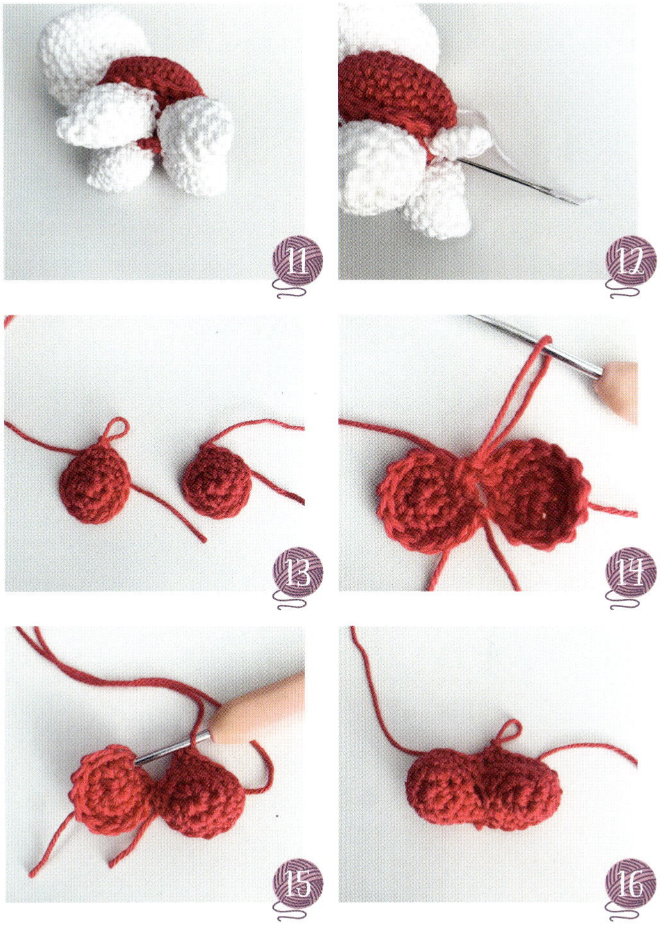

HERZEN

Mit Pink die kleine Kugel bis einschließlich 2. Rd häkeln.
3. Rd: 12 fM (= 12 fM).
Den Faden etwas länger abschneiden und durch die letzte Schlaufe auf der Häkelnadel ziehen.
Dies ist die erste obere Rundung des Herzens.
Diesen Arbeitsschritt (Rd 1–3) noch einmal häkeln, aber den Faden nun nicht abschneiden, weil damit weitergehäkelt wird. Jetzt haben Sie die zweite obere Rundung des Herzens (FOTO 13).
Im nächsten Arbeitsschritt werden die beiden Rundungen miteinander verbunden, dabei zuerst in der ersten Masche der ersten kleinen Kugel weiterhäkeln (FOTO 14).
4. Rd: 12 fM, dann über die zweite Rundung ebenfalls 12 fM häkeln (= 24 fM) (FOTO 15 + 16).

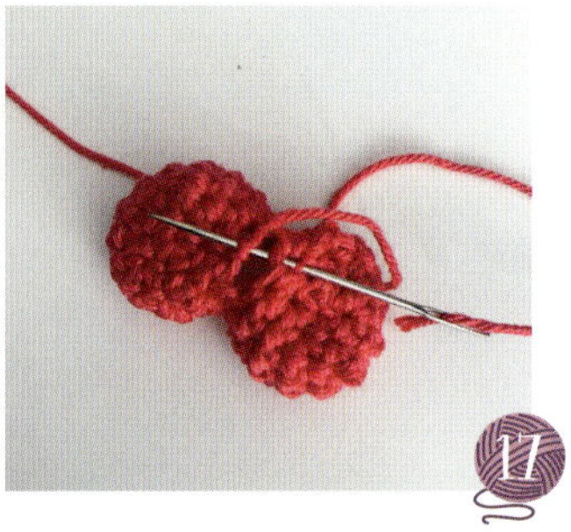
17

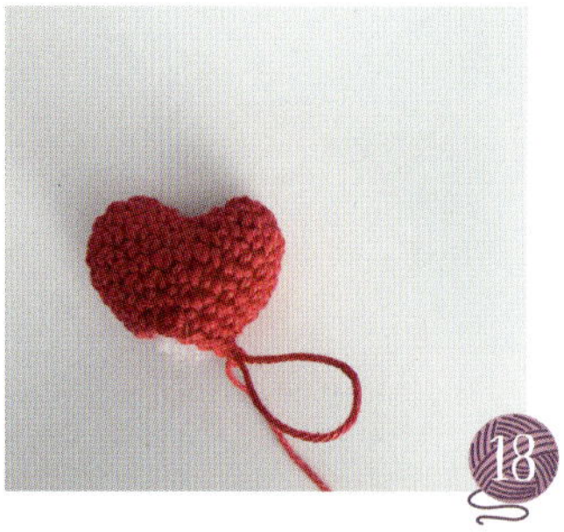
18

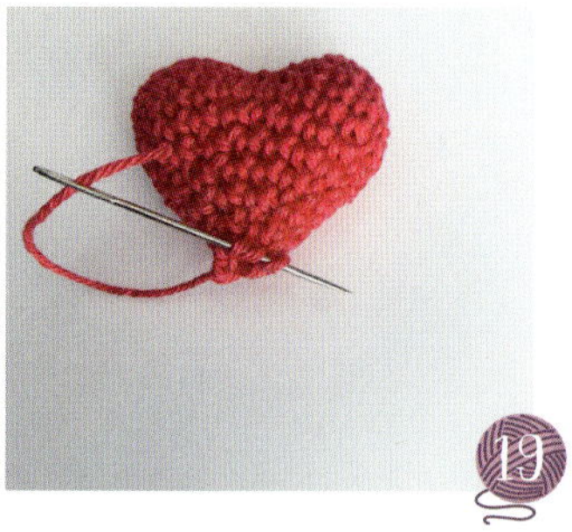
19

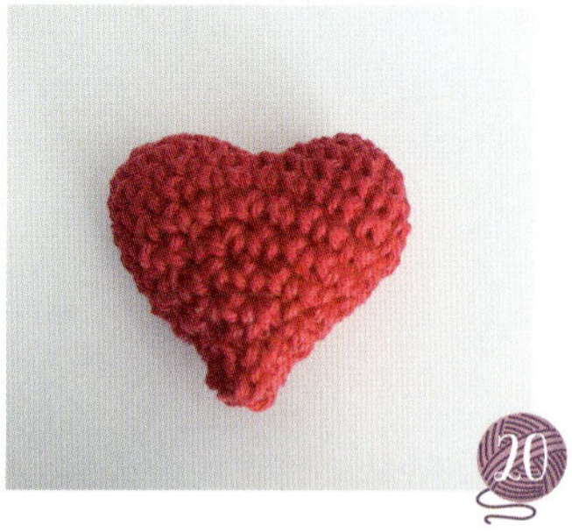
20

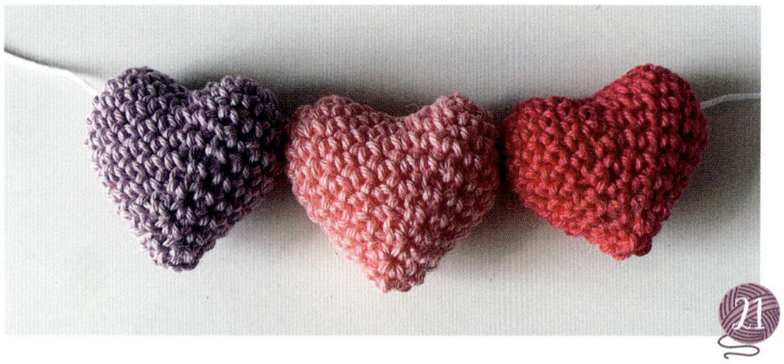
21

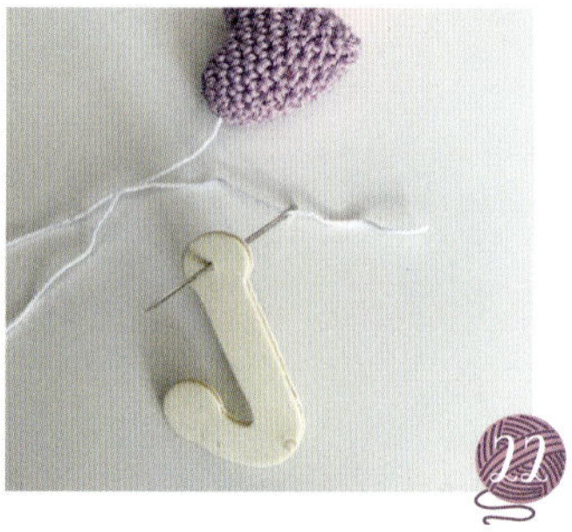
22

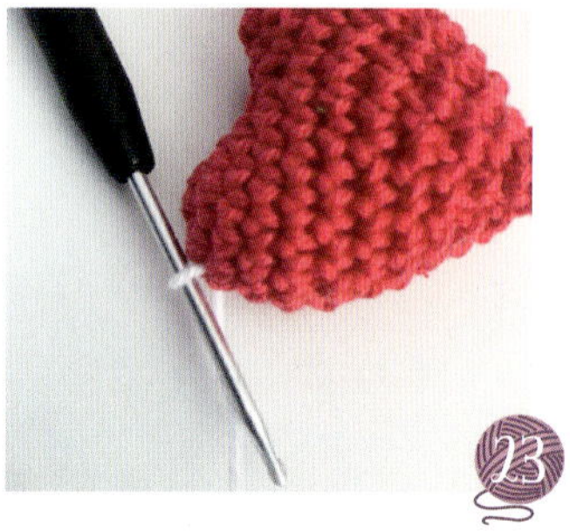
23

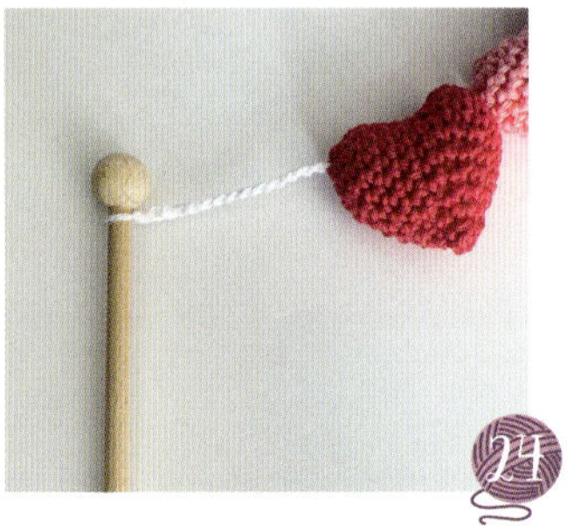
24

Es empfiehlt sich, jetzt einen Markierungsfaden oder Maschenmarkierer einzulegen, um den Anfang und das Ende der nächsten Runden besser zu erkennen.
5. Rd: 24 fM (= 24 fM).
Vor dem Weiterhäkeln des Herzens die Lücke zwischen den beiden Rundungen mit dem Endfaden der ersten Rundung vernähen (FOTO 17).
6. Rd: Jede 7. und 8. M zus häkeln (= 21 fM).
7. Rd: Jede 6. und 7. M zus häkeln (= 18 fM).
8. Rd: Jede 5. und 6. M zus häkeln (= 15 fM).
9. Rd: Jede 4. und 5. M zus häkeln (= 12 fM).
Das Herz mit Füllwatte füllen (FOTO 18).
10. Rd: Jede 3. und 4. M zus häkeln (= 9 fM).
11. Rd: Jede 3. und 4. M zus häkeln (= 6 fM).

Den Faden lang abschneiden und durch die letzte Schlaufe auf der Häkelnadel ziehen. Dann den Faden mit einer Nadel durch das vMg der letzten 6 fM führen, zusammenziehen und vernähen (FOTO 19 + 20).

Die Herzen noch 1 x in der Farbe Pink und noch jeweils 2 x in den Farben Begonie und Flamingo häkeln.

KUGELN

Jeweils eine mittlere Kugel in der Farbe Pink, Begonie und Flamingo anfertigen.

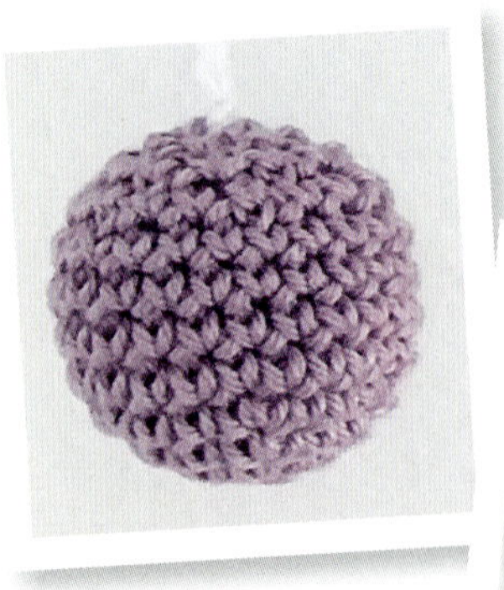

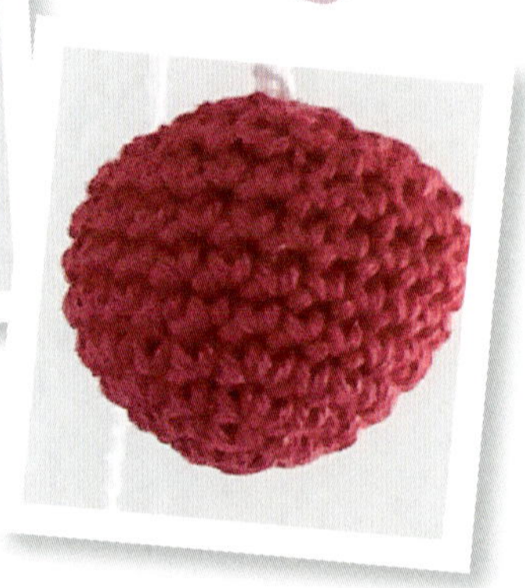

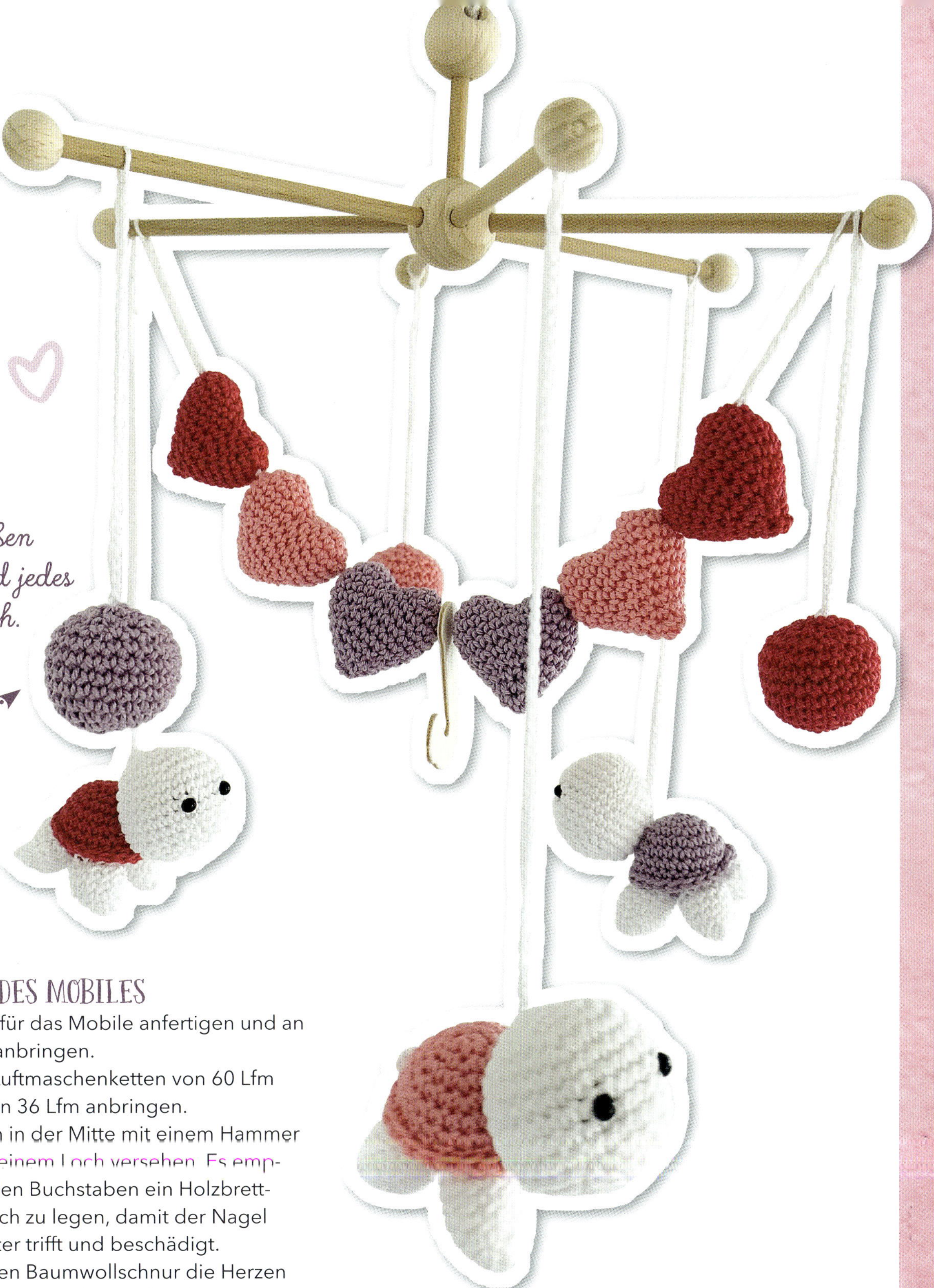

Bei diesen süßen Schildkröten wird jedes Herz schwach.

FERTIGSTELLUNG DES MOBILES

Eine Aufhängeschnur für das Mobile anfertigen und an der Mobilehalterung anbringen.
An den Schildkröten Luftmaschenketten von 60 Lfm und an den Kugeln von 36 Lfm anbringen.
Den Buchstaben oben in der Mitte mit einem Hammer und einem Nagel mit einem Loch versehen. Es empfiehlt sich hier, unter den Buchstaben ein Holzbrettchen oder ein Handtuch zu legen, damit der Nagel nicht den Tisch darunter trifft und beschädigt.
Mit einer langen weißen Baumwollschnur die Herzen verbinden, dabei in der Mitte den Buchstaben mit aufreihen (FOTO 21 + 22).
Am Anfang und am Ende der Herzenkette eine kurze Luftmaschenkette von jeweils 15 Lfm häkeln (FOTO 23).
Die Enden an einer Mobilestange befestigen (FOTO 24).
Die einzelnen Elemente so, wie im Foto zu sehen ist, in die Mobilehalterung stecken. Dabei wird die Kette mit den Herzen zwischen der pinkfarbenen Schildkröte und der pinkfarbenen Kugel befestigt. Hier werden zuerst die Schlinge der Herzenskette und danach die Schlinge der Kugel an der Mobilestange befestigt.

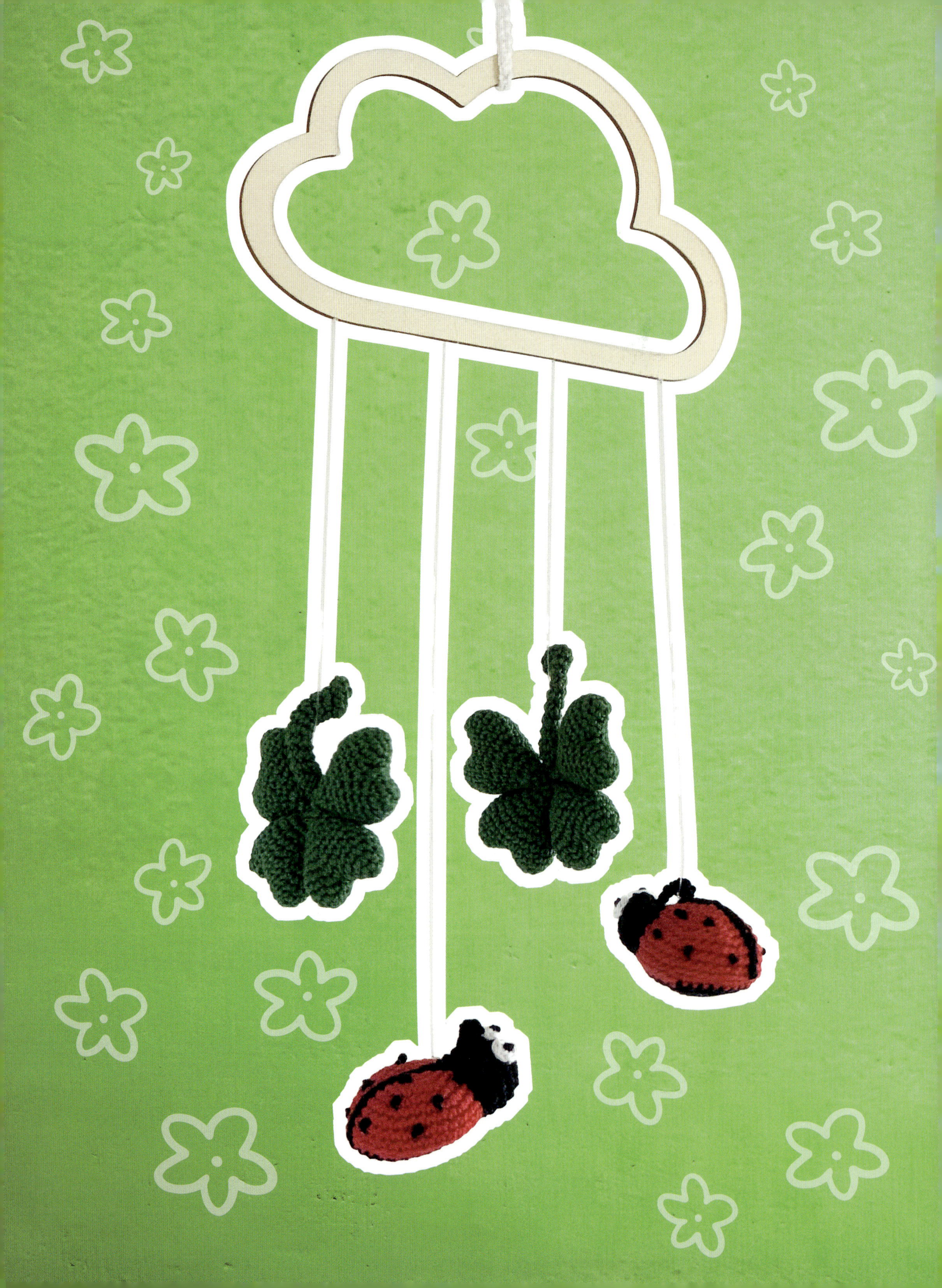

Marienkäfer-mobile

„MARIENKÄFER, FLIEG …“

Dieses Mobile soll Glück bringen – dafür stehen sowohl die süßen gepunkteten Marienkäfer als auch die vierblättrigen Kleeblätter, die sich an den Nylonfäden sanft hin- und herbewegen.

Die Anfertigung des Mobiles ist nicht sehr kompliziert, sofern man den Knötchenstich beherrscht. Mit ein bisschen Übung gelingt dieser aber bestimmt. Die Anleitung dazu finden Sie zu Beginn des Buches in dem Kapitel „Erklärungen“, S. 13.

Sollte der Knötchenstich trotz Übung nicht gelingen, können Sie auch einfach über einige Stellen einen kleinen schwarzen Faden ziehen, so erhält der Marienkäfer dann auch so eine Art Punkte.

Material

- 20 g Ibiza Baumwolle, Farbe Weiß Nr. 6001
- 20 g Ibiza Baumwolle, Farbe Schwarz Nr. 6099
- 20 g Ibiza Baumwolle, Farbe Rot Nr. 6030
- 30 g Schachenmayr Catania Baumwolle, Farbe Golfgrün Nr. 00241
- 6 Sicherheitsaugen
- Füllwatte
- Mobilewolke aus Holz
- Nylonfaden

Zubehör

- Häkelnadel Nr. 2,5
- Sticknadel
- Schere

MARIENKÄFER

Körper

Mit Rot die große Kugel bis einschließlich 5. Rd häkeln.
6. Rd: Jede 5. M verd (= 36 fM).
7.-9. Rd: 36 fM häkeln (= 36 fM).
10. Rd: 36 fM nur ins hMg häkeln (= 36 fM) (FOTO 1).
Eine schwarze Luftmaschenkette aus 18 Lfm häkeln und an den Rücken des Marienkäfers nähen. Im Knötchenstich Punkte jeweils rechts und links der aufgenähten schwarzen Linie aufsticken. Die Anzahl ist beliebig; ich habe mich für 6 Punkte auf jeder Seite entschieden (FOTO 2).
Farbwechsel zu Schwarz.
11. Rd: Jede 5. und 6. M zus häkeln (= 30 fM).
12. Rd: Jede 4. und 5. M zus häkeln (= 24 fM).
13. Rd: Jede 3. und 4. M zus häkeln (= 18 fM).
14. Rd: Jede 2. und 3. M zus häkeln (= 12 fM).
Den Körper mit Füllwatte füllen, jedoch nur die obere, rote Seite. Der Bauch des Käfers soll flach bleiben (FOTO 3).
15. Rd: Je 2 M zus häkeln (= 6 fM).
Den Faden lang abschneiden und durch die letzte Schlaufe auf der Häkelnadel ziehen. Dann den Faden mit einer Nadel durch das vMg der letzten 6 fM führen, zusammenziehen und vernähen (FOTO 4).

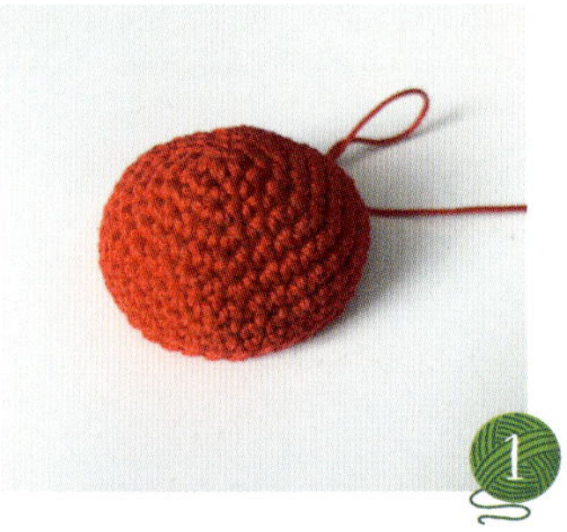

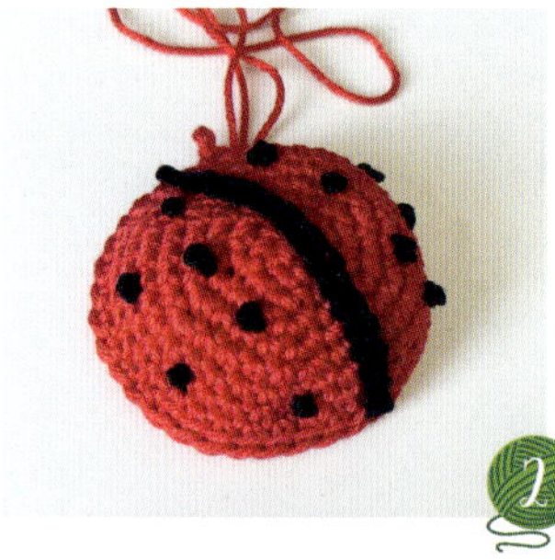

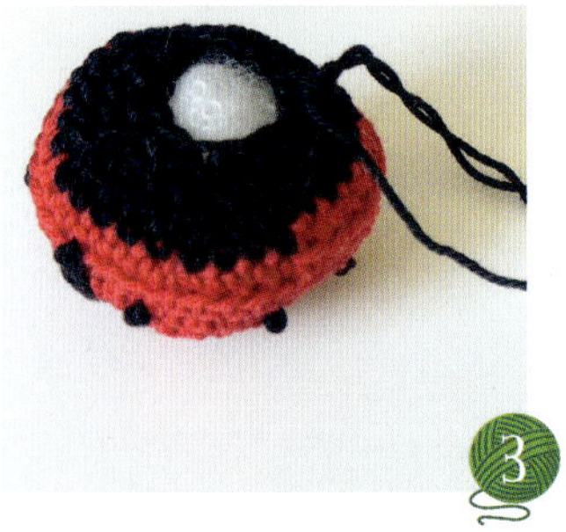

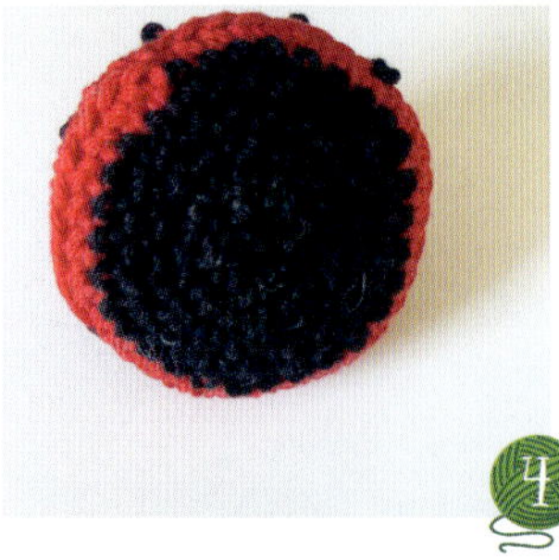

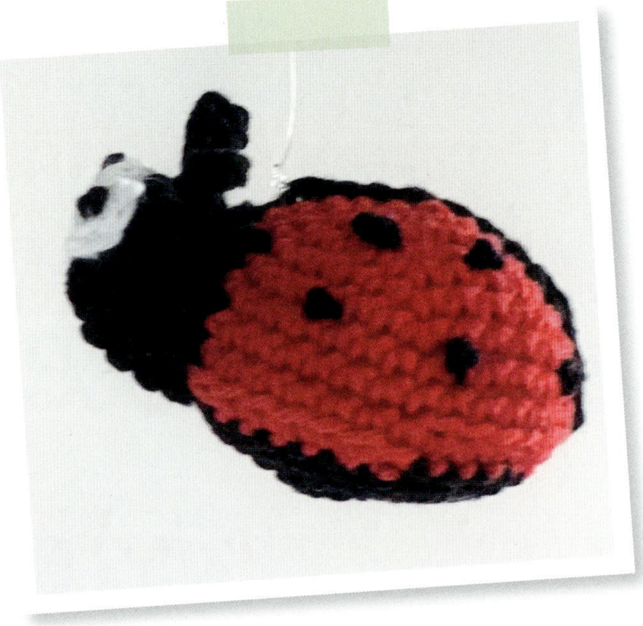

Kopf

Mit Schwarz die mittlere Kugel bis einschließlich 4. Rd häkeln.
5. Rd: 24 fM häkeln (= 24 fM).
6. Rd: Jede 3. und 4. M zus (= 18 fM).
Den Faden zum späteren Annähen an den Körper lang abschneiden und durch die letzte Schlaufe auf der Häkelnadel ziehen (FOTO 5).

Augen (2 x häkeln)

Einen mR mit Weiß häkeln.
1. Rd: 4 fM in den mR häkeln (= 4 fM).
Den Faden zum späteren Annähen an den Kopf lang abschneiden und durch die letzte Schlaufe auf der Häkelnadel ziehen. Dann die 4 gehäkelten Maschen zu einem Ring zusammennähen (FOTO 6).

Fertigstellung des Marienkäfers

Die Augen an den Kopf des Marienkäfers aufnähen (FOTO 7). Durch die Mitte der Augen jeweils mit Schwarz einen Knötchenstich mit zwei Umdrehungen um die Nähnadel für die Pupille anbringen (FOTO 8).
Den Kopf an den Körper annähen. Dabei an der unteren schwarzen Kante beginnen (FOTO 9). Bevor der Kopf komplett angenäht ist, mit der Häkelnadel ein bisschen Füllwatte hineindrücken. Anschließend komplett verschließen (FOTO 10).

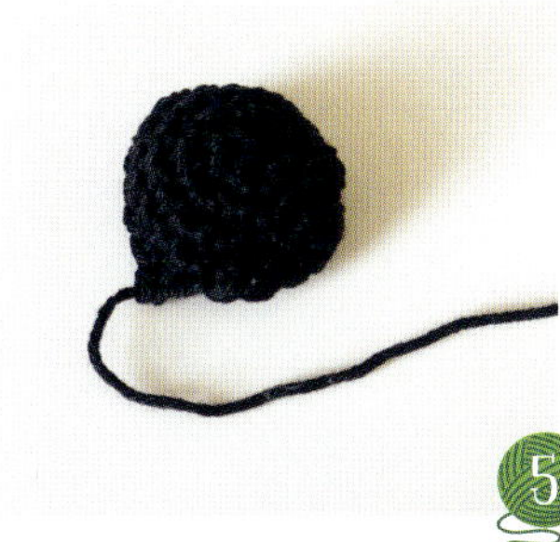
5

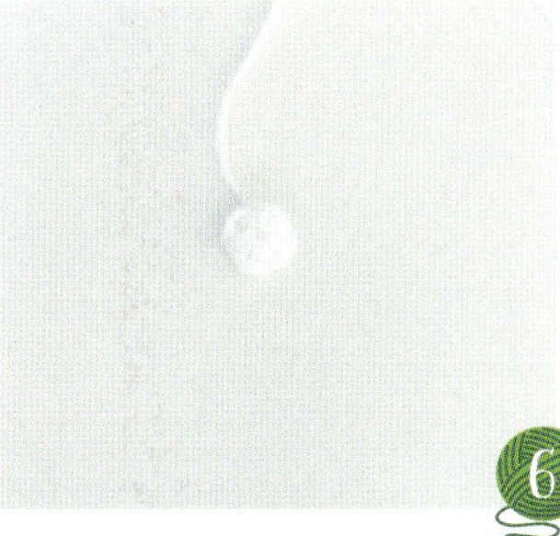
6

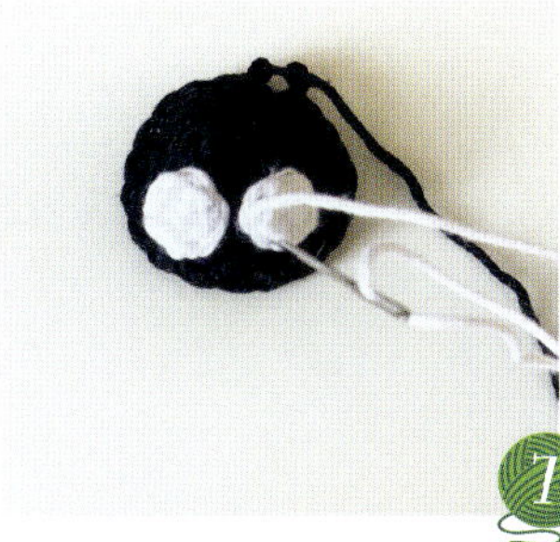
7

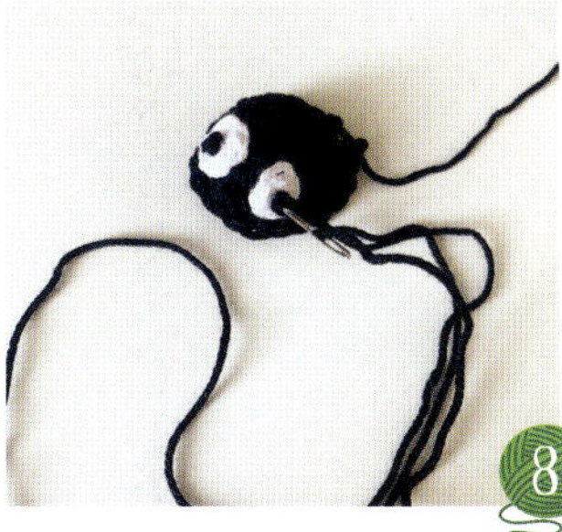
8

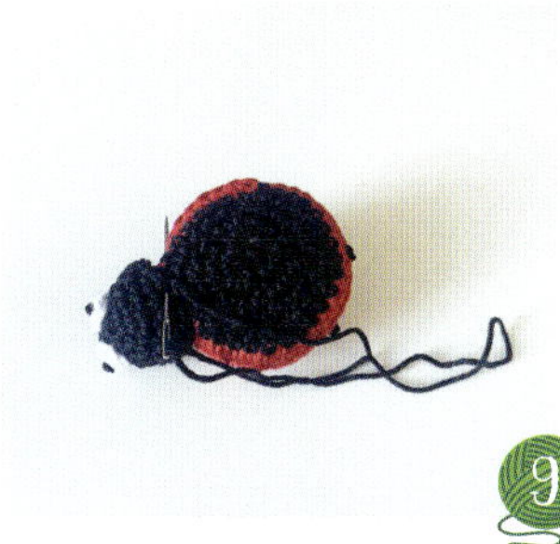
9

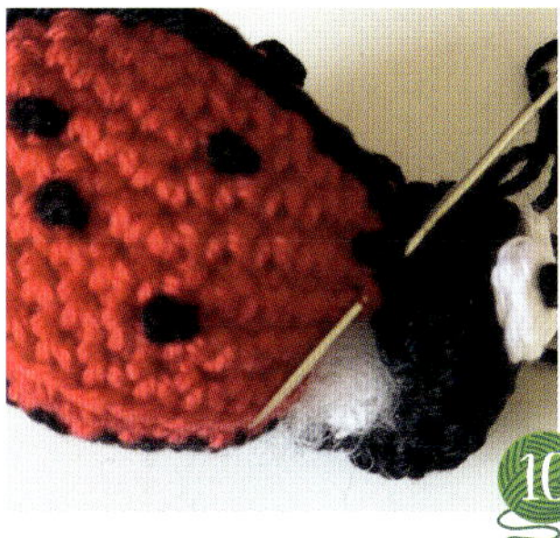
10

Für den Fühler einen schwarzen Faden oberhalb des Auges anschlingen. Dabei einfach die Häkelnadel durch eine gehäkelte Masche führen (FOTO 11), die Schlaufe eines schwarzen, doppelt gelegten Fadens durchziehen und mit dem langen Ende des Fadens 6 Lfm häkeln. Diese 6 Lfm werden nun wie folgt behäkelt:
1 hStb in die 3. Lfm, 1 Lfm, 3 Km in die folgenden 3 Lfm. Nun den Faden durch die letzte Schlinge auf der Häkelnadel ziehen und vernähen. Den Anfangsfaden des Fühlers auch vernähen.
Den zweiten Fühler genauso über dem anderen Auge häkeln (FOTO 12).

Den Marienkäfer noch ein zweites Mal anfertigen.

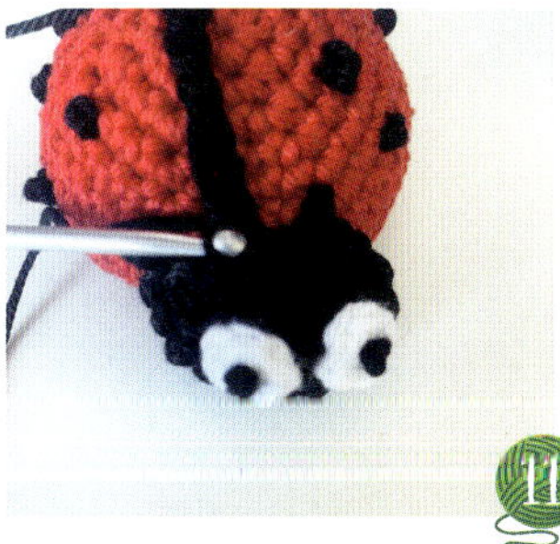
11

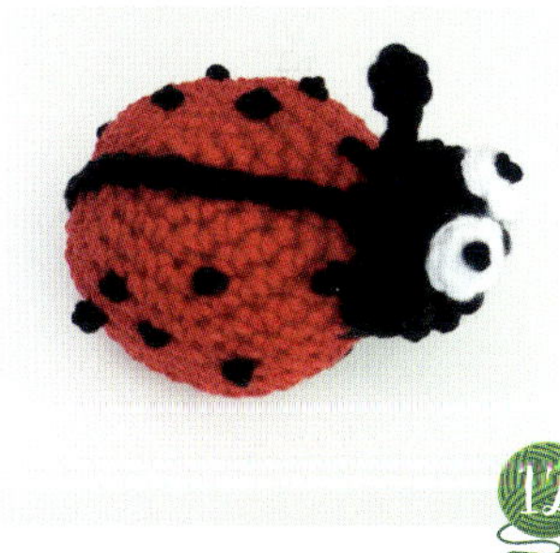
12

KLEEBLATT (4 X HÄKELN)

Das vierblättrige Kleeblatt besteht im Grunde aus 4 gehäkelten Herzen, die einzeln angefertigt und zum Schluss zusammengenäht und mit einem Stängel versehen werden.
Mit Golfgrün einen mR häkeln.
1. Rd: 5 fM in den mR häkeln (= 5 fM).
2. Rd: Jede M verd (= 10 fM).
3. Rd: 10 fM häkeln (= 10 fM).
Den Faden etwas länger abschneiden und durch die letzte Schlaufe auf der Häkelnadel ziehen.
Dies ist die erste obere Rundung des Herzens (FOTO 13).
Diesen Arbeitsschritt (Rd 1–3) noch einmal häkeln, aber den Faden hier zum Schluss nicht abschneiden.
Jetzt haben Sie die zweite obere Rundung eines Herzens (FOTO 14).

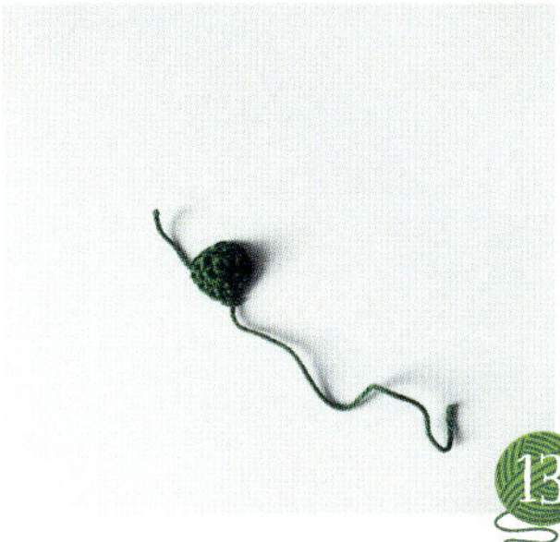
13

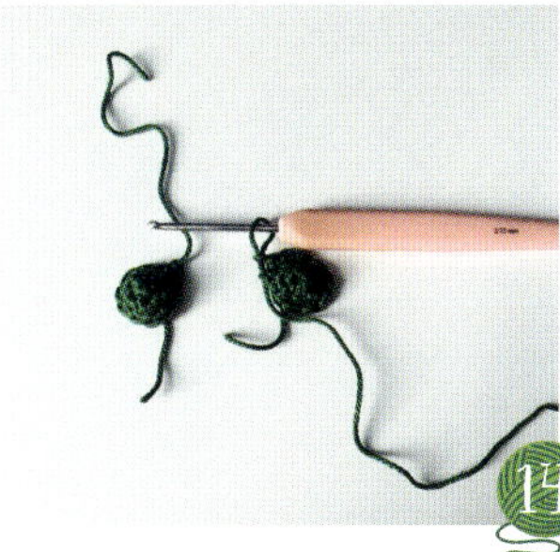
14

Im nächsten Arbeitsschritt werden die beiden Rundungen miteinander verbunden, dabei häkeln Sie bei der ersten Rundung in der ersten Masche weiter (FOTO 15).

4. Rd: 10 fM, dann über die zweite Rundung ebenfalls 10 fM häkeln (= 20 fM).

Es empfiehlt sich, hier einen Maschenmarkierer oder einen Markierungsfaden einzulegen, um den Anfang und das Ende der Runde besser erkennen zu können (FOTO 16).

5. Rd: 20 fM häkeln (= 20 fM).

6. Rd: 20 fM häkeln (= 20 fM).

Vor dem Weiterhäkeln die Lücke zwischen den beiden Rundungen mit dem Endfaden der ersten Rundung vernähen (FOTO 17).

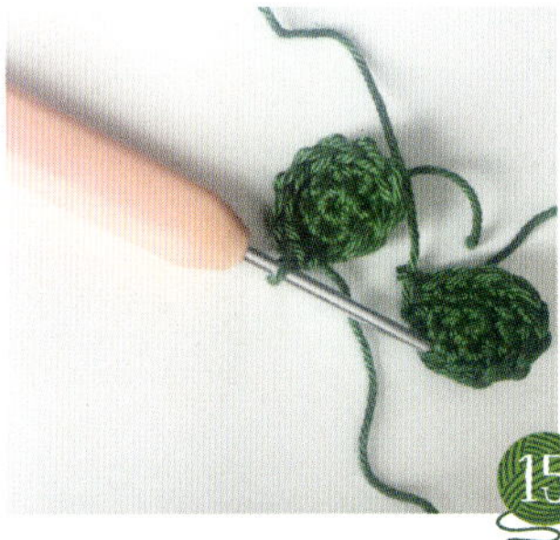

15

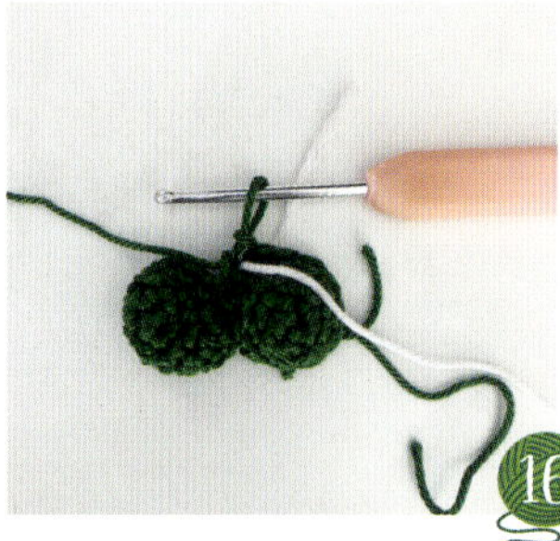

16

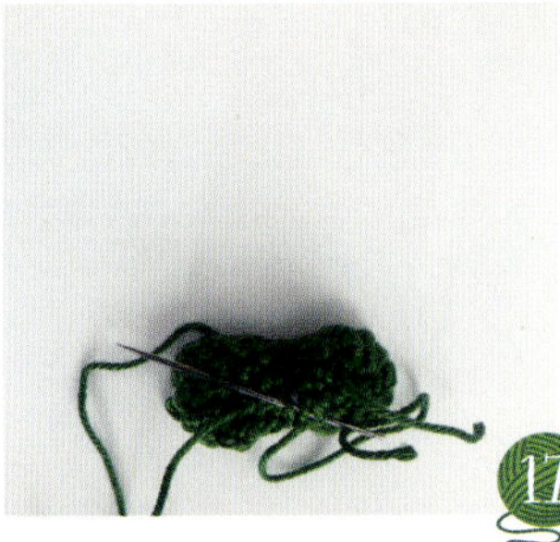

17

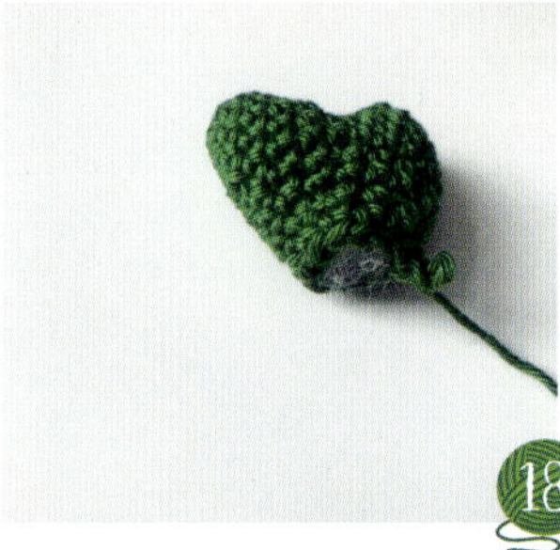

18

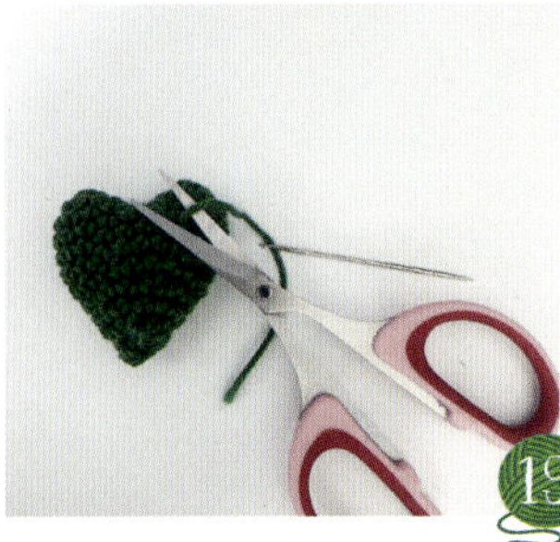

19

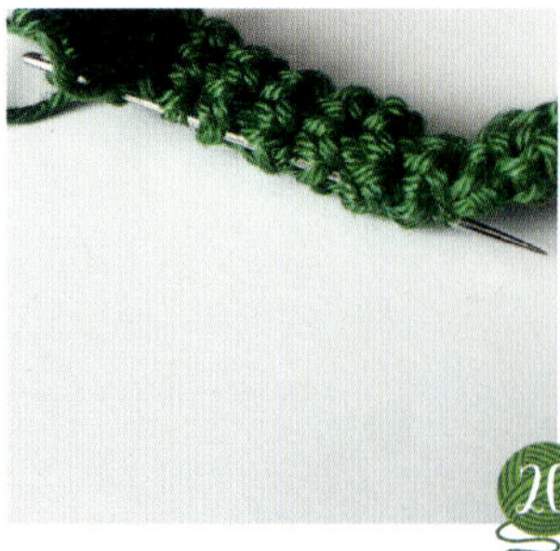

20

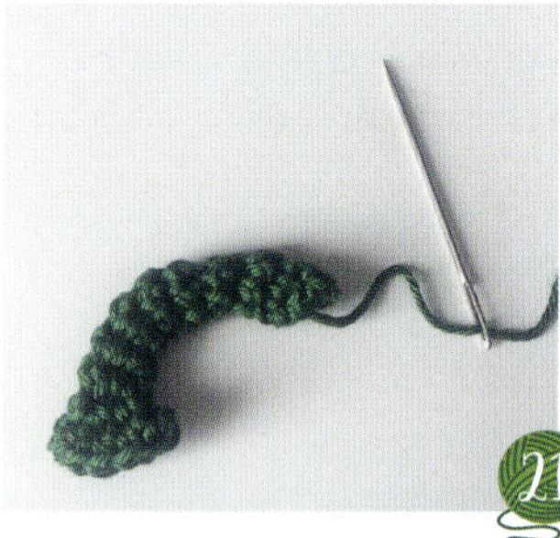

21

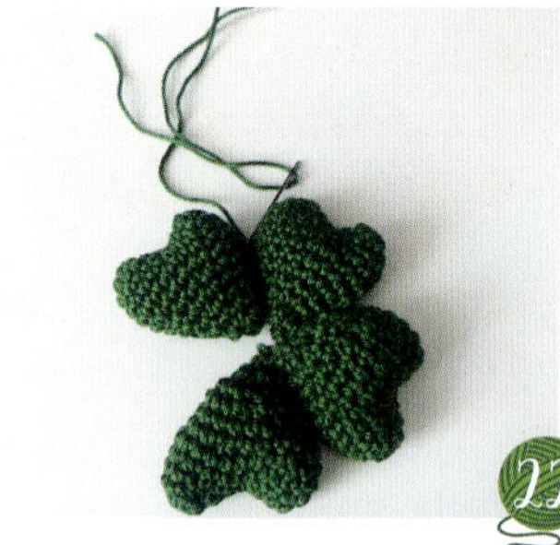

22

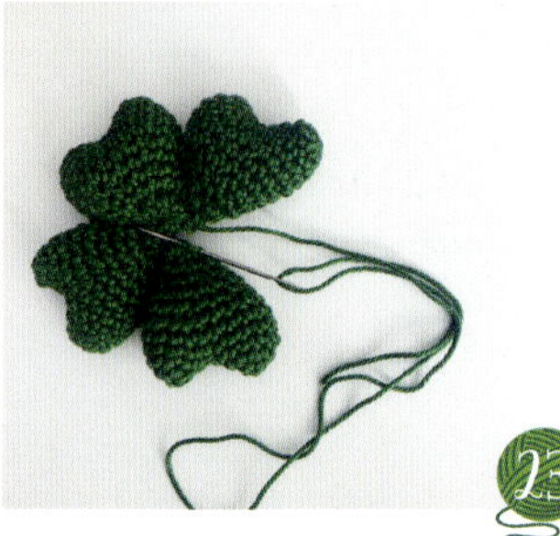

23

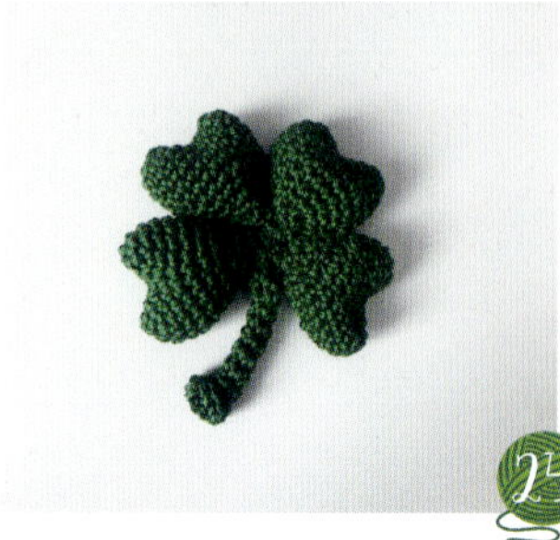

24

7. Rd: Jede 2. und 3. M zus häkeln (= 15 fM).

8. Rd: 15 fM häkeln (= 15 fM).

9. Rd: Jede 2. und 3. M zus häkeln (= 10 fM).

10. Rd: 10 fM häkeln (= 10 fM).

Jetzt das Herz leicht mit Füllwatte füllen (FOTO 18).

11. Rd: Je 2 M zus häkeln (= 5 fM).

Den Faden kurz abschneiden und erst durch die letzte Schlaufe auf der Häkelnadel und dann ins Innere durch die kleine verbliebene Öffnung ziehen. Sollte noch ein Stück Faden überstehen, kann dieses einfach abgeschnitten werden (FOTO 19).

Dieses Herz noch dreimal anfertigen, allerdings beim letzten Herz den Faden zum Zusammennähen der vier Herzen lang abschneiden.

Stängel

Mit Golfgrün einen mR häkeln.

1. Rd: 1 Lfm, 4 fM in den mR häkeln (= 4 fM).

2.–12. Rd: 4 fM häkeln (= 4 fM).

13. Rd: Jede 2. M verd (= 6 fM).

14. Rd: Jede 2. M verd (= 9 fM).

Den Faden lang abschneiden und durch die letzte Schlaufe auf der Häkelnadel ziehen. Dann mit einer

Nähnadel durch eine der Längsseiten den Faden hin und her führen, leicht straffen und anschließend vernähen. Dadurch entsteht eine leichte Rundung des Stängels (FOTO 20 + 21).
Der Stängel wird nicht mit Füllwatte gefüllt.
Sollte es gar nicht gelingen, diese kleinen Runden des Stängels zu häkeln, können Sie diesen auch wie folgt anfertigen:
16 Lfm, 1 fM in 2. Lfm ab der Häkelnadel, 13 fM, 1 hStb, 1 Stb.
Auch hier den Faden für das spätere Annähen an das Kleeblatt lang abschneiden und durch die letzte Schlaufe auf der Häkelnadel ziehen.

Das Kleeblatt noch ein zweites Mal anfertigen.

Fertigstellung des vierblättrigen Kleeblatts

Die einzelnen Herzen zusammenlegen und von unten nach oben die Seiten bis zur Hälfte zusammennähen (FOTO 22).
Anschließend den Faden durch die Enden der einzelnen Kleeblätter führen und zusammenziehen (FOTO 23).
Den Stängel mit der breiteren Seite nach unten (da wo die Zunahmen erfolgten) an das Kleeblatt annähen (FOTO 24).

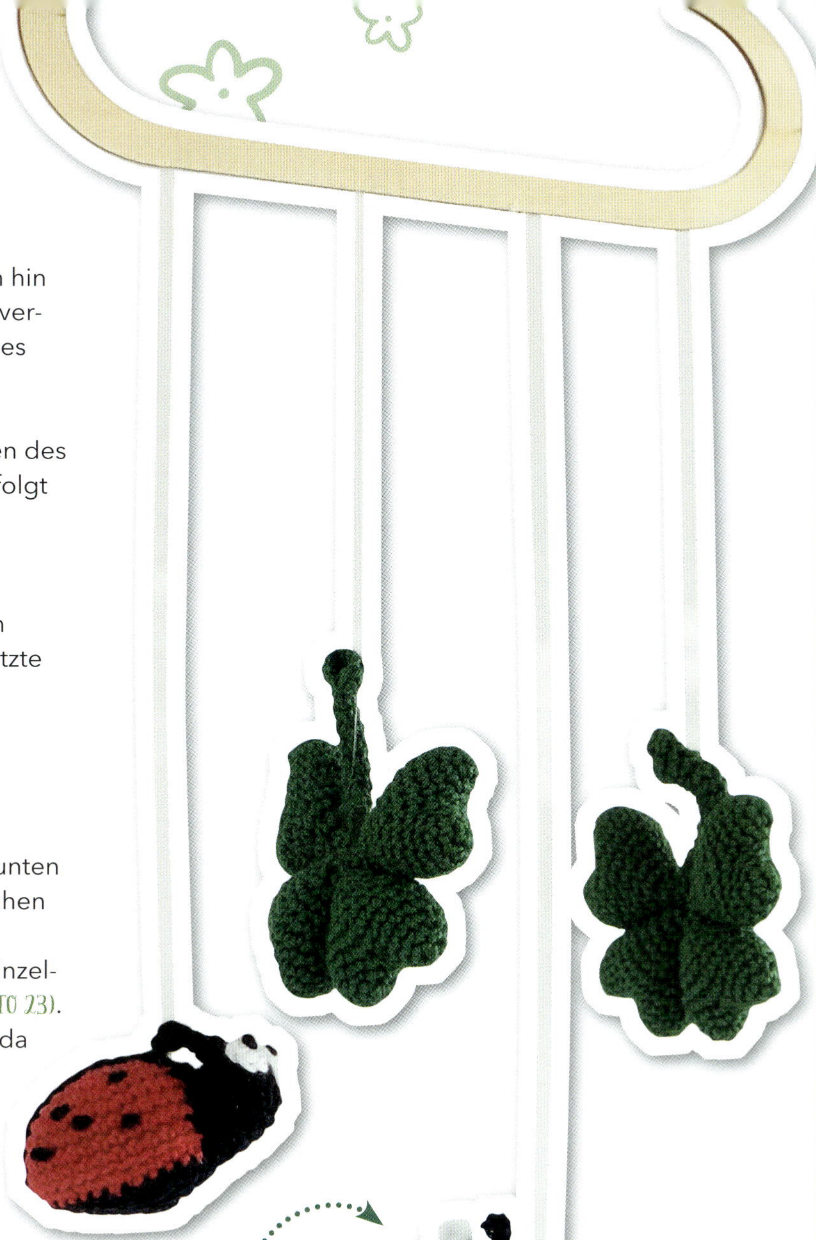

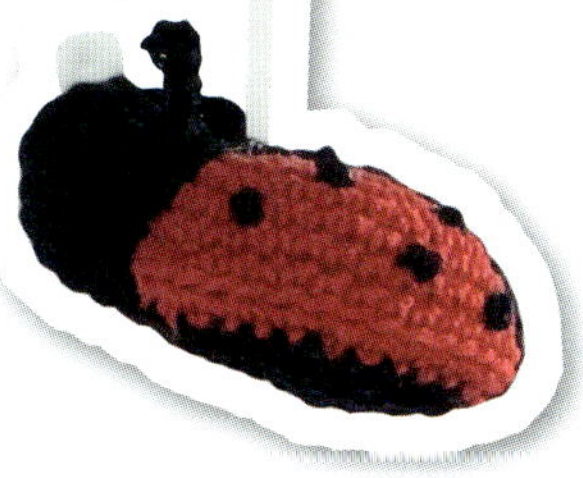

Fertig sind die Käfer und die Kleeblätter – na, wenn das kein Glück bringt!

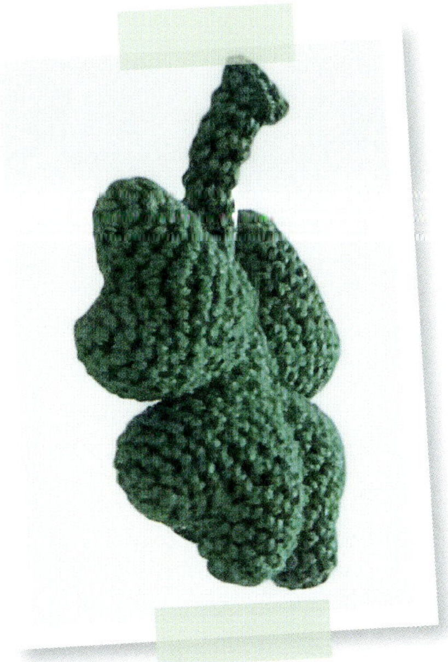

FERTIGSTELLUNG DES MOBILES

An den Marienkäfern und den Kleeblättern unterschiedlich lange Nylonfäden anbringen und an der Holzwolke befestigen. Dabei den Nylonfaden fest verknoten, damit sich die einzelnen Elemente nicht ablösen können. Alternativ können die Elemente auch mit Luftmaschenketten befestigt werden.
Zum Aufhängen der Wolke können Sie eine gehäkelte Schnur oder einen Nylonfaden verwenden.

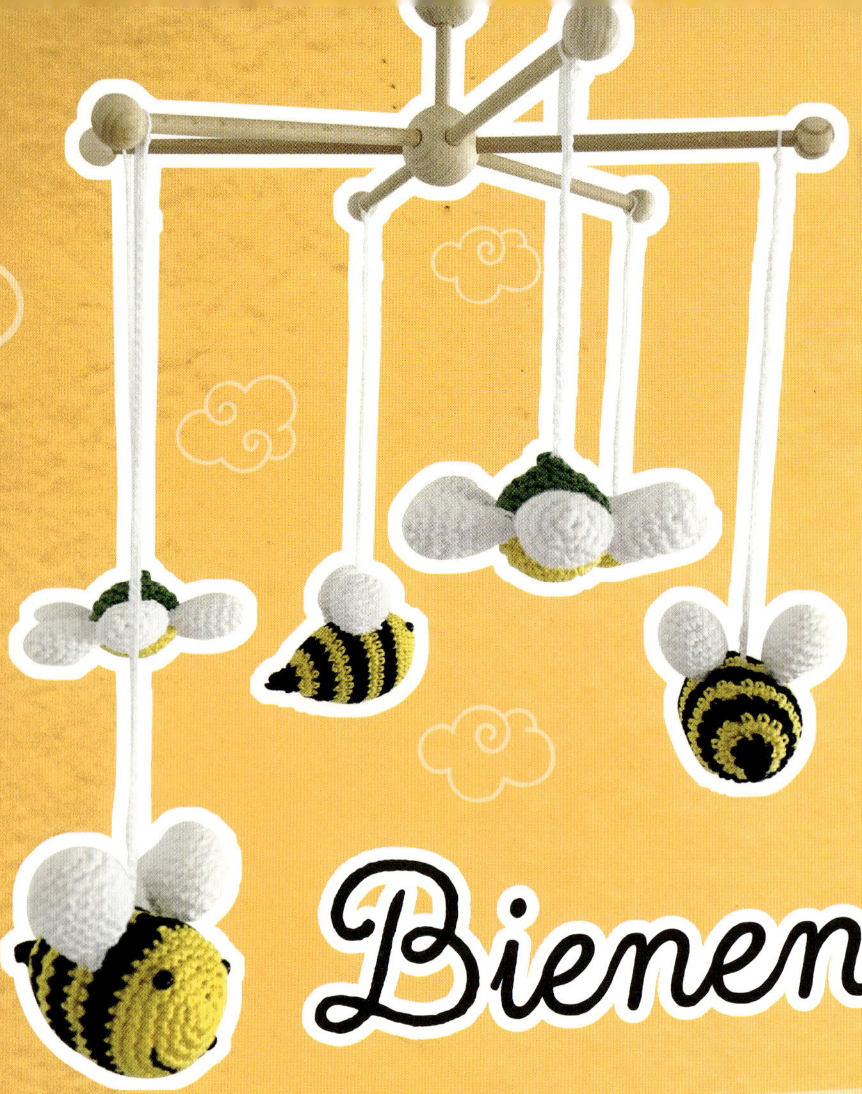

Material

- 30 g Ibiza Baumwolle, Farbe Mais Nr. 6021
- 30 g Ibiza Baumwolle, Farbe Schwarz Nr. 6099
- 20 g Ibiza Baumwolle, Farbe Oxidgrün 6074
- 30 g Ibiza Baumwolle, Farbe Weiß 6001
- 6 Sicherheitsaugen, 6 mm Durchmesser
- Füllwatte
- Mobilekreuz mit 6 Mobilearmen, 35 cm Durchmesser

Zubehör

- Häkelnadel Nr. 2,5
- Schere
- Nähnadel

Bienenmobile

„SUMM, SUMM, SUMM, BIENCHEN SUMM HERUM …"

Hier umschwirren drei süße, lustige Bienchen die herrlich lockenden gelben Blüten. Diese sehen auch entzückend in anderen Farben aus: Pink, Rot, Orange …

Das Mobile lässt sich sehr schön abwandeln. Die Blüten können in unterschiedlichen Farben gehäkelt werden und auch die Bienen sehen in Orange/Schwarz sehr schön aus. Die Blütenblätter können größer gearbeitet werden, indem einfach ein Paar Reihen mehr gehäkelt werden.

Auch können Sie die Bienen wunderbar mit den Marienkäfern in diesem Buch kombinieren (S. 64 f.).

Der Fantasie sind hier keine Grenzen gesetzt …

Vom Schwierigkeitsgrad her sollte das Mobile auch weniger geübten Häklerinnen und Häklern gelingen.

BIENEN

Kopf

Mit der Farbe Mais die große Kugel bis einschließlich 7. Rd häkeln, enden mit 1 Km.

Jetzt die Sicherheitsaugen zwischen der 4. und 5. Rd mit 6 Maschen dazwischen anbringen und den Mund aufsticken (FOTO 1).

Den gelben Faden nicht abschneiden, dieser wird für die anschließenden gelben Reihen auf der Rückseite mitgeführt. Das Gleiche gilt später für den schwarzen Faden.

Körper

Der Körper wird sofort angehäkelt, aber Achtung: Nun wird nicht mehr in durchgehenden Runden gearbeitet, sondern jede Runde beginnt mit zwei Luftmaschen und endet mit einer Kettmasche in die Anfangsluftmaschen der Runde (FOTO 2).

Beim Farbwechsel nicht – wie bei den Erklärungen angegeben – die letzte Schlaufe bereits in der neuen Farbe arbeiten, sondern erst die neue Masche.

Farbwechsel zu Schwarz.

8.–9. Rd: 2 Lfm, 30 fM häkeln, 1 Km in die Anfangs-Lfm (= 30 fM).

Farbwechsel zu Mais.

10.–11. Rd: 2 Lfm, 30 fM häkeln, 1 Km in die Anfangs-Lfm (= 30 fM).

Farbwechsel zu Schwarz.

12.–13. Rd: 2 Lfm, 30 fM häkeln, 1 Km in die Anfangs-Lfm (= 30 fM).

Farbwechsel zu Mais.

14. Rd: 2 Lfm, jede 4. und 5. M zus häkeln, 1 Km in die Anfangs-Lfm (= 24 fM).

15. Rd: 24 fM häkeln (= 24 fM).

Farbwechsel zu Schwarz.

16. Rd: 1 Lfm, jede 3. und 4. M zus häkeln, 1 Km in die Anfangs-Lfm (= 18 fM).

17. Rd: 18 fM häkeln (= 18 fM).

Farbwechsel zu Mais.

18. Rd: 1 Lfm, jede 2. und 3. M zus häkeln, 1 Km in die Anfangs-Lfm (= 12 fM).

19. Rd: 12 fM häkeln (= 12 fM).

Jetzt die Biene mit Füllwatte füllen.

Farbwechsel zu Schwarz.

20. Rd: 2 Lfm, je 2 M zus häkeln, 1 Km in die Anfangs-Lfm (= 6 fM).

Der gelbe Faden kann jetzt abgeschnitten und mit der Häkelnadel ins Innere der Biene gezogen werden.

21. Rd: 2 Lfm, 6 fM häkeln, 1 Km in die Anfangs-Lfm (= 6 fM).

22. Rd: 2 Lfm, je 2 M zus häkeln (= 3 fM).

Den Faden lang abschneiden und durch die letzte Schlaufe auf der Häkelnadel ziehen. Dann den Faden mit einer Nadel durch die vMg der letzten 3 fM führen, zusammenziehen und vernähen (FOTO 3).

Flügel (2 x häkeln)

Mit Weiß die kleine Kugel bis einschließlich 6. Rd häkeln.

7. Rd: 18 fM häkeln (= 18 fM).

8. Rd: Jede 2. und 3. M zus häkeln (= 12 fM).

9. Rd: Jede 2. und 3. M zus häkeln (= 8 fM).

Den Faden für das spätere Annähen an den Körper lang abschneiden (FOTO 4).

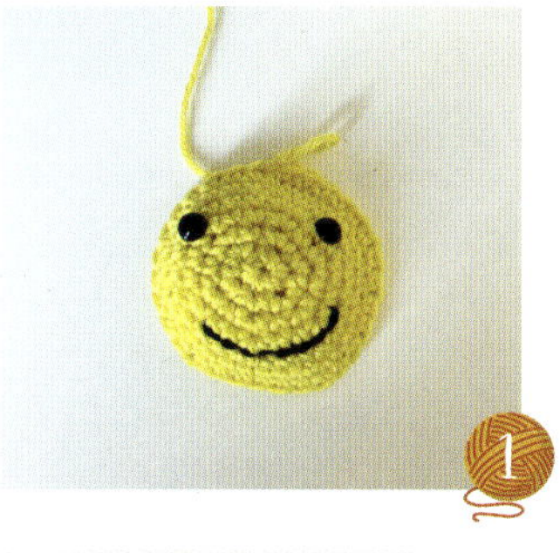
1

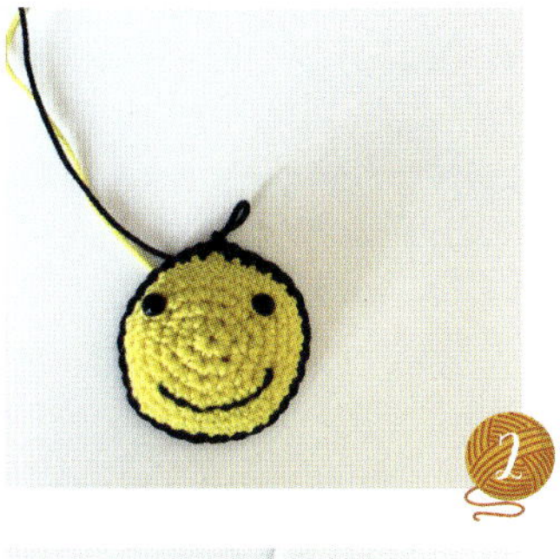
2

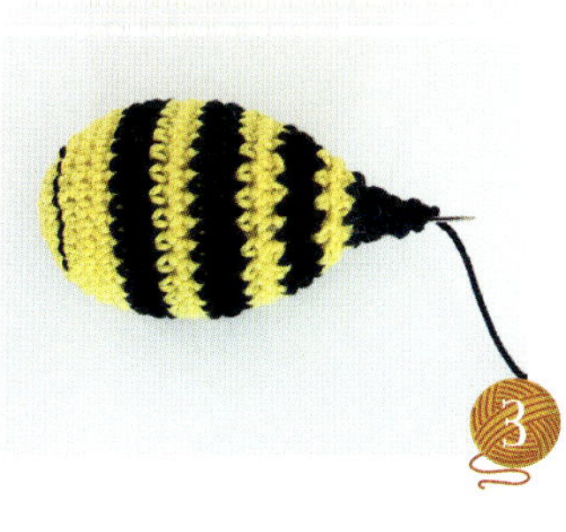
3

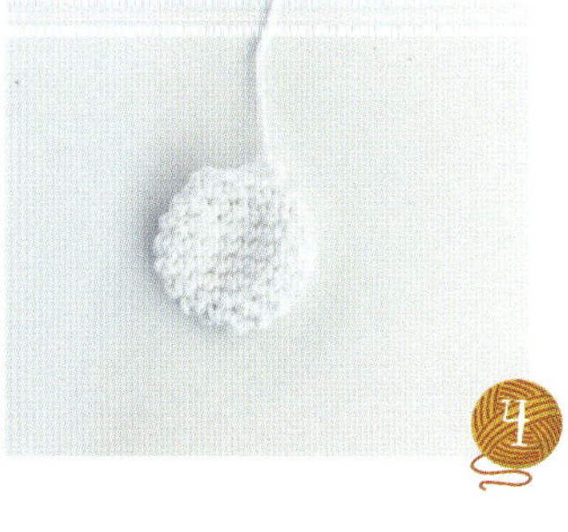
4

Fertigstellung der Biene

Die Flügel mit wenig Füllwatte füllen und ungefähr auf Augenhöhe der Biene an die 10. und 11. Runde annähen, den Faden vernähen und abschneiden (FOTO 5).

Die Biene noch 2 x anfertigen.

BLÜTE

Blütenkelch

Mit Mais die mittlere Kugel bis einschließlich 4. Rd häkeln.
5. Rd: 24 fM häkeln (= 24 fM).
Farbwechsel zu Oxidgrün.
6. Rd: 24 fM, dabei nur ins hMg einstechen (= 24 fM).
7. Rd: 24 fM, dabei nur ins hMg einstechen (= 24 fM).
8. Rd: Jede 3. und 4. M zus häkeln (= 18 fM).
6. Rd: Jede 2. und 3. M zus häkeln (= 12 fM).
Jetzt den Blütenkelch mit Füllwatte füllen (FOTO 6).
7. Rd: Jede 3. und 4. M zus häkeln (= 9 fM).
8. Rd: Jede 2. und 3. M zus häkeln (= 6 fM).
Den Faden abschneiden, durch die letzte Schlaufe auf der Häkelnadel ziehen und vernähen (FOTO 7).

Blütenblätter (6 x häkeln)

Mit Weiß einen mR häkeln.
1. Rd: 5 fM in den mR häkeln (= 5 fM).
2. Rd: Jede M verd (= 10 fM).
3. Rd: Jede 2. M verd (= 15 fM).
4.-6. Rd: 15 fM häkeln (= 15 fM).
7. Rd: Jede 2. und 3. M zus (= 10 fM).
8. Rd: 10 fM häkeln (= 10 fM).
Den Faden für das spätere Annähen an den Blütenkelch lang abschneiden und durch die letzte Schlaufe auf der Häkelnadel ziehen.
Die Blütenblätter mit wenig Füllwatte füllen (FOTO 8).

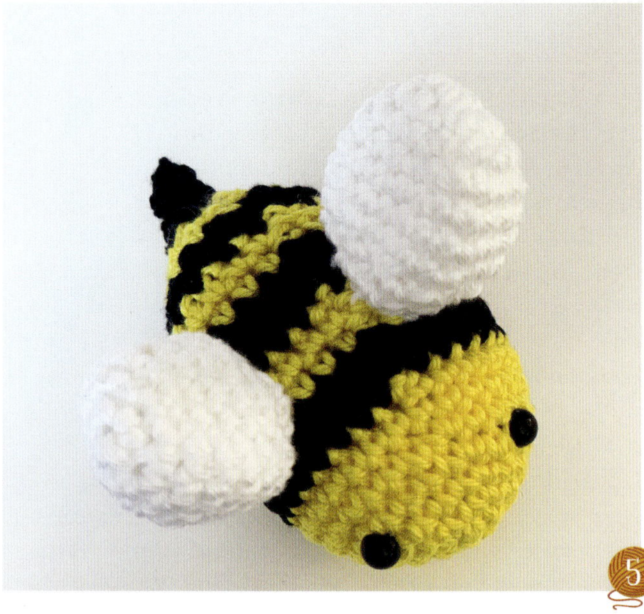

5

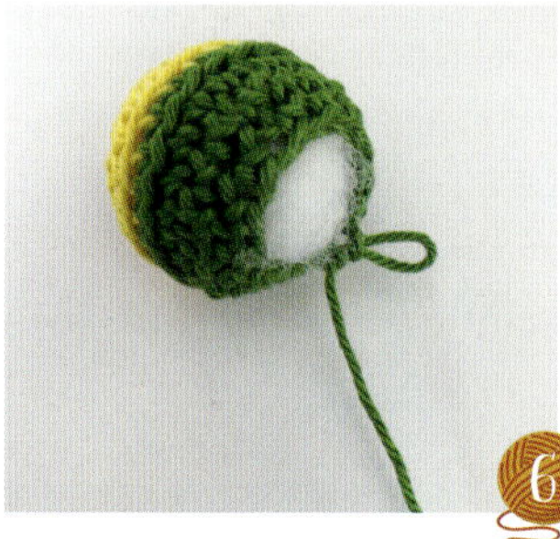

6

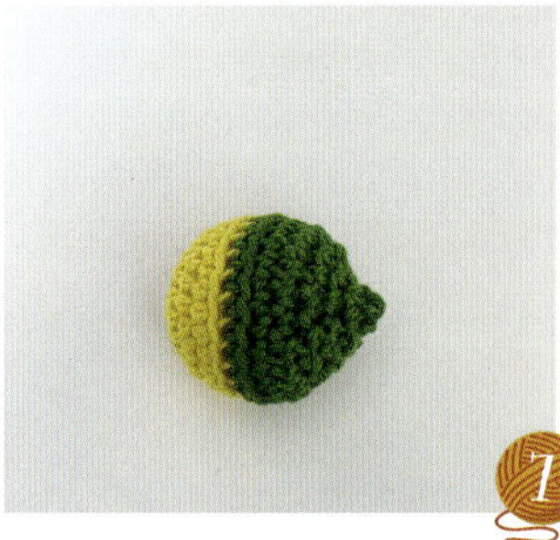

7

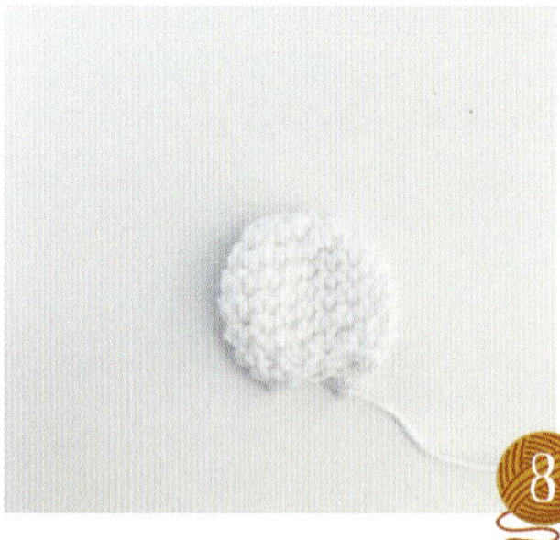

8

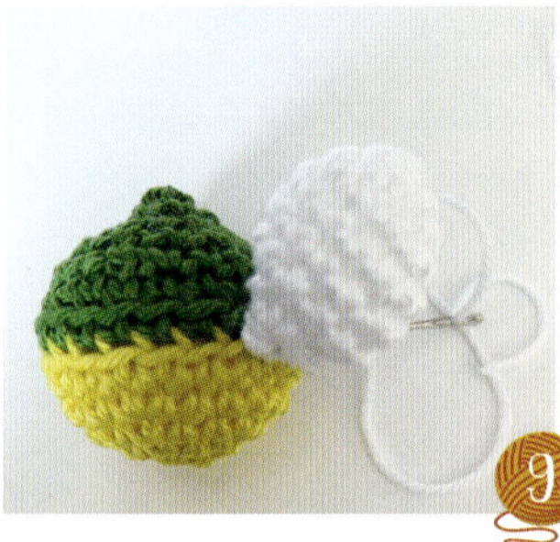

9

Fertigstellung der Blüte

Jeweils 6 Blütenblätter an einen Blütenkelch zwischen der 6. und 7. Runde annähen (FOTO 9). Dabei unbedingt darauf achten, dass ein Blatt nur über jeweils 4 Maschen des Blütenkelchs angenäht wird, damit rundherum alle 6 Blütenblätter passen (FOTO 10 + 11).

Die Blüte noch 2 x anfertigen.

FERTIGSTELLUNG DES MOBILES

An den Bienen jeweils eine unterschiedlich lange Luftmaschenkette häkeln: Einmal über 55, einmal über 60 und einmal über 70 Lfm.

Die Schnüre an den Blüten haben eine Länge von 32, 40 und 50 Lfm.

Eine beliebig lange Aufhängung (auf dem Foto sind es 141 Lfm, behäkelt mit einer Reihe aus 140 fM) häkeln, diese an der Halterung anbringen und die 6 Mobilestäbe in die Löcher der Mobilehalterung stecken.

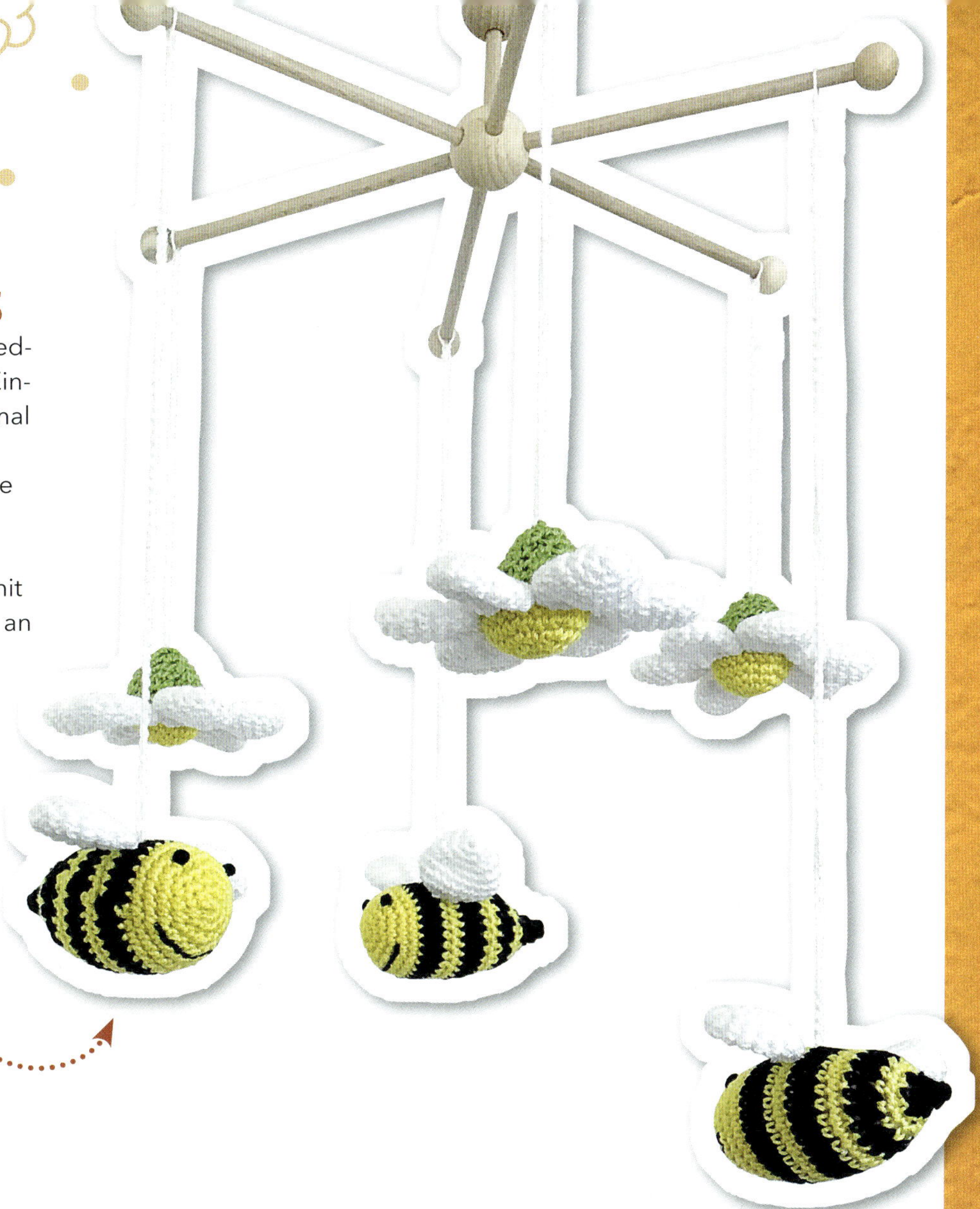

Diese wunderschönen Bienen stechen mit Sicherheit nicht.

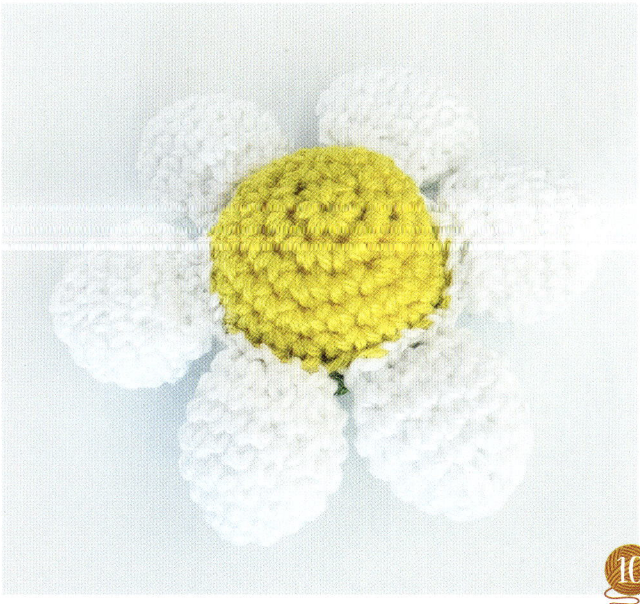

10

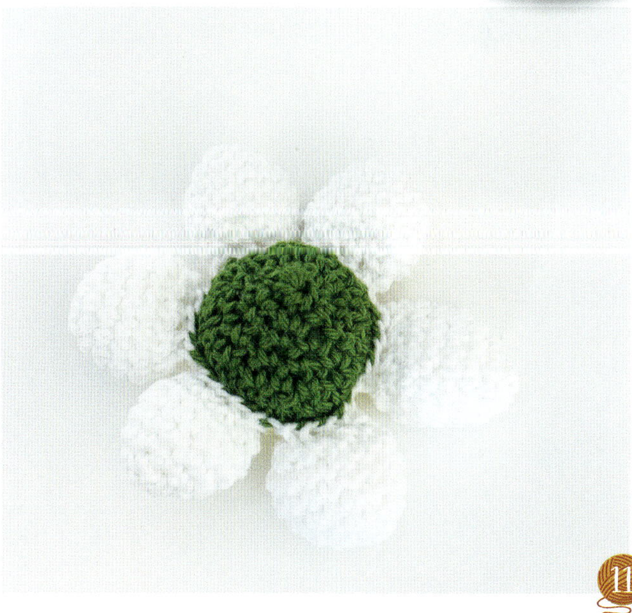

11

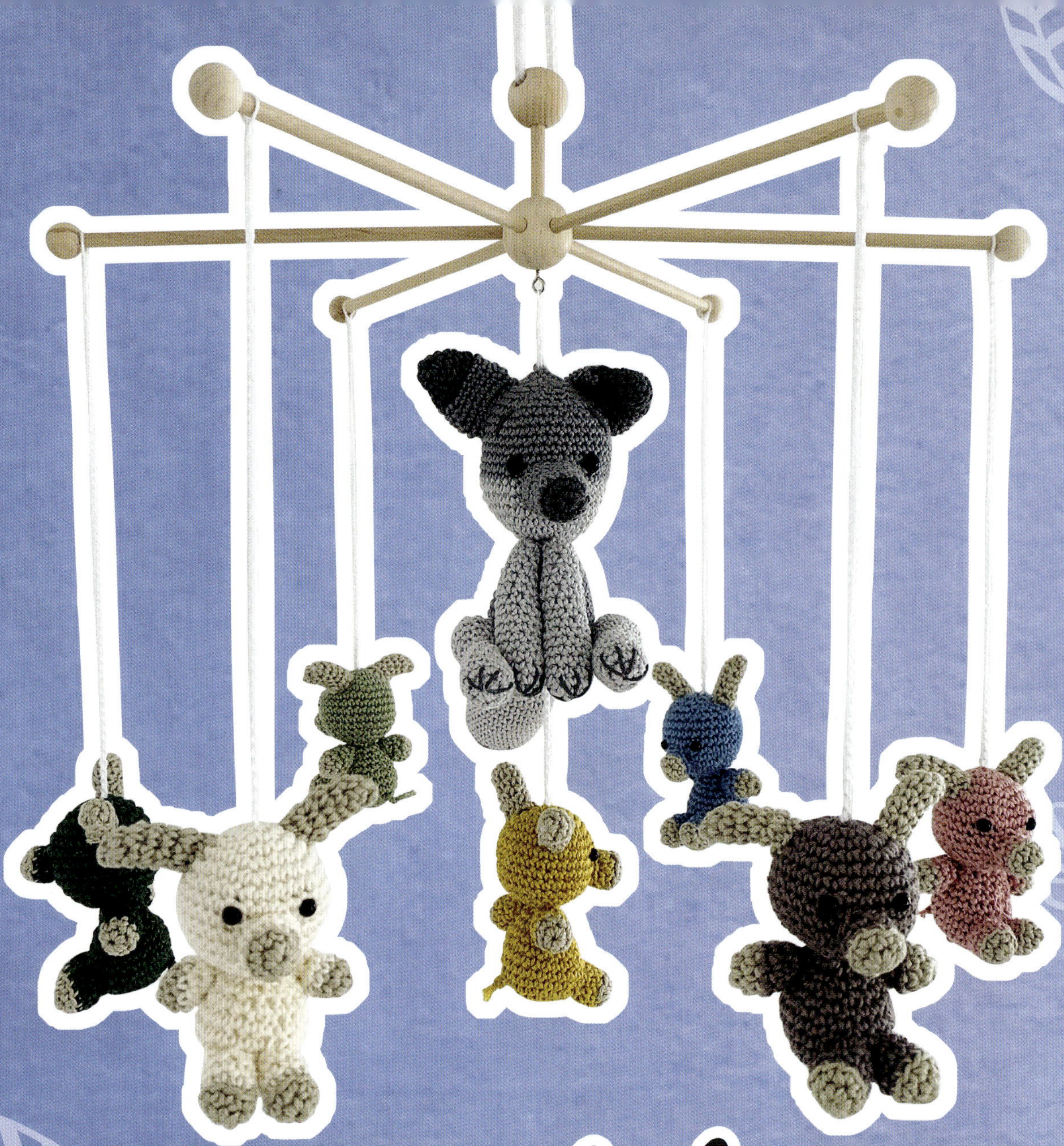

Mobile „Der Wolf und die 7 Geißlein"

„Sieben kleine Geißlein, meck, meck, meck ...“

Bei diesem Mobile hütet der Wolf die 7 Geißlein und passt auf sie auf. Das hat er der Mama der Geißlein versprochen und deshalb hat er seinen Platz auch ganz oben an dem Mobile, um die kleine Ziegenbande gut im Auge zu haben.
Zum Häkeln der kleinen Zicklein braucht es Ausdauer, schwierig sind sie nicht. Einzig die Hörner sind etwas komplizierter. Auch der Wolf ist recht leicht zu häkeln, wenn man sich genau an die Anleitung hält.
Zur Aufhängung habe ich ein Mobilekreuz mit 6 Armen und einem Durchmesser von 40 cm genommen. Den großen Durchmesser habe ich gewählt, weil das Mobile recht „umfangreich“ ist. Da aber die 7 Geißlein nicht alle an die 6 Mobilestangen passen würden, habe ich unterhalb der Aufhängung noch einen Haken eingeschraubt. Diese Art Mobilekreuz bzw. ein Mobilekreuz mit bereits vorhandenem zweiten Haken gibt es auch im Handel zu kaufen, sodass Sie hier nicht unbedingt selbst tätig werden müssen. Zum Häkeln der kleinen Ziegen eignen sich auch Baumwollreste in unterschiedlichen Farben sehr gut, da für ein Tierchen nur wenig Baumwolle benötigt wird.

Material

- 10 g Ibiza Baumwolle, Farbe Dunkelgrau Nr. 6097
- 10 g Ibiza Baumwolle, Farbe Polar Nr. 6092
- 20 g Ibiza Baumwolle, Farbe Kamel Nr. 6010
- 10 g Ibiza Baumwolle, Farbe Taupe Nr. 6008
- 10 g Ibiza Baumwolle, Farbe Weiß Nr. 6001
- 10 g Ibiza Baumwolle, Farbe Moosgrün Nr. 6076
- 10 g Ibiza Baumwolle, Farbe Sonne Nr. 6022
- 20 g Linie 165 Sandy von ONline Wolle, Farbe Grau Nr. 081
- 10 g Schachenmayr Catania, Farbe Wolke Nr. 0247
- 10 g Schachenmayr Catania, Farbe Trekking green Nr. 0304
- 10 g Schachenmayr Catania, Farbe Creme Nr. 130
- 10 g Wollgarn „Emilia“, Farbe Altrosa, alternativ
- 10 g Catania Baumwolle, Farbe Dahlie Nr. 00409
- Rest dunkelbraune Baumwolle
- 2 Sicherheitsaugen, 8 mm Durchmesser
- 14 Sicherheitsaugen, 6 mm Durchmesser
- Füllwatte
- Mobilekreuz mit 6 Mobilearmen und zusätzlichem Haken unter der Aufhängung, 40 cm Durchmesser

Zubehör

- Häkelnadel Nr. 2,5
- Sticknadel
- Schere

WOLF

Kopf

Mit der Farbe Polar die große Kugel bis einschließlich 5. Rd häkeln.
6. Rd: Jede 5. M verd (= 36 fM).
7. Rd: Jede 6. M verd (= 42 fM).
8.–9. Rd: 42 fM häkeln (= 42 fM).
Farbwechsel zu Sandy Baumwolle Grau.
10.–16. Rd: 42 fM häkeln (= 42 fM).
17. Rd: Jede 6. und 7. M zus (= 36 fM).
18. Rd: Jede 5. und 6. M zus (= 30 fM).
19. Rd: Jede 4. und 5. M zus (= 24 fM).
20. Rd: Jede 3. und 4. M zus (= 18 fM).
21. Rd: Jede 2. und 3. M zus (= 12 fM).
Jetzt die Augen (8 mm Durchmesser) zwischen der 11. und 12. Runde mit einem Abstand von 6 Maschen anbringen und den Kopf mit Füllwatte füllen.
22. Rd: Je 2 M zus häkeln (= 6 fM).
Den Faden abschneiden und durch die letzte Schlaufe auf der Häkelnadel ziehen. Dann den Faden mit einer Nadel durch das vMg der letzten 6 fM führen, zusammenziehen und vernähen (FOTO 1).

Körper

Mit der Farbe Sandy Grau die große Kugel bis einschließlich 5. Rd häkeln.
6. Rd: Jede 5. M verd (= 36 fM).
7.–11. Rd: 36 fM häkeln (= 36 fM).
12. Rd: Jede 5. und 6. M zus (= 30 fM).
13. Rd: 30 fM häkeln (= 30 fM).
14. Rd: Jede 4. und 5. M zus (= 24 fM).
15. Rd: 24 fM häkeln (= 24 fM).
16. Rd: Jede 3. und 4. M zus (= 18 fM).
17. Rd: 18 fM häkeln (= 18 fM).
18. Rd: Jede 2. und 3. M zus (= 12 fM).
19.–20. Rd: 12 fM häkeln (= 12 fM).
Den Faden zum späteren Annähen an den Kopf lang abschneiden und durch die letzte Schlaufe auf der Häkelnadel ziehen.

Schnauze

Mit der Farbe Dunkelgrau die kleine Kugel bis einschließlich 2. Rd häkeln.
Farbwechsel zu Sandy Grau.
3.–4. Rd: 12 fM häkeln (= 12 fM).
5. Rd: Jede 4. M verd (= 15 fM).

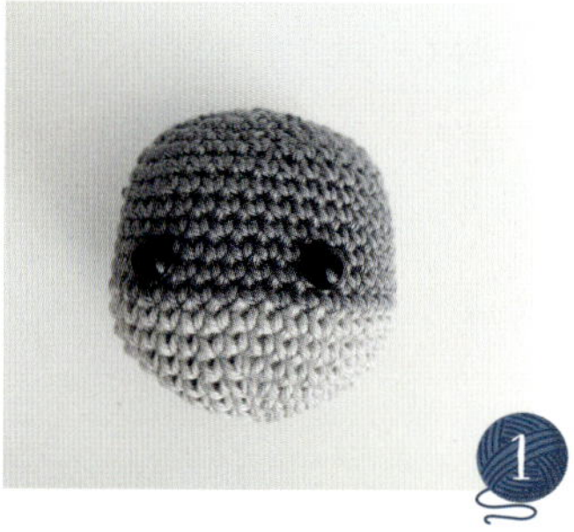

1

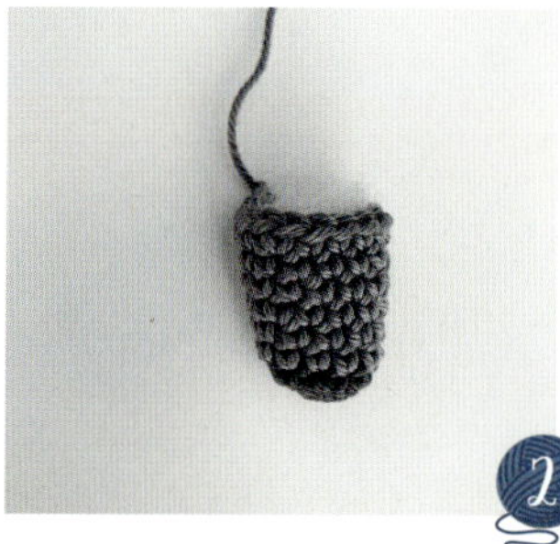

2

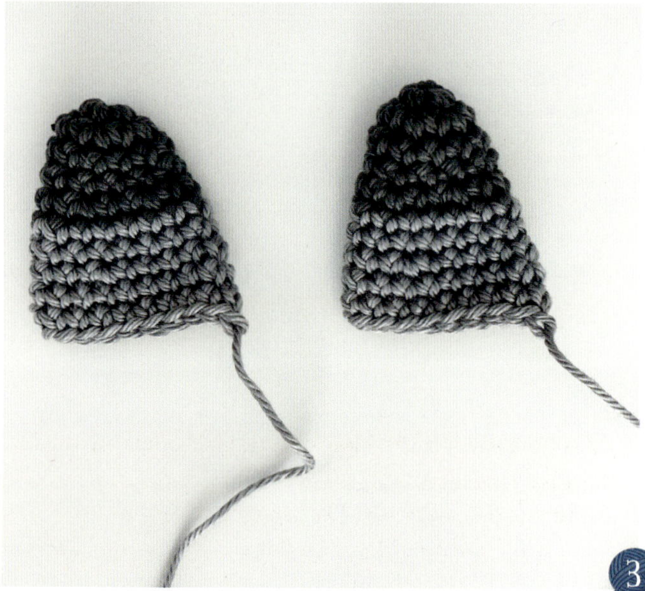

3

6.–7. Rd: 15 fM häkeln (= 15 fM).
8. Rd: Jede 5. M verd (= 18 fM).
Die Schnauze mit ein wenig Füllwatte füllen (FOTO 2).

Ohren (2 x häkeln)

Mit der Farbe Dunkelgrau einen mR häkeln.
1. Rd: 5 fM in den mR (= 5 fM).
2. Rd: Jede M verd (= 10 fM).
3.–4. Rd: 10 fM häkeln (= 10 fM).
5. Rd: Jede 2. M verd (= 15 fM).
Farbwechsel zu Sandy Grau.
6.–7. Rd: 15 fM häkeln (= 15 fM).
8. Rd: Jede 5. M verd (= 18 fM).
9.–10. Rd: 18 fM häkeln (= 18 fM).
Den Faden zum späteren Annähen an den Kopf lang abschneiden und durch die letzte Schlaufe auf der Häkelnadel ziehen.
Die Ohren werden nicht mit Füllwatte gefüllt (FOTO 3).

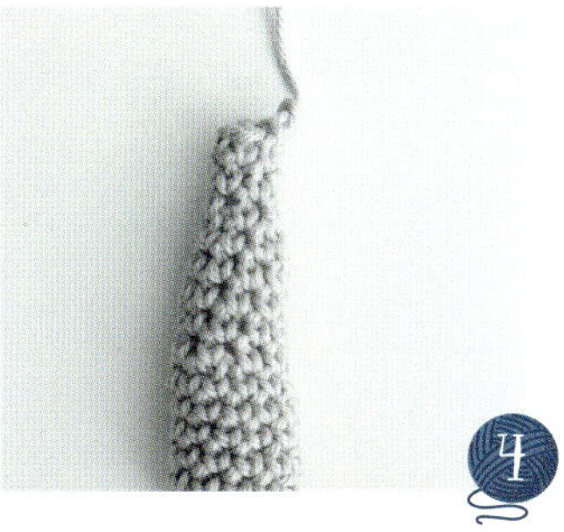

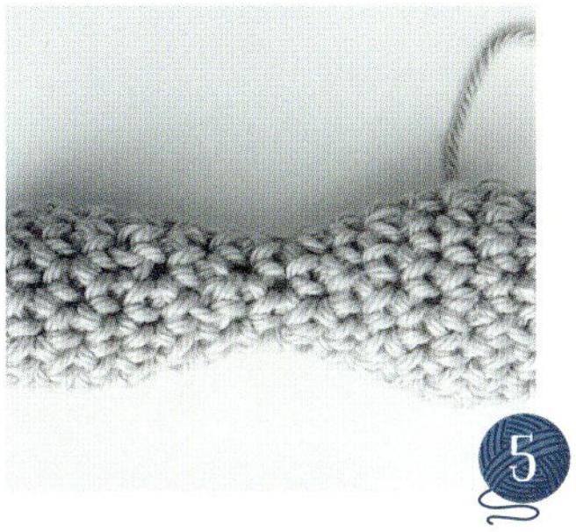

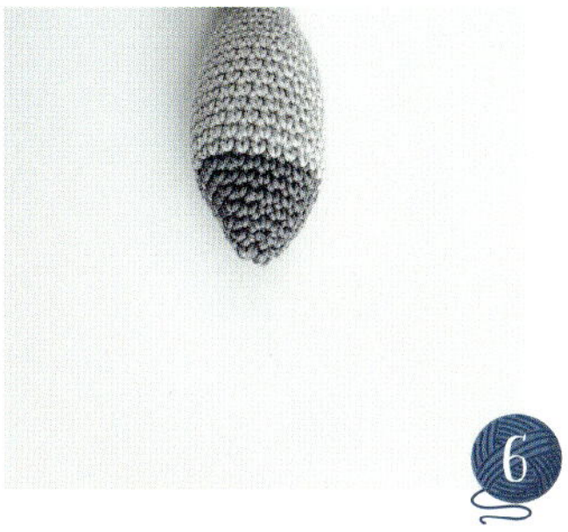

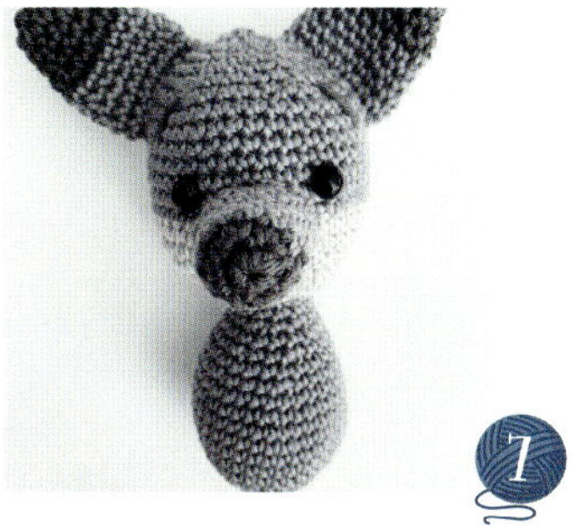

Vorderbein (2 x häkeln)

Mit der Farbe Polar die kleine Kugel bis einschließlich 2. Rd häkeln.
3.-8. Rd: 12 fM häkeln (= 12 fM).
9. Rd: Jede 3. und 4. M zus (= 9 fM).
Das Bein mit Füllwatte füllen.
10.-12. Rd: 9 fM häkeln (= 9 fM).
13. Rd: Jede 2. und 3. M zus (= 6 fM).
14.-15. Rd: 6 fM häkeln (= 6 fM).
Eventuell noch etwas Füllwatte in das Vorderbein hineindrücken, den Faden zum späteren Annähen an den Körper lang abschneiden und durch die letzte Schlaufe auf der Häkelnadel ziehen (FOTO 4).

Hinterbein (2 x häkeln)

Mit der Farbe Polar die kleine Kugel bis einschließlich 2. Rd häkeln.
3.-6. Rd: 12 fM häkeln (= 12 fM).
7. Rd: Jede 3. und 4. M zus (= 9 fM).
8. Rd: 9 fM häkeln (= 9 fM).
Jetzt das Hinterbein schon ein wenig mit Füllwatte befüllen.
9. Rd: Jede 2. und 3. M zus (= 6 fM).
10. Rd: 6 fM häkeln (= 6 fM).
11. Rd: Jede 2. M verd (= 9 fM).
12. Rd: 9 fM häkeln (= 9 fM).
13. Rd: Jede 3. M verd (= 12 fM).
14. Rd: 12 fM häkeln (= 12 fM).
15. Rd: Jede 2. M verd (= 18 fM).
16. Rd: 18 fM häkeln (= 18 fM).
17. Rd: Jede 2. und 3. M zus (= 12 fM).
18. Rd: Jede 3. und 4. M zus (= 9 fM).
Das Hinterbein nun komplett mit Füllwatte füllen.
18. Rd: Je 2 M zus (= 6 fM).
Den Faden zum späteren Annähen an den Körper lang abschneiden und durch die letzte Schlaufe auf der Häkelnadel ziehen (FOTO 5).

Schwanz

Mit der Farbe Grau von Sandy einen mR häkeln.
1. Rd: 6 fM in den mR häkeln (= 6 fM).
2. Rd: Jede 2. M verd (= 9 fM).
3. Rd: Jede 3. M verd (= 12 fM).
4. Rd: Jede 4. M verd (= 15 fM).
5. Rd: Jede 5. M verd (= 18 fM).
6. Rd: Jede 6. M verd (= 21 fM).
7. Rd: Jede 8. M verd (= 24 fM).
8.-9. Rd: 24 fM häkeln (= 24 fM).
Farbwechsel zu Polar.
10.-15. Rd: 24 fM häkeln (= 24 fM).
16. Rd: Jede 11. und 12. M zus (= 22 fM).
17. Rd: Jede 10. und 11. M zus (= 20 fM).
18. Rd: Jede 9. und 10. M zus (= 18 fM).
19. Rd: Jede 8. und 9. M zus (= 16 fM).
20. Rd: Jede 7. und 8. M zus (= 14 fM).
21. Rd: Jede 6. und 7. M zus (= 12 fM).
22. Rd: Jede 5. und 6. M zus (= 10 fM).
Den Schwanz mit Füllwatte ausstopfen.
23. Rd: Jede 4. und 5. M zus (= 8 fM).
24. Rd: Jede 3. und 4. M zus (= 6 fM).
Den Faden zum späteren Annähen an den Körper lang abschneiden und durch die letzte Schlaufe auf der Häkelnadel ziehen (FOTO 6).

Fertigstellung des Wolfs

Den Kopf an den Körper, die Ohren sowie die Schnauze an den Kopf annähen und die Augenbrauen mit Dunkelgrau und doppeltem Faden parallel zu den Ohren aufsticken (FOTO 7 + 8). Die Vorderbeine des Wolfes direkt unterhalb des Kopfes nebeneinander annähen (FOTO 9 + 10). Die Hinterbeine rechts und links unten an den Körper so annähen, dass der Wolf später darauf sitzen kann, also nicht zu hoch anbringen (FOTO 11).
An der hinteren Mitte des Körpers den Schwanz annähen (FOTO 12). Mit einem dunkelgrauen Faden an den Vorder- und Hinterpfoten 4 Striche als Zehen aufnähen. Dabei in der Mitte beginnen, den Faden jeweils über 3 Rd nach oben führen, hier einstechen, den Faden innerhalb der Pfote wieder zur Mitte zurückführen und hier ausstechen. Dann diesen Vorgang mit ein wenig Abstand zum ersten Stich wiederholen, bis 4 Stickstiche vorhanden sind (FOTO 13).
Jetzt ist der Wolf fertig (FOTO 14).

GEISSLEIN

Kopf

Mit Altrosa die große Kugel bis einschließlich 13. Rd häkeln, dann die Sicherheitsaugen (6 mm Durchmesser) zwischen der 7. und 8. Rd mit einem Abstand von 4 Maschen anbringen.
Jetzt die Kugel mit Füllwatte füllen.
14. Rd: Je 2 M zus häkeln (= 6 fM).
Den Faden abschneiden und durch die letzte Schlaufe auf der Häkelnadel ziehen. Dann den Faden mit einer Nadel durch das vMg der letzten 6 fM führen, zusammenziehen und vernähen (FOTO 15).

Körper

Mit Altrosa die mittlere Kugel bis einschließlich 7. Rd häkeln.
8. Rd: Jede 3. und 4. M zus (= 18 fM).
9. Rd: 18 fM häkeln (= 18 fM).
10. Rd: Jede 2. und 3. M zus (= 12 fM).
11. Rd: 12 fM häkeln (= 12 fM).
Den Körper mit Füllwatte füllen.
12. Rd: Je 2 M zus (= 6 fM)
Den Faden zum späteren Annähen an den Körper lang abschneiden und durch die letzte Schlaufe auf der Häkelnadel ziehen (FOTO 16).

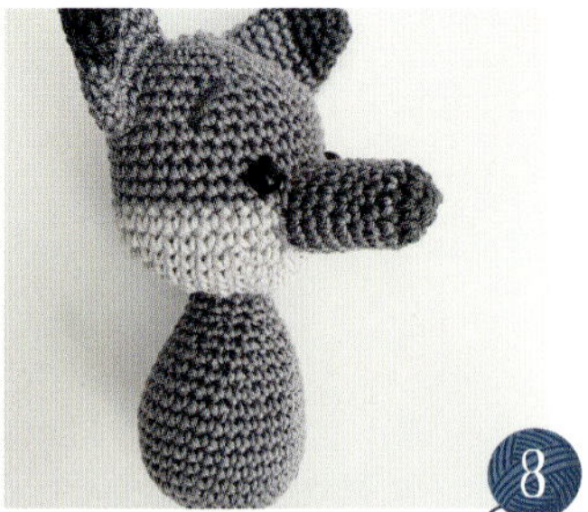
8

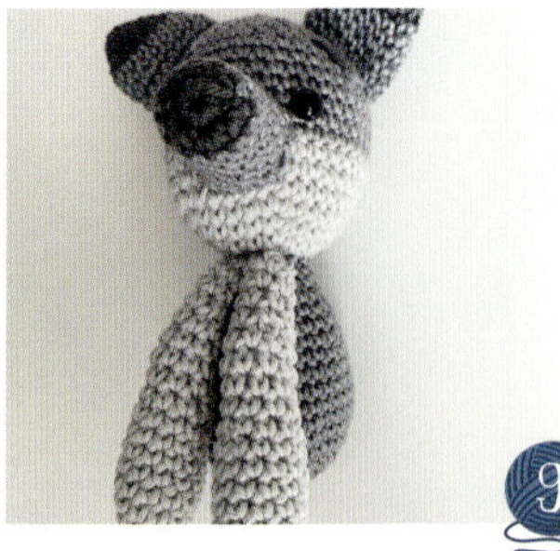
9

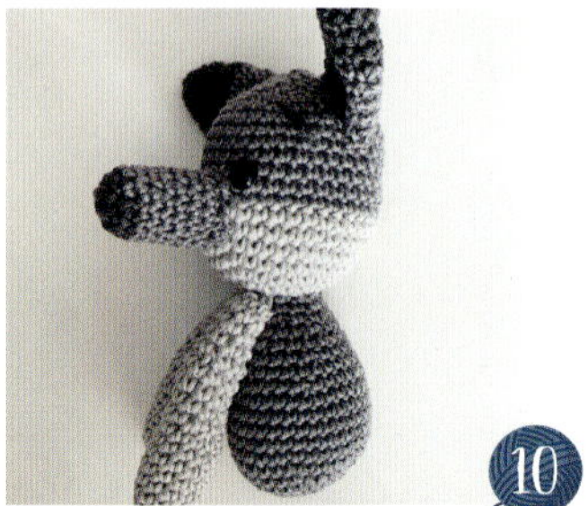
10

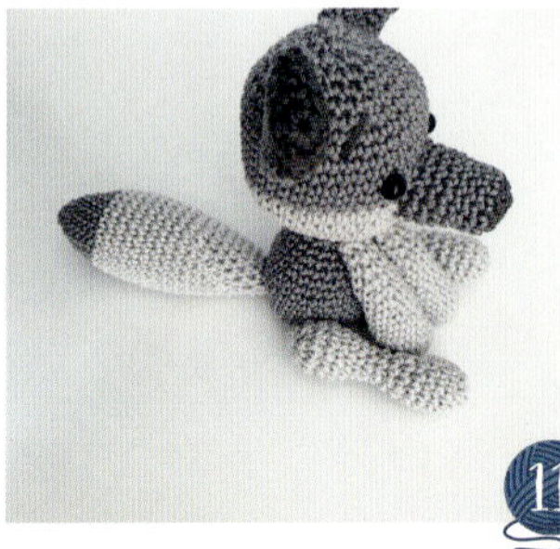
11

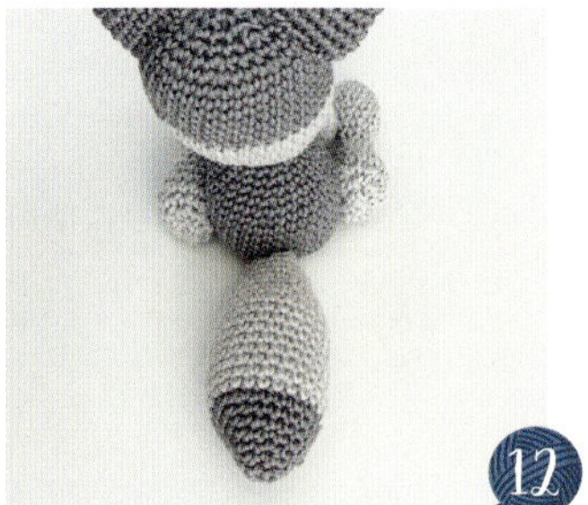
12

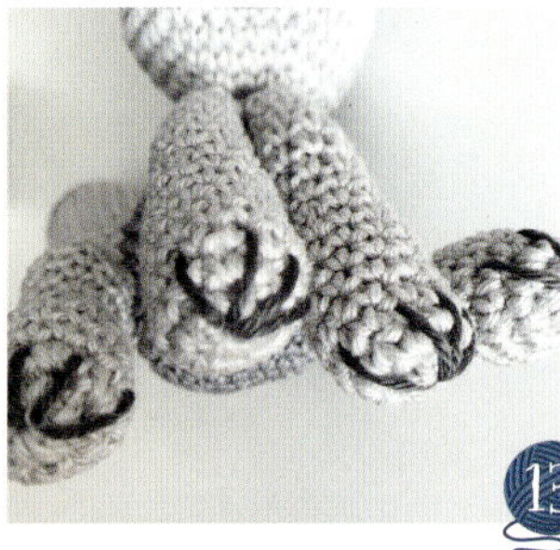
13

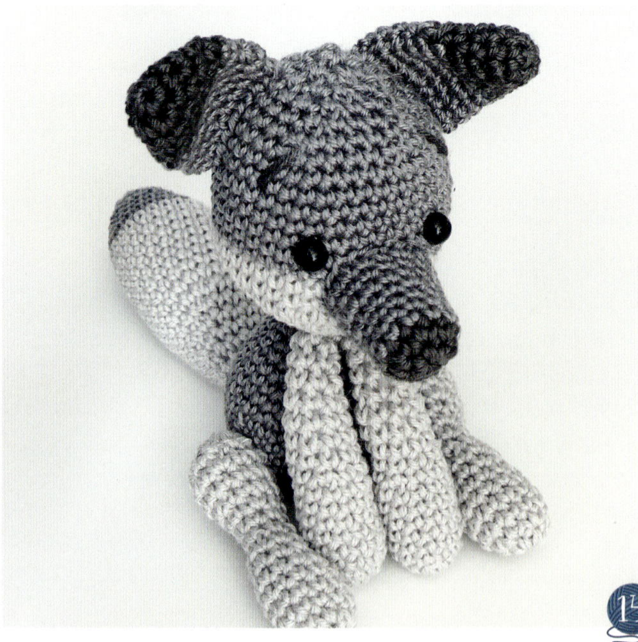
14

Schnauze

Mit der Farbe Kamel einen mR häkeln.
1. Rd: 6 fM in den mR häkeln (= 6 fM).
2. Rd: Jede 2. M verd (= 9 fM).
Farbwechsel zu Altrosa.
3. Rd: 9 fM nur in das hMg häkeln (= 9 fM).
4. Rd: 9 fM häkeln (= 9 fM).

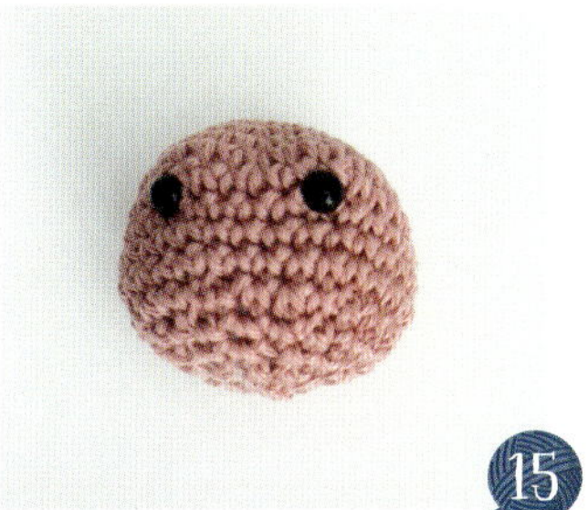

15

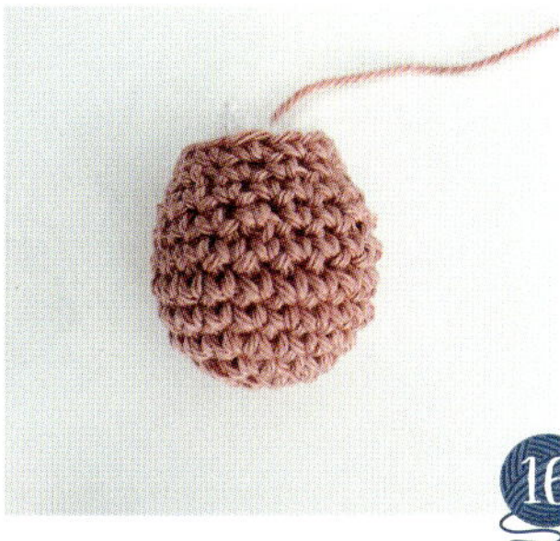

16

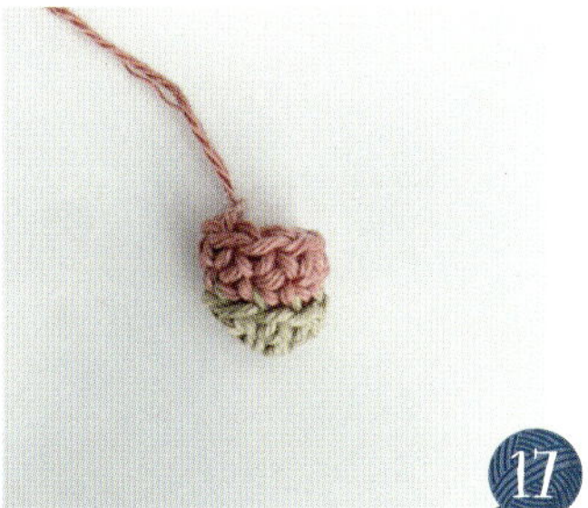

17

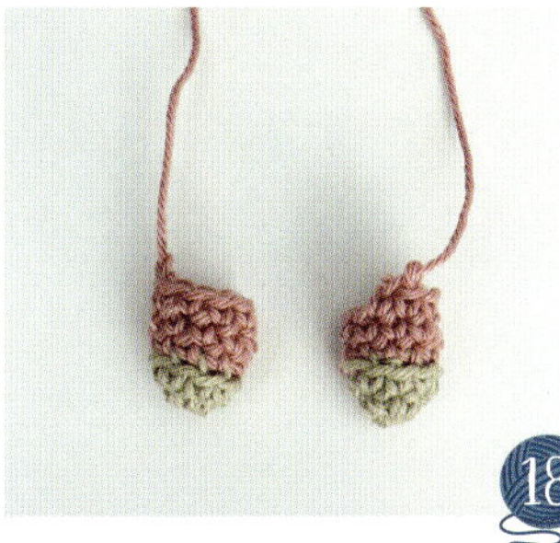

18

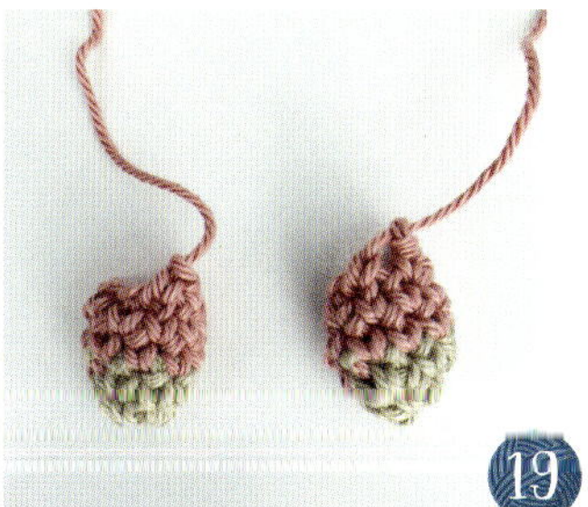

19

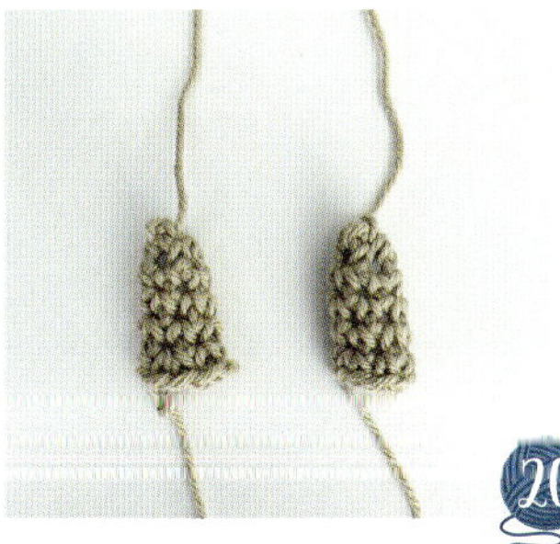

20

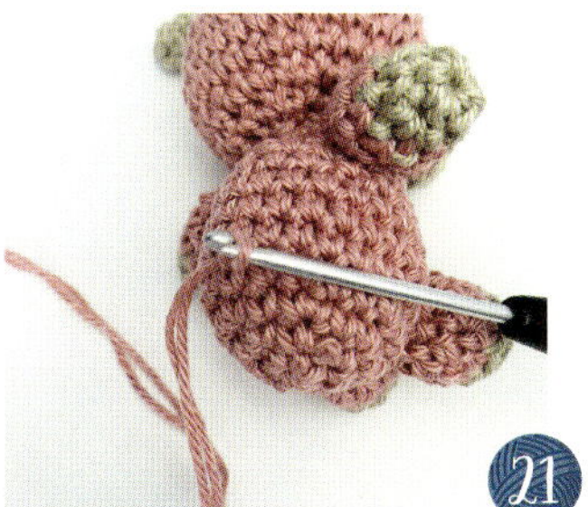

21

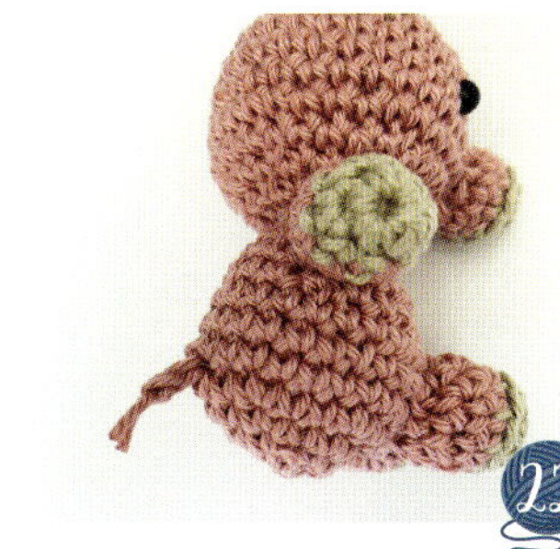

22

Den Faden für das spätere Annähen an den Kopf lang abschneiden und durch die letzte Schlaufe auf der Häkelnadel ziehen (FOTO 17).

Beine (2 x häkeln)

Mit der Farbe Kamel einen mR häkeln.
1. Rd: 6 fM in den mR häkeln (= 6 fM).
2. Rd: Jede 2. M verd (= 9 fM).
Farbwechsel zu Altrosa.
3. Rd: 9 fM nur in das hMg häkeln (= 9 fM).
4.–5. Rd: 9 fM häkeln (= 9 fM).
Den Faden für das spätere Annähen an den Körper lang abschneiden und durch die letzte Schlaufe auf der Häkelnadel ziehen (FOTO 18).

Arme (2 x häkeln)

Mit der Farbe Kamel einen mR häkeln.
1. Rd: 6 fM in den mR häkeln (= 6 fM).
2. Rd: Jede 2. M verd (= 9 fM).
Farbwechsel zu Altrosa.
3. Rd: 9 fM häkeln (= 9 fM).
4. Rd: 9 fM häkeln (= 9 fM).
5. Rd: Jede 2. und 3. M zus (= 6 fM).
Den Faden für das spätere Annähen an den Körper lang abschneiden und durch die letzte Schlaufe auf der Häkelnadel ziehen (FOTO 19).

Hörner (2 x häkeln)

Mit der Farbe Kamel einen mR häkeln. Dabei den Anfangsfaden länger lassen.
1. Rd: 1 Lfm, 4 fM in den mR häkeln (= 4 fM).
2. Rd: Jede 2. M verd (= 6 fM).
3.–5. Rd: 6 fM häkeln (= 6 fM).
Jetzt den Anfangsfaden mit einer Häkelnadel durch die Mitte des Anfangs nach außen ziehen. Damit wird das Horn später etwas gebogen.
6. Rd: Jede 2. M verd (= 9 fM).
Den Faden für das spätere Annähen an den Kopf lang abschneiden und durch die letzte Schlaufe auf der Häkelnadel ziehen (FOTO 20).

Schwanz

Vier Rd oberhalb der Mitte hinten einen Faden in Altrosa anschlingen und 2 Lfm häkeln. Den doppelten Faden dann durch die letzte Schlaufe auf der Häkelnadel ziehen und den Faden auf ca. 1 cm kürzen (FOTO 21 + 22).

Fertigstellung des Geißleins

Den Körper an den Kopf nähen (FOTO 23). Die Schnauze zwischen den Augen befestigen. Die Arme zur Seite und die Beine nach vorne gerichtet an den Körper annähen (FOTO 24).

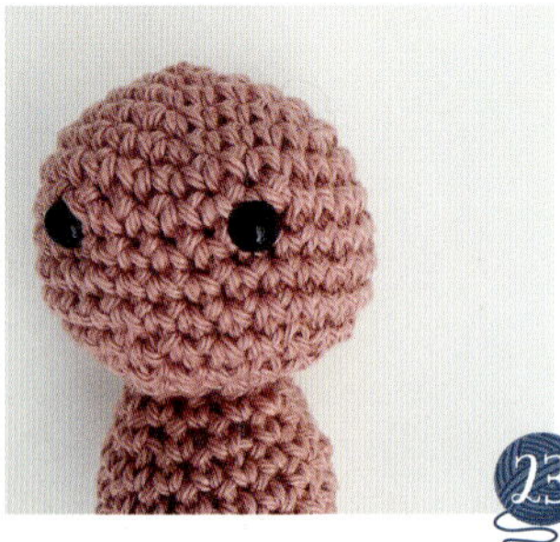

23

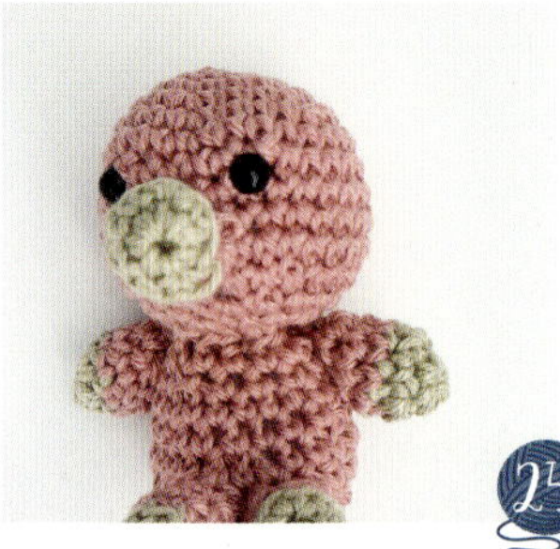

24

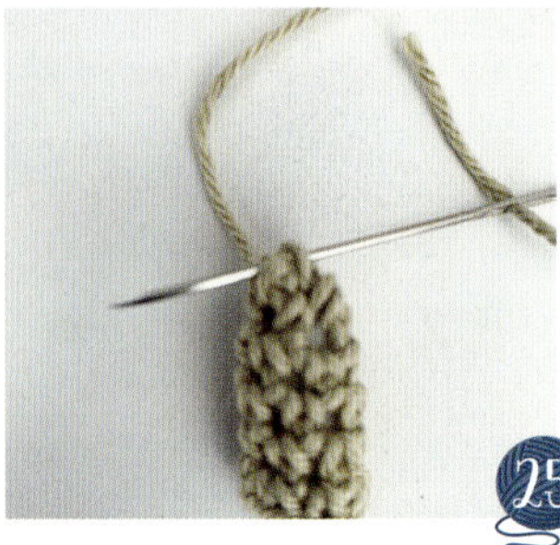

25

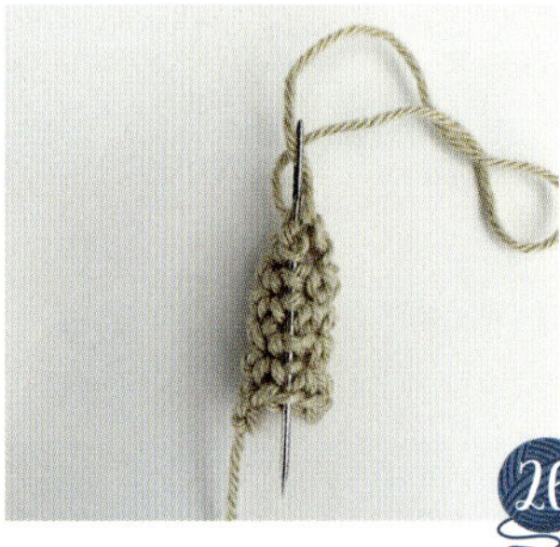

26

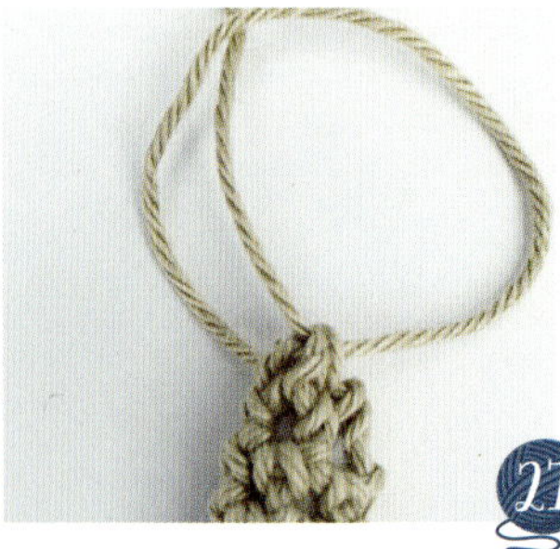

27

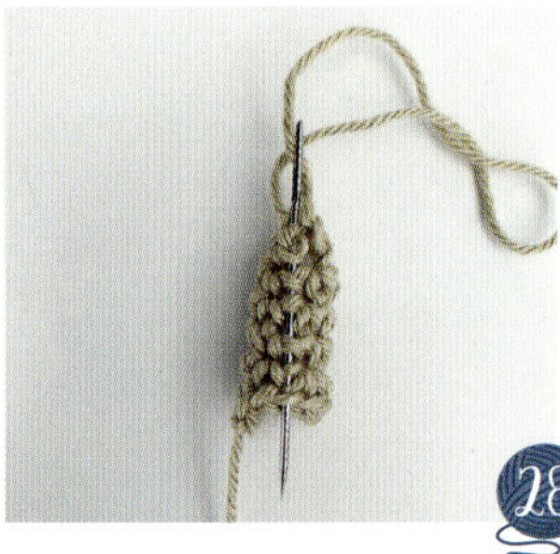

28

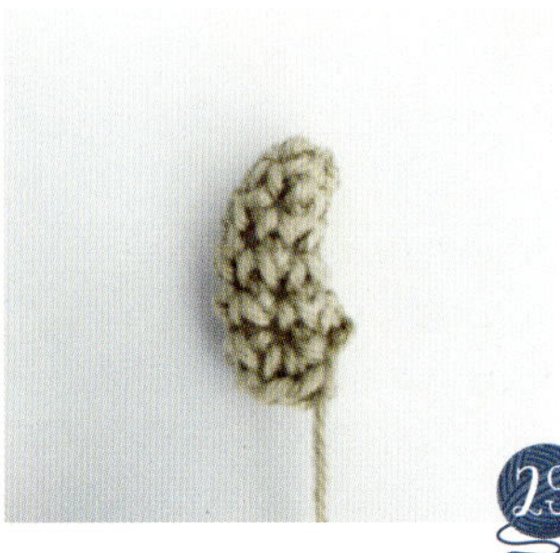

29

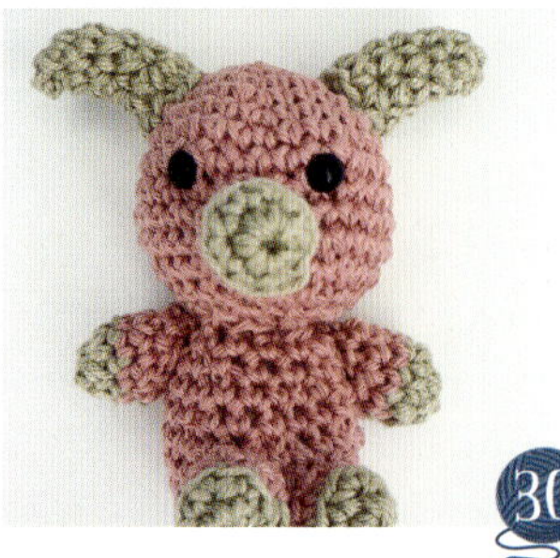

30

Den Anfangsfaden eines Horns mit einer Nähnadel durch zwei obere Maschenglieder führen, sodass eine Schlaufe entsteht, und anschließend den Faden durch diese Schlaufe führen. So entsteht ein Knoten (FOTO 25-27). Den Faden festziehen. Dies ist die Spitze des Horns. Von hier aus den Faden mit der Nadel seitlich abwechselnd von oben nach unten durch das Gehäkelte führen und am unteren Ende anziehen (FOTO 28). Dadurch entsteht eine Spannung und das Horn ist leicht gebogen (FOTO 29). Den Faden unten fixieren, also zwei- bis dreimal hin- und hernähen, damit die Spannung erhalten bleibt. Dann den Faden vernähen. Ebenso mit dem zweiten Horn verfahren. Anschließend die Hörner mittig auf dem Kopf jeweils ungefähr 2 Rd von der Mitte entfernt annähen (FOTO 30).

Das Geißlein noch jeweils in der Farbe Sonne, Creme, Moosgrün, Wolke, Taupe und Trekking Green anfertigen. Die Farbe Kamel bleibt für den Anfang der Beine und Arme sowie für die Hörner immer gleich (FOTO 31).

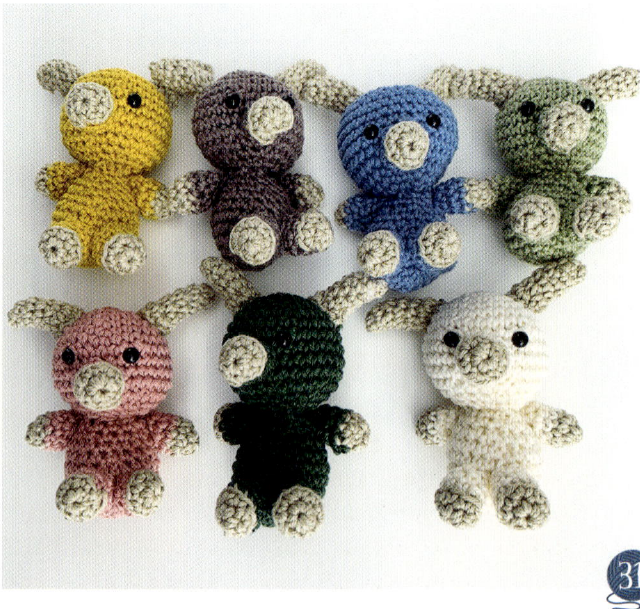

31

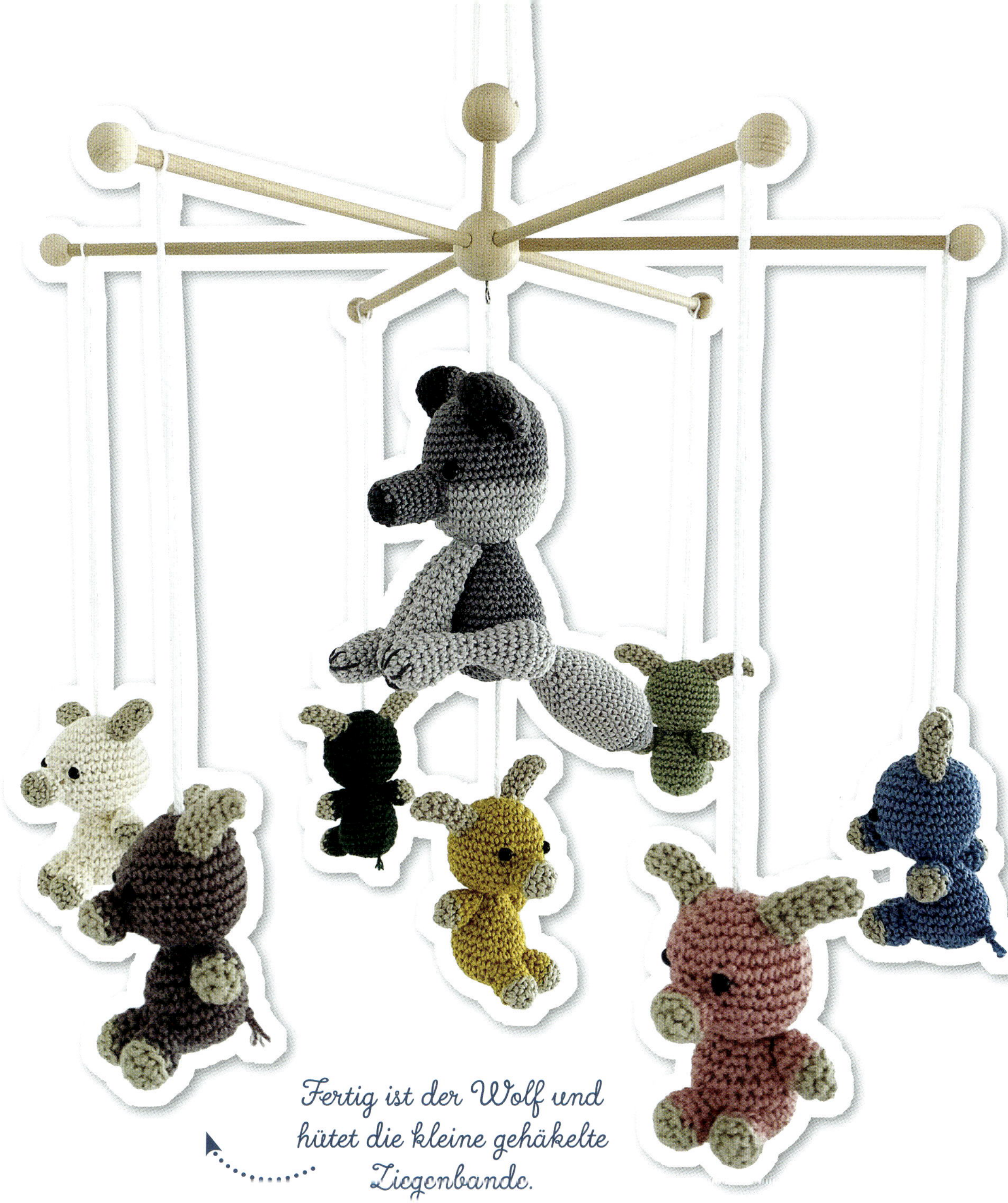

Fertig ist der Wolf und hütet die kleine gehäkelte Ziegenbande.

FERTIGSTELLUNG DES MOBILES

An drei der Geißlein eine Luftmaschenkette von 65 Lfm häkeln und an den anderen drei Geißlein eine Luftmaschenkette von 60 Lfm anbringen und alle an den 6 Mobilestangen befestigen.
Den Wolf mit einer Luftmaschenkette von 7 Lfm an dem Haken unterhalb der Aufhängung befestigen und mittig unter dem Wolf mit 14 Lfm das 7. Geißlein aufhängen.
Eine Aufhängeschnur für das Mobile in gewünschter Länge häkeln (auf dem Foto sind es 145 Lfm und 144 fM) und an der Mobilehalterung anbringen.
Zum Schluss die sechs Mobilearme in die dafür vorgesehenen Löcher stecken.

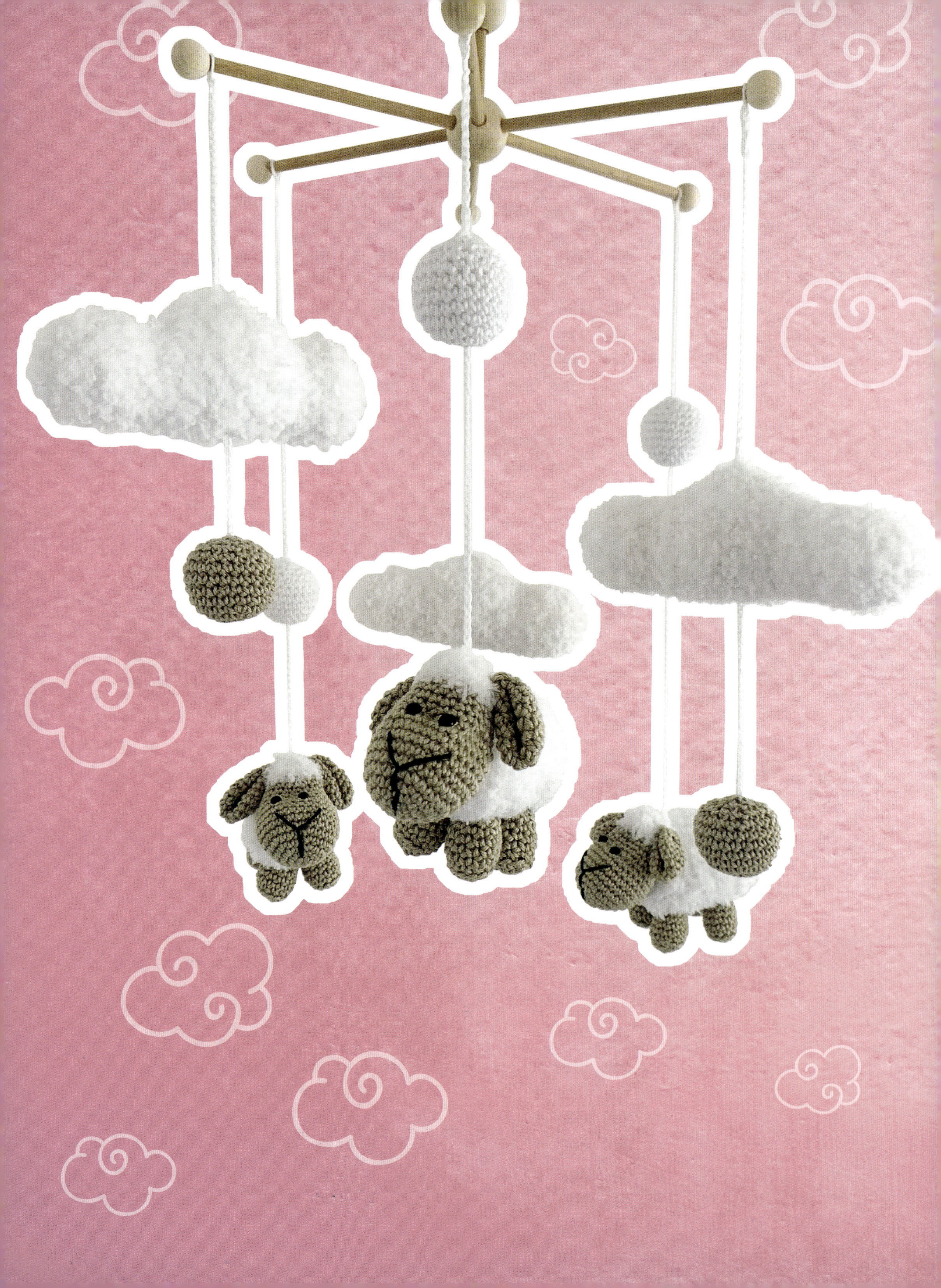

Schafmobile

„SCHLAF, KINDCHEN, SCHLAF, DER VATER HÜT' DIE SCHAF …"

Was erinnert mehr an ein sanftes Einschlafen und schöne ruhige Träume als diese süßen, kuschelig-weichen Schäfchen. Sie sind umringt von ebenso kuschelig-weichen Wolken.

Die Anfertigung der Schafe ist nicht ganz leicht. Hier sollten Sie schon ein wenig Übung haben. Auch die Wolken sind mit der Wolle Lenja Soft schwierig zu häkeln. Für Häkelneulinge empfiehlt es sich deshalb, die Wolle durch eine flauschige weiße Acrylwolle oder durch weiße Baumwolle zu ersetzen.

Material

- 100 g Baby Smiles Lenja Soft, Farbe Weiß Nr. 1001, oder
- 100 g Ibiza, Farbe Weiß Nr. 6001, oder
- 100 g Acrylwolle, Farbe Weiß
- 50 g Ibiza, Farbe Beige Nr. 6010
- Rest schwarze Baumwolle
- 6 Sicherheitsaugen, 8 mm Durchmesser

Zubehör

- Häkelnadel Nr. 2,5 und 4
- Nähnadel
- Schere
- Mobilekreuz/Mobilestern mit 6 Armen, 40 cm Durchmesser
- Füllwatte

Die Wolle Baby Smiles Lenja Soft ist für Einsteiger nicht so leicht zu häkeln, weil man wegen der Struktur die einzelnen Maschen schlecht abzählen kann. Häkeleinsteiger können sowohl für den Körper des Schafes als auch für die Wolke Lenja Soft durch Baumwolle oder Acrylwolle ersetzen. Beides wird dann allerdings nicht so flauschig.
Da Lenja Wolle dicker und dadurch schlechter zusammenzuhäkeln ist als Baumwolle, gilt zu beachten, dass bei Abnahmen anstelle des Zusammenhäkelns jeweils eine Masche übersprungen wird. Für beide Varianten gibt es nachfolgend die Anleitungen. Die Anleitung für Acrylwolle ist die gleiche wie für die mit Baumwolle.

SCHAF

Körper mit Baumwolle

Mit Weiß und Nadel Nr. 2,5 die große Kugel bis einschließlich 10 Rd häkeln.
11.–15. Rd: 30 fM häkeln (= 30 fM).
16. Rd: Jede 4. und 5. M zus (= 24 fM).
17. Rd: Jede 3. und 4. M zus (= 18 fM).
18. Rd: Jede 2. und 3. M zus (= 12 fM).
Jetzt den Körper mit Füllwatte füllen.
19. Rd: Je 2 M zus häkeln (= 6 fM).
Den Faden abschneiden, mit einer Nadel durch das vMg der letzten 6 Maschen ziehen und vernähen.

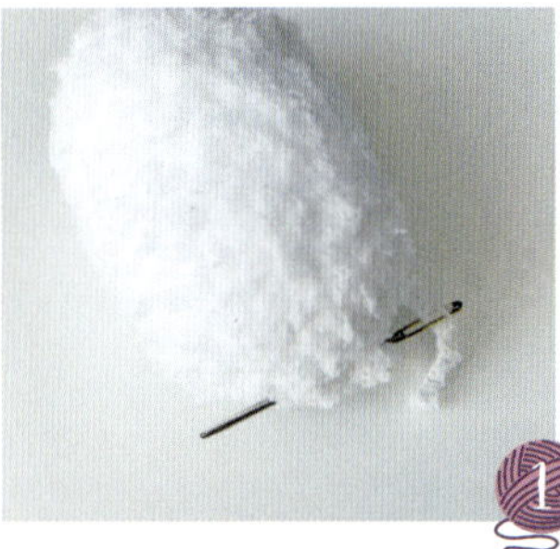

1

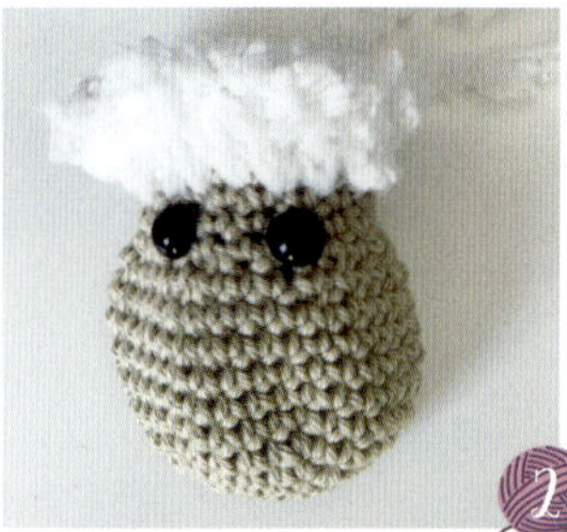

2

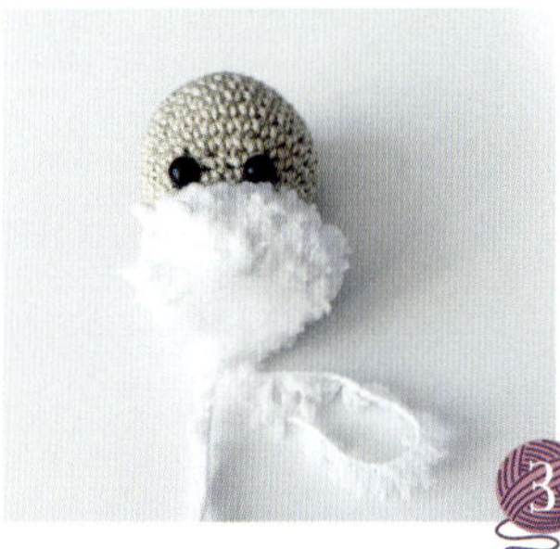

3

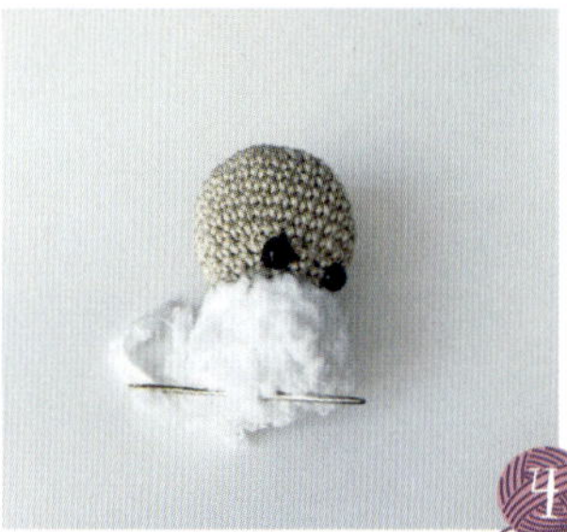

4

Körper mit Baby Smiles Soft

Mit Weiß und Nadel Nr. 4 die große Kugel bis einschließlich 10. Rd häkeln.
11.–15. Rd: 30 fM häkeln (= 30 fM).
16. Rd: * 1 fM in übernächste M, 3 fM, ab * 5 x wdh (= 24 fM).
17. Rd: * 1 fM in übernächste M, 2 fM, ab * 5 x wdh (= 18 fM).
18. Rd: * 1 fM in übernächste M, 1 fM, ab * 5 x wdh (= 12 fM).
Jetzt den Körper mit Füllwatte füllen.
19. Rd: * 1 fM in übernächste M, ab * 5 x wdh (= 6 fM).
Den Faden abschneiden und mit der Nähnadel das Ende ein wenig zunähen (FOTO 1). Den Rest des Fadens vernähen.

Kopf

Mit beiger Baumwolle und Häkelnadel Nr. 2,5 die große Kugel bis einschließlich 12. Rd häkeln.
13.–14. Rd: 18 fM häkeln (= 18 fM).
Farbwechsel zu Lenja Soft und mit Häkelnadel Nr. 4 weiter:
15.–17. Rd: 18 fM häkeln (= 18 fM).
Jetzt die Sicherheitsaugen zwischen der 10. und 11. Rd mit 2 Maschen dazwischen anbringen (FOTO 2).
18. Rd: * 1 fm in die übernächste Masche, 1 fM, ab * 5 x wdh (= 12 fM).
Nun den Kopf mit Füllwatte füllen (FOTO 3).
19. Rd: * 1 fm, 1 M überspringen, ab * 5 x wdh (= 6 fM).
Den Faden abschneiden und mit der Nähnadel das Ende ein wenig zunähen (FOTO 4). Den Rest des Fadens vernähen.

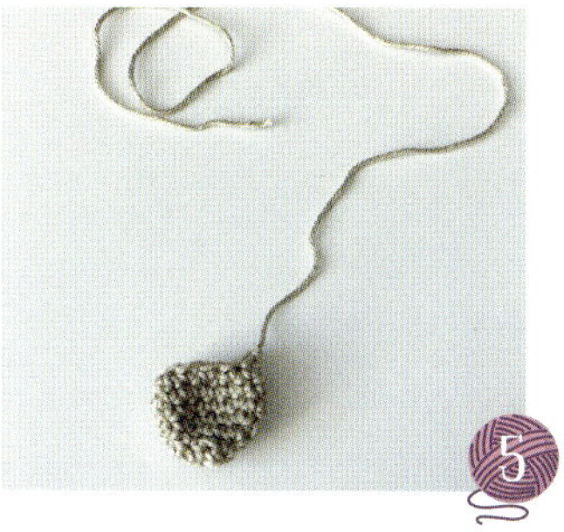

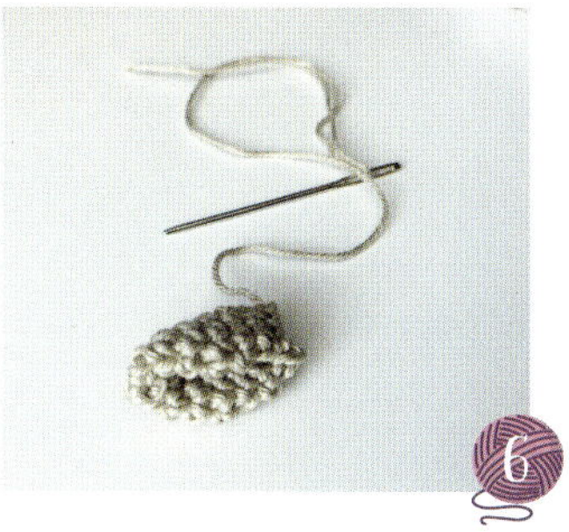

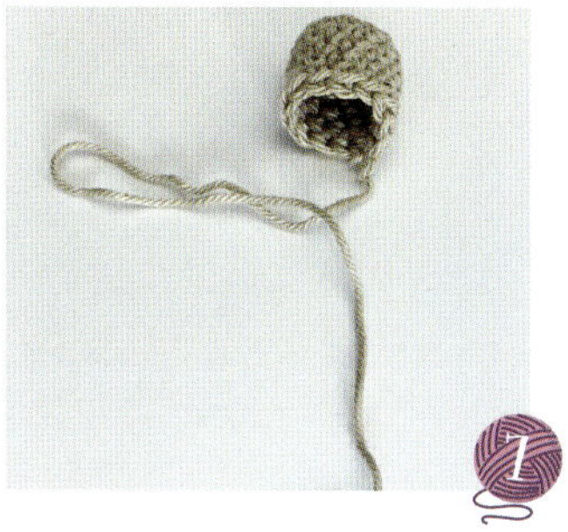

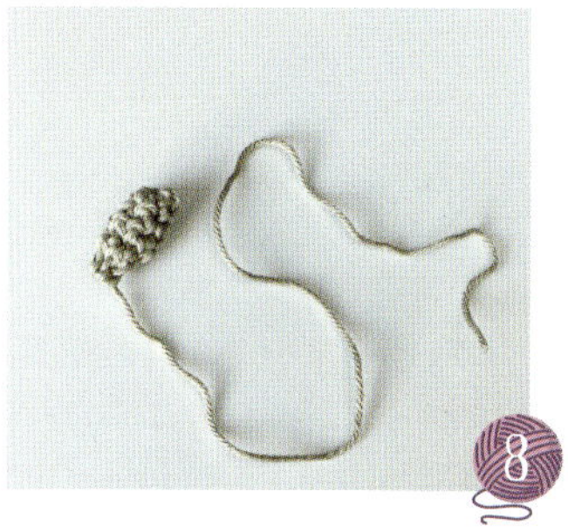

Ohren (2 x häkeln)

Mit beiger Baumwolle und Nadel Nr. 2,5 die kleine Kugel bis einschließlich 5. Rd häkeln.
6. Rd: Jede 2. und 3. M zus (= 12 fM).
7.–8. Rd: 12 fM häkeln (= 12 fM) (FOTO 5).
Das Ohr der Länge nach falten und an der unteren Kante mit Stichen fixieren, damit es eine Falte hat (FOTO 6).

Füße (4 x häkeln)

Mit beiger Baumwolle und Nadel Nr. 2,5 die kleine Kugel bis einschließlich 2. Rd häkeln.
3.–7. Rd: 12 fM häkeln (= 12 fM) (FOTO 7).
Die Füße leicht mit Füllwatte füllen.

Schwanz

Mit beiger Baumwolle und Nadel Nr. 2,5 einen mR häkeln.
1. Rd: 5 fM in den mR häkeln (= 5 fM).
2.–5. Rd: 5 fM häkeln (= 5 fM).
Den Faden zum Annähen an den Körper lang abschneiden und durch die letzte Schlaufe auf der Häkelnadel ziehen. Dann den Faden mit einer Nadel durch das vordere Maschenglied der letzten 5 fM führen und zusammenziehen. Der Schwanz wird nicht mit Füllwatte gefüllt (FOTO 8).

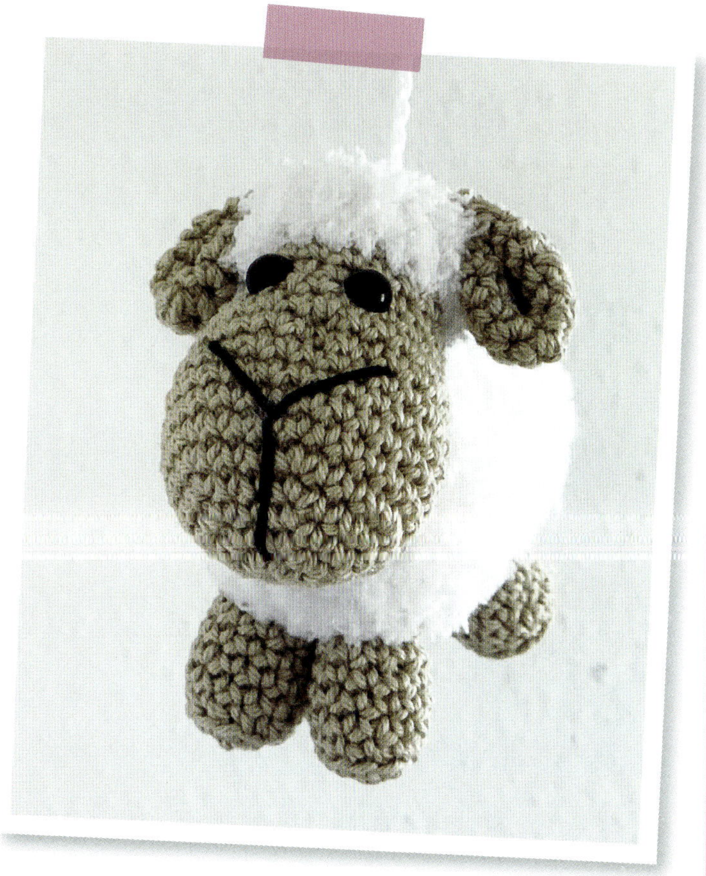

Fertigstellung des Schafs

Die Ohren an den weißen Teil des Kopfes annähen (FOTO 9 + 10). Anschließend das Gesicht mit einem schwarzen Faden aufsticken. Dabei beginnt man eine Reihe über der Anfangsrunde und macht jeweils zwei Stiche über zwei Runden senkrecht nach oben (FOTO 11). Dann von dort aus nach rechts oben über drei Runden, in etwa so weit, dass man sich eine Masche unterhalb des rechten Auges befindet (FOTO 12).
Ebenso ab der senkrechten Linie eine Linie nach links sticken (FOTO 13).
Jetzt mit einem langen beigen Faden den Kopf des Schafes an den Körper annähen (FOTO 14).
Zum Schluss die Füße an den Körper und den Schwanz am Hinterteil annähen (FOTO 15).
Das Schaf insgesamt dreimal anfertigen.

KUGELN

Mit beiger und weißer Baumwolle und Nadel Nr. 2,5 jeweils 3 mittlere Kugeln anfertigen.

WOLKEN

Dies ist die Anleitung mit Baumwolle oder Acrylwolle. Mit weißer Baumwolle oder Acrylwolle und Nadelstärke 2,5 die mittlere Kugel bis insgesamt zur 4. Rd häkeln.

5.–8. Rd: 24 fM häkeln (= 24 fM).
9. Rd: Jede 3. und 4. M zus (= 18 fM).
10. Rd: 18 fM häkeln (= 18 fM).
11. Rd: 9 fM, 3 x jede 3. fM verd (= 21 fM).
12. Rd: 9 fM, 4 x jede 3. fM verd (= 25 fM).
13. Rd: 9 fM, 4 x jede 4. fM verd (= 29 fM).
14. Rd: 9 fM, 4 x jede 5. fM verd (= 33 fM).
15. Rd: 9 fM, 4 x jede 6. fM verd (= 37 fM).
16.–18. Rd: 37 fM häkeln (= 37 fM).
19. Rd: 3 fM häkeln.

Durch die gehäkelten Spiralrunden wird der Anfang einer Runde immer etwas nach rechts verschoben. Mit dem Häkeln der 3 fM ist der Anfang der Runde genau auf einer Seite der Wolke, sodass sie unten gerade ist.

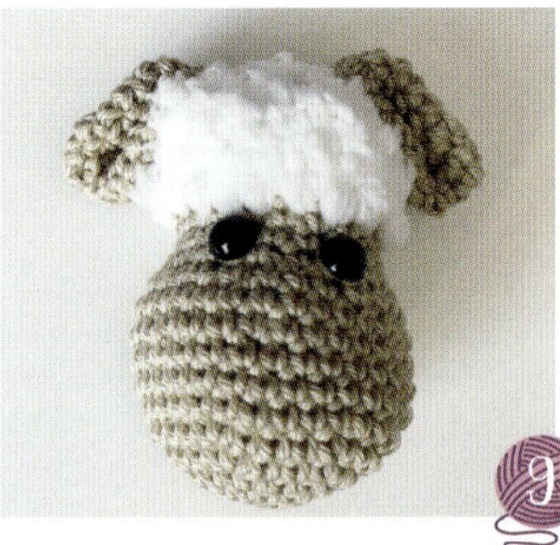
9

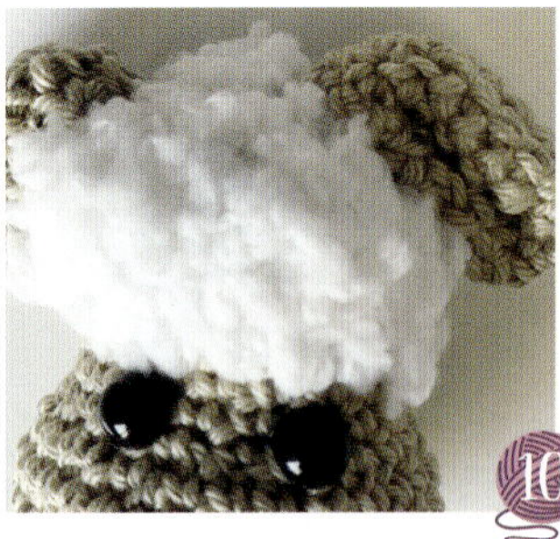
10

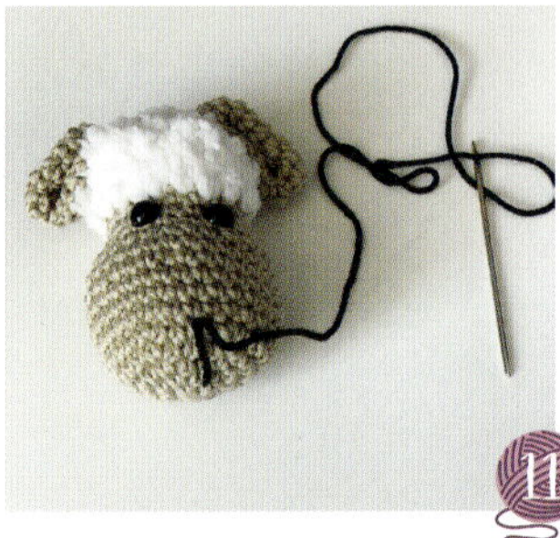
11

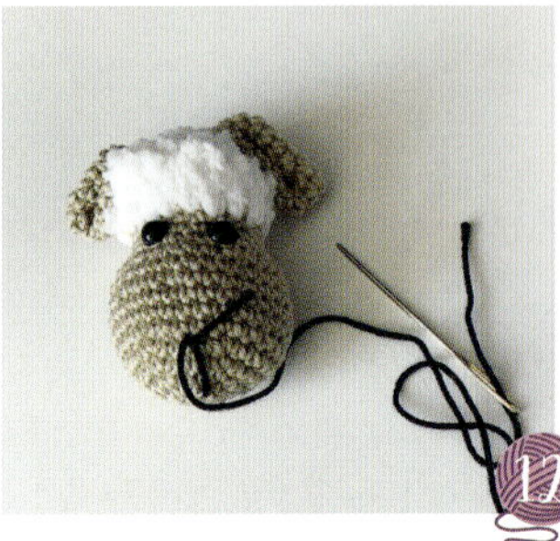
12

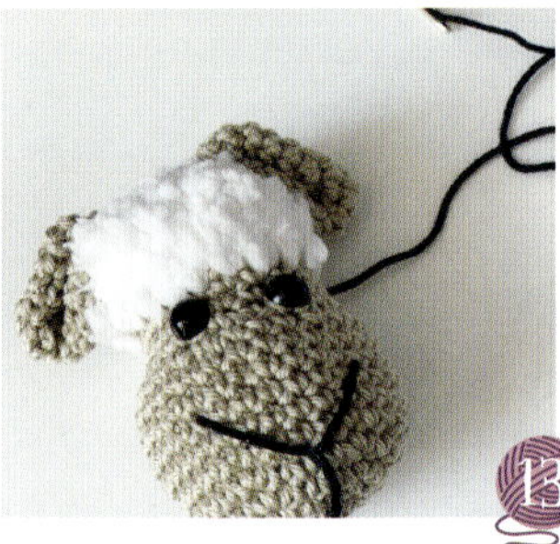
13

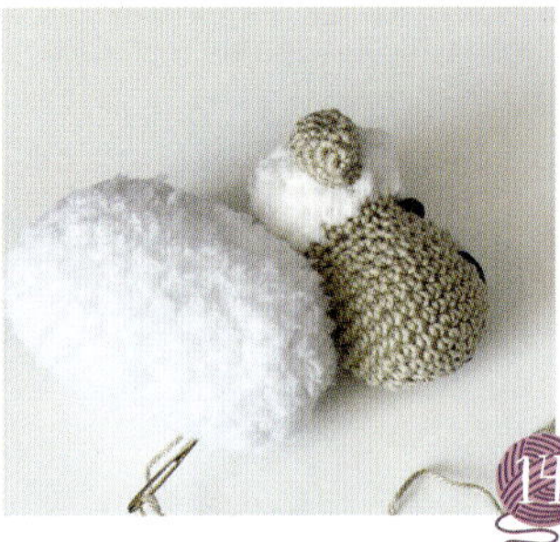
14

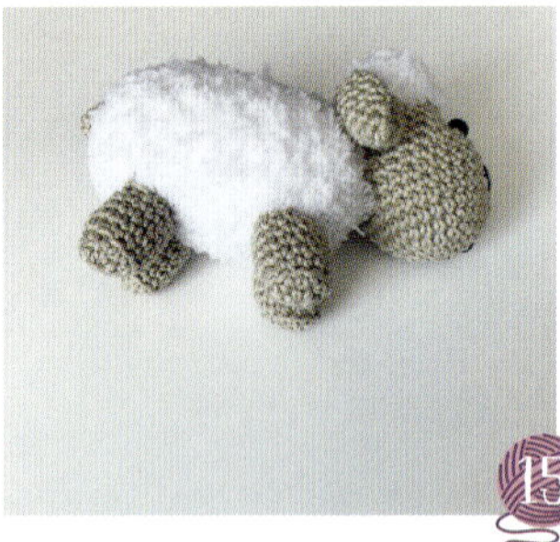
15

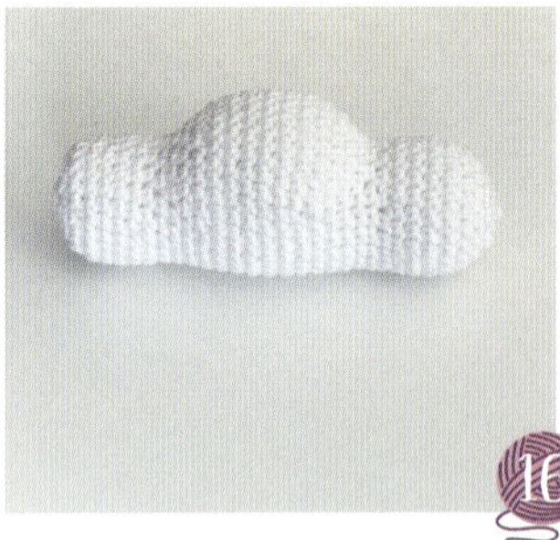
16

Ab hier beginnen jetzt jeweils die nachfolgenden Runden, also bitte den Maschenmarkierer oder den andersfarbigen Faden an der Stelle einlegen.

20. Rd: 9 fM, * 2 fM zus, 5 fM, ab * 3 x wdh (= 33 fM).

21. Rd: 9 fM, * 2 fM zus, 4 fM, ab * 3 x wdh (= 29 fM).

22. Rd: 9 fM, * 2 fM zus, 3 fM, ab * 3 x wdh (= 25 fM).

23. Rd: 9 fM, * 2 fM zus, 2 fM, ab * 3 x wdh (= 21 fM).

24. Rd: 9 fM, * 2 fM zus, 2 fM, ab * 2 x wdh (= 18 fM).

Jetzt schon mal die Hälfte der Wolke mit Füllwatte füllen.

25. Rd: 18 fM häkeln (= 18 fM).

26. Rd: Jede 3. fM verd (= 24 fM).

27.–30. Rd: 24 fM häkeln (= 24 fM).

31. Rd: Jede 3. und 4. M zus (= 18 fM).

32. Rd: Jede 2. und 3. M zus (= 12 fM).

Die Wolke komplett mit Füllwatte füllen.

33. Rd: Je 2 fM zus (= 6 fM) (FOTO 16).

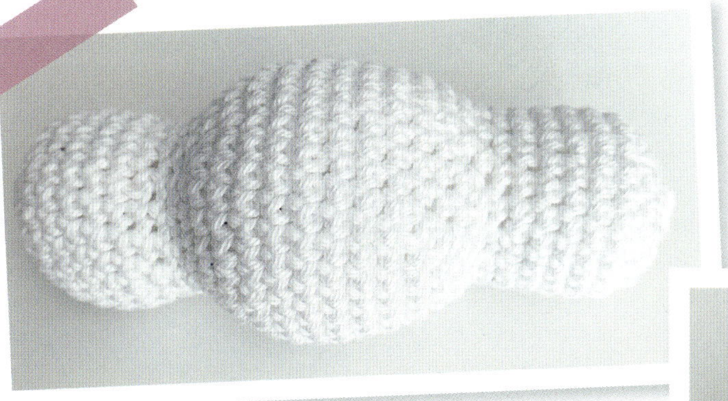

WOLKEN

Dies ist die Anleitung mit Lenja Soft.

Mit Lenja Soft Weiß und Nadelstärke 4 die mittlere Kugel bis insgesamt zur 4. Rd häkeln.

5.–8. Rd: 24 fM häkeln (= 24 fM).

9. Rd: * 1 fM in die übernächste M, 2 fM, ab * 5 x wdh (= 18 fM).

10. Rd: 18 fM häkeln (= 18 fM).

11. Rd: 9 fM, 3 x jede 3. fM verd (= 21 fM).

12. Rd: 9 fM, 4 x jede 3. fM verd (= 25 fM).

13. Rd: 9 fM, 4 x jede 4. fM verd (= 29 fM).

14. Rd: 9 fM, 4 x jede 5. fM verd (= 33 fM).

15. Rd: 9 fM, 4 x jede 6. fM verd (= 37 fM).

16.–18. Rd: 37 fM häkeln (= 37 fM).

19. Rd: 3 fM häkeln.

Durch die gehäkelten Spiralrunden wird der Anfang einer Runde immer etwas nach rechts verschoben. Mit dem Häkeln der 3 fM ist der Anfang der Runde genau auf einer Seite der Wolke, sodass sie unten gerade ist.

Ab hier beginnen jetzt jeweils die nachfolgenden Runden, also bitte den Maschenmarkierer oder den andersfarbigen Faden hier einlegen.

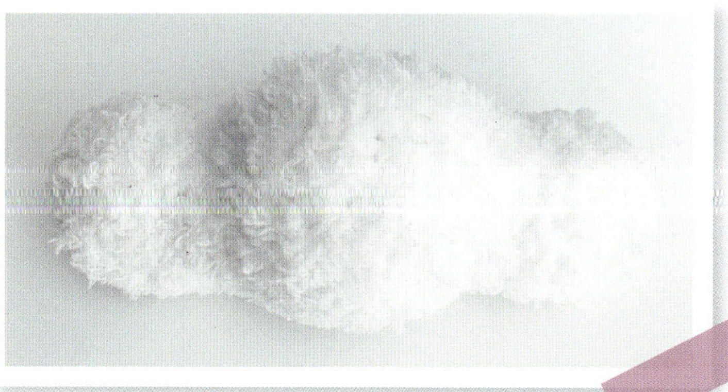

20. Rd: 9 fM, * 1 fM in die übernächste fM, 5 fM, ab * 3 x wdh (= 33 fM).
21. Rd: 9 fM, * 1 fM in die übernächste fM, 4 fM, ab * 3 x wdh (= 29 fM).
22. Rd: 9 fM, * 1 fM in die übernächste fM, 3 fM, ab * 3 x wdh (= 25 fM).
23. Rd: 9 fM, * 1 fM in die übernächste fM, 2 fM, ab * 3 x wdh (= 21 fM).
24. Rd: 9 fM, * 1 fM in die übernächste fM, 2 fM, ab * 2 x wdh (= 18 fM).
Jetzt schon mal die Hälfte der Wolke mit Füllwatte füllen.
25. Rd: 18 fM häkeln (= 18 fM).
26. Rd: Jede 3. fM verd (= 24 fM).
27.–30. Rd: 24 fM häkeln (= 24 fM).
31. Rd: * 1 fM in die übernächste fM, 2 fM, ab * 5 x wdh (= 18 fM).
32. Rd: * 1 fM in die übernächste fM, 1 fM, ab * 5 x wdh (= 12 fM).
Die Wolke komplett mit Füllwatte füllen.
33. Rd: * 1 fM in die übernächste fM, ab * 5 x wdh (= 6 fM) (FOTO 17).
Den Faden abschneiden und durch die letzte Schlaufe auf der Häkelnadel ziehen. Anschließend mit dem Faden das Ende ein wenig zunähen und den Faden vernähen.

Die Wolken noch zweimal mit Lenja Soft, Baumwolle oder Acrylwolle – je nachdem, wofür Sie sich entschieden haben – anfertigen.

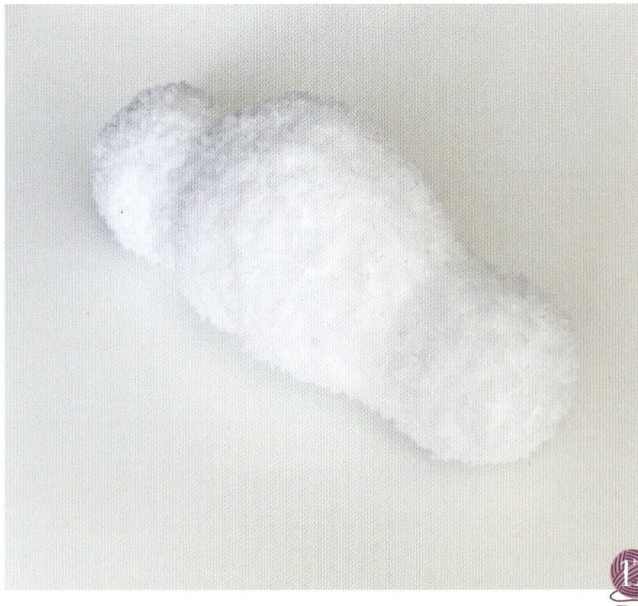
17

FERTIGSTELLUNG DES MOBILES

An den drei Schafen jeweils eine Luftmaschenkette in folgenden Längen anbringen: 35 Lfm, 60 Lfm und 25 Lfm. Den Endfaden beim Abschneiden wesentlich länger lassen, da er anschließend durch eine weiße Kugel gezogen wird und noch eine Luftmaschenkette angehäkelt wird.
Die Endfäden mit einer Nähnadel durch eine der drei weißen Kugeln ziehen und oberhalb der Kugeln Luftmaschenketten in folgenden Längen anhäkeln: 20 Lfm, 41 Lfm und 60 Lfm. Bei der letzten Lfm die Schlaufe über eine der Mobilestangen legen und – wie in den Erklärungen zu Anfang des Buches, S. 13 f., geschrieben – befestigen.
Unterhalb der Wolken Luftmaschenketten in folgenden Längen anbringen: 15, 30 und 12 Lfm und daran jeweils eine beige Kugel anbringen. Anschließend die Wolken mit Luftmaschenketten in folgenden Längen an den Stangen anbringen: 25, 46 und 60 Lfm.
Eine Aufhängeschnur in gewünschter Länge anfertigen, an der Aufhängung anbringen und die 6 Mobilearme in die Löcher der Mobileaufhängung stecken.

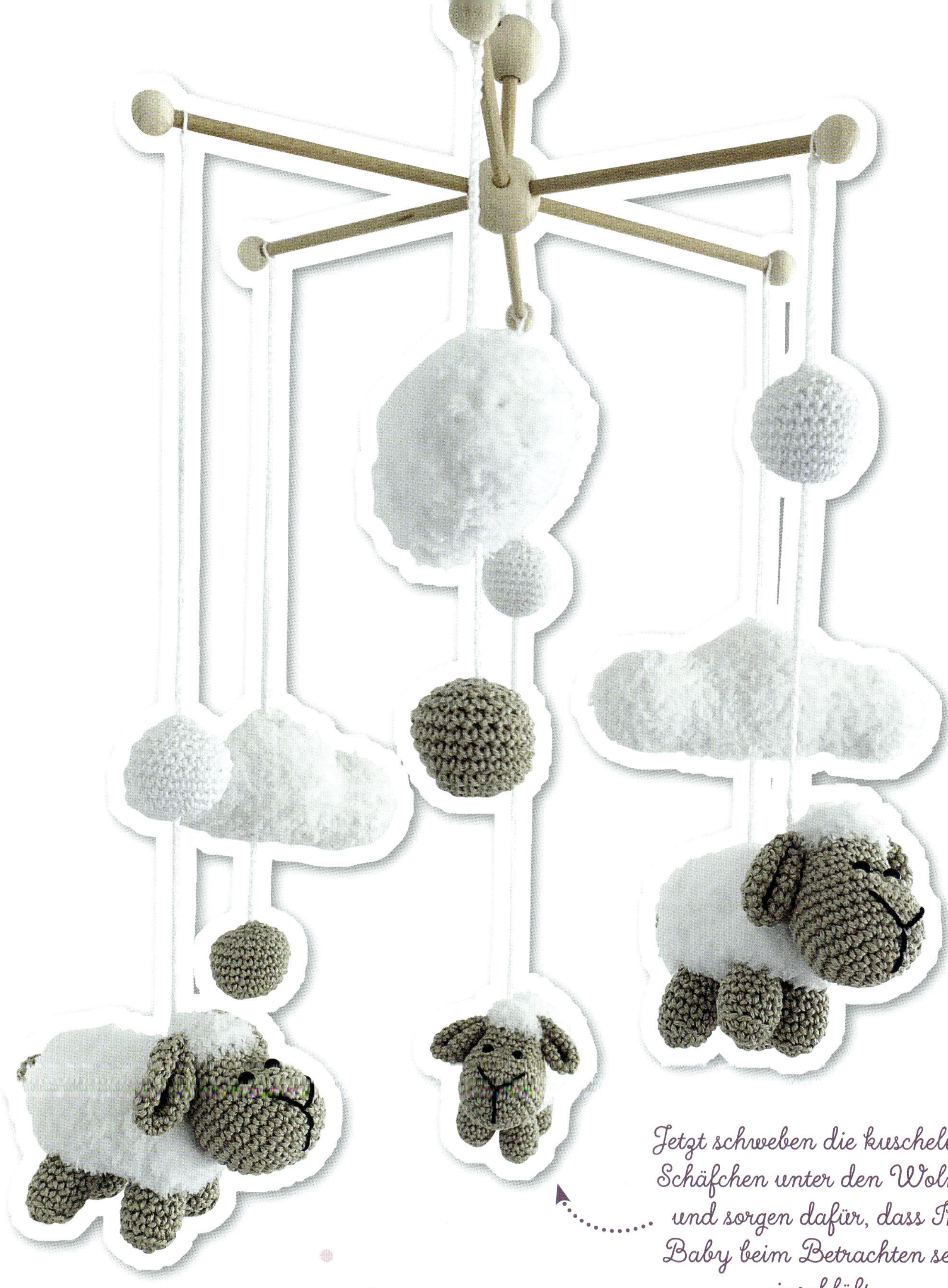

Jetzt schweben die kuscheligen Schäfchen unter den Wolken und sorgen dafür, dass Ihr Baby beim Betrachten selig einschläft.

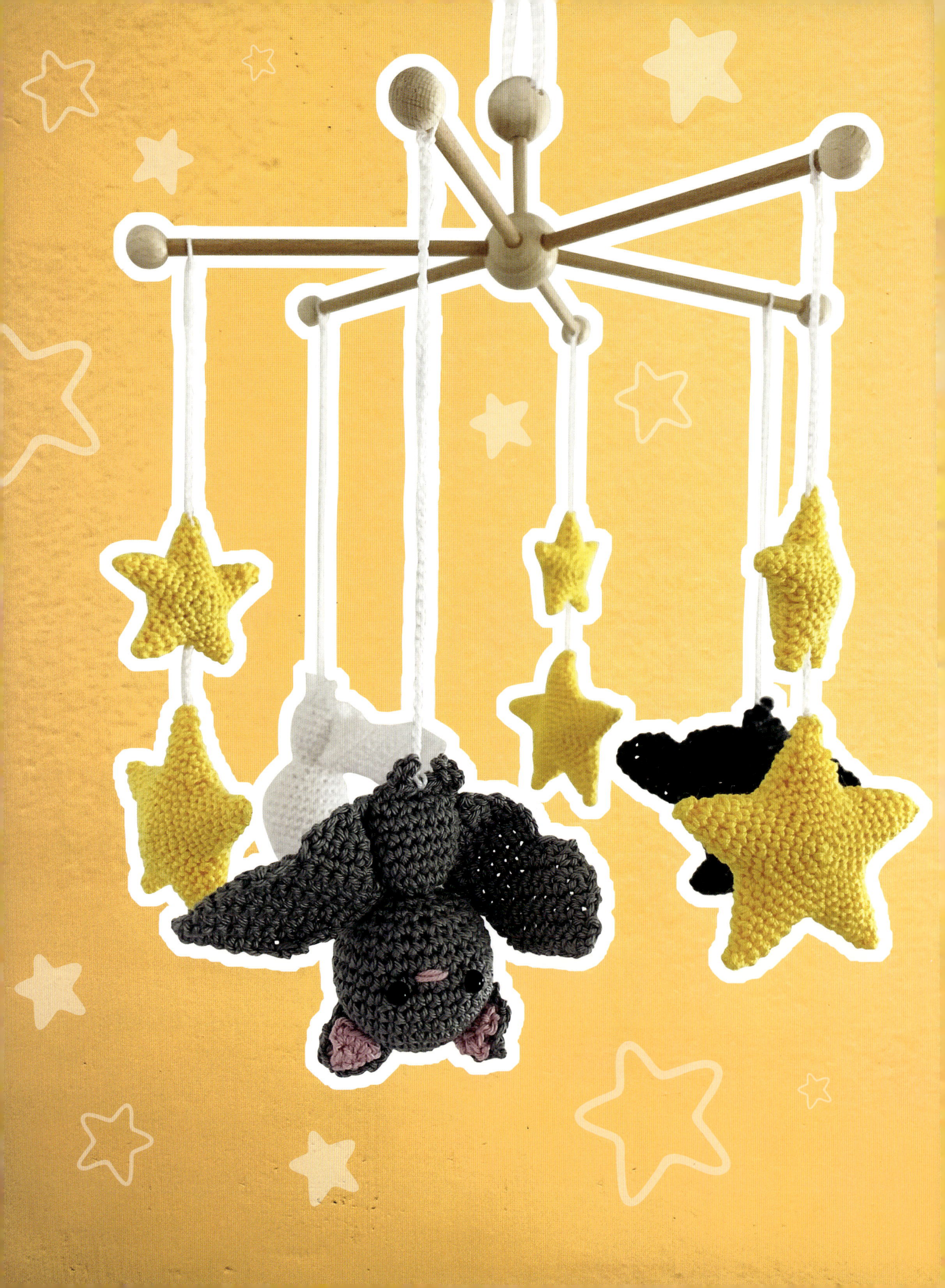

Fledermaus-mobile

„Sie schläft den ganzen Tag, weil sie das Licht nicht mag …"

Diese süßen kleinen Vampire machen sich in allen Farben gut und sind beliebt bei Groß und Klein.

Ein echter Hingucker sind dazu die gelben kleinen und großen Sterne. Es ist allerdings etwas komplizierter, diese zu häkeln. Bei genauer Befolgung der Häkelanleitung sollte es aber auch Einsteigern gelingen. Achten Sie dabei unbedingt darauf, dass Sie in den einzelnen Reihen nicht verrutschen, und legen Sie eventuell unter jedem Schritt, den Sie gerade häkeln, ein Lineal oder etwas Ähnliches. Da sich die Anleitung des kleinen Sterns auf die des großen Sterns bezieht, wäre es vorteilhaft, sich zuerst einmal an den großen Stern zu wagen, um das Prinzip zu erkennen.

Material

- 20 g Ibiza Baumwolle, Farbe Weiß Nr. 6001
- 20 g Ibiza Baumwolle, Farbe Hellgrau Nr. 6095
- 20 g Ibiza Baumwolle, Dunkelgrau Nr. 6097
- Rest Baumwolle, Altrosa oder Rosa
- 30 g Ibiza Baumwolle, Farbe Mais Nr. 6021
- 6 Sicherheitsaugen
- Füllwatte
- Mobilekreuz mit 6 Armen, 35 cm Durchmesser

Zubehör

- Häkelnadel Nr. 2,5
- Sticknadel
- Schere

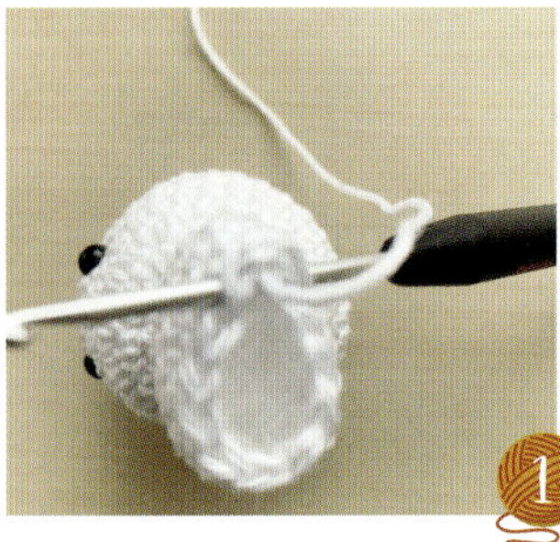

1

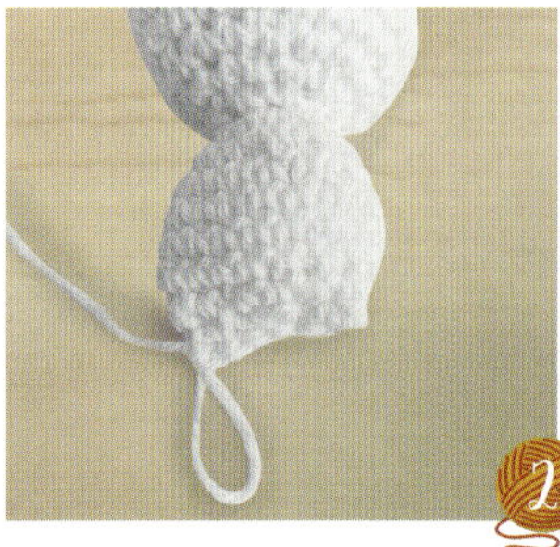

2

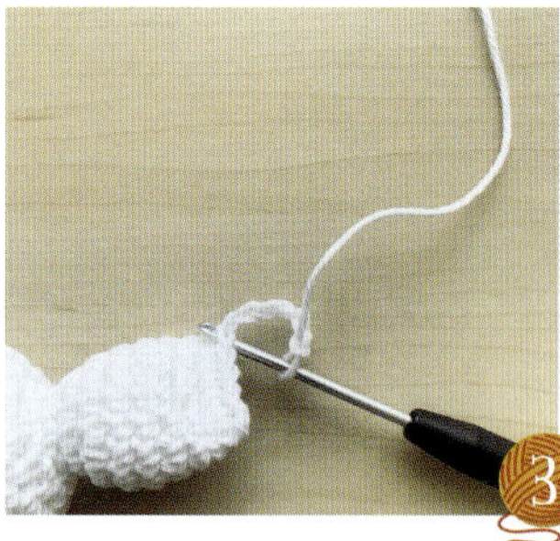

3

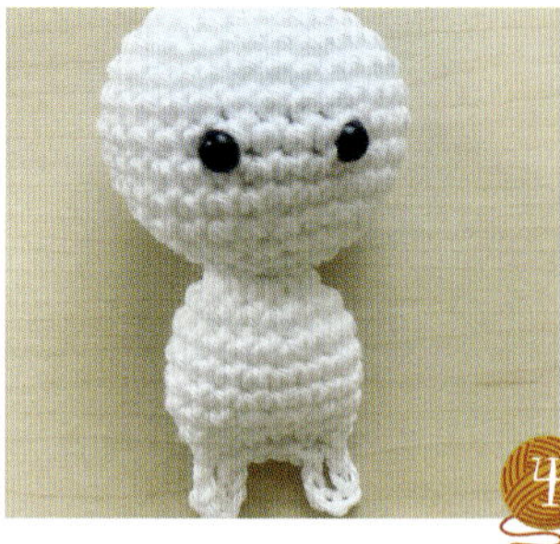

4

FLEDERMÄUSE

Der Kopf der Fledermaus besteht aus der großen Kugel. Der Körper wird gleich an den Körper angehäkelt. Der Kopf wird erst komplett gefüllt, wenn der Körper zur Hälfte gehäkelt ist, weil es sonst schwierig ist, weiterzuhäkeln.

Kopf

Mit Weiß die große Kugel bis einschließlich 14. Rd häkeln, dabei die Sicherheitsaugen zwischen der 8. und 9. Rd mit 4 Maschen Abstand anbringen.

Körper

15. Rd: Jede M verd (= 12 fM).
16. Rd: Jede 2. M verd (= 18 fM).
Jetzt den Kopf der Fledermaus schon ein wenig mit Füllwatte füllen.
17.–20. Rd: 18 fM häkeln (= 18 fM).
21. Rd: Jede 2. und 3. M zus häkeln (= 12 fM).
Nun den Kopf vollständig und den Körper füllen.
Die Vorderseite und Rückseite des Körpers übereinanderlegen und mit 6 festen Maschen zusammenhäkeln: Einstechen der Häkelnadel zuerst in die nächste obere und anschließend in die darunterliegende Masche, die Schlaufe holen und die feste Masche fertighäkeln (FOTO 1). So mit den nächsten 5 fM fortfahren (FOTO 2).
Die Arbeit wenden, 6 Lfm häkeln und mit einer Km in die erste fM zu einer Schlaufe formen (FOTO 3). Das ist der erste Fuß der Fledermaus. Weiter mit 5 Km zur anderen Seite des Körpers. Dort für den zweiten Fuß noch einmal 6 Lfm häkeln und mit einer Km in der letzten fM befestigen.
Den Faden abschneiden und vernähen (FOTO 4).

Flügel (2 x häkeln)

Die Flügel werden in hin- und hergehenden Reihen mit festen Maschen gehäkelt.
Mit Weiß 10 Lfm anschlagen.
1. R: 1 fM in die 2. Lfm des Anschlags häkeln, 8 fM (= 9 fM).
2. R: 1 Wende-Lfm, 1 fM in die übernächste M, 6 fM, 2 fM ieM (= 9 fM).
3. R: 1 Wende-Lfm, 2 fM ieM, 8 fM (= 10 fM).
4. R: 9 fM, 2 fM ieM (= 11 fM).
5. R: 1 Wende-Lfm, 11 fM (= 11 fM).
6. R: 1 Wende-Lfm, 11 fM (= 11 fM).
7. R: 1 Wende-Lfm, 2 fM ieM, 8 fM häkeln, 1 fM in die übernächste M (= 11 fM).
8. R: 1 Wende-Lfm, 1 fM in die übernächste Masche, 1Km, 8 fM (= 9 fM + 1 Km).
9. R: 1 Wende-Lfm, 8 fM (= 8 fM).
10. R: 1 Wende-Lfm, 8 fM (= 8 fM).
11. R: 1 Wende-Lfm, 1 fM in die übernächste Masche, 4 fM, 1 fM in die übernächste Masche (= 6 fM).
12. R: 1 Wende-Lfm, 1 fm in die übernächste Masche, 2 fM, 1 fM in die übernächste Masche (= 4 fM).
13. R: Arbeit ohne Wende-Lfm wenden, in die übernächste fM einstechen und eine Schlaufe holen, ebenso in die 3. und 4. fM der Vorreihe, sodass jetzt 4 Schlaufen auf der Häkelnadel liegen. (FOTO 5). Im Anschluss den Faden durch alle 4 Schlaufen ziehen.
Den Faden zum späteren Annähen an den Körper lang abschneiden und durch die letzte Schlaufe ziehen (FOTO 6).

Ohren (2 x häkeln)

Die Ohren werden in hin- und hergehenden Reihen gehäkelt.

Äußeres Ohr:
Mit Weiß 2 Lfm anschlagen.
1. R: 2 fM in die 2. fM (= 2 fM).
2. R: 1 Wende-Lfm, 2 x 2 fM in eine Masche (= 4 fM).
3.–4. R: 1 Wende-Lfm, 4 fM (= 4 fM).
Den Faden zum späteren Annähen an den Kopf lang abschneiden und durch die letzte Schlaufe auf der Häkelnadel ziehen.

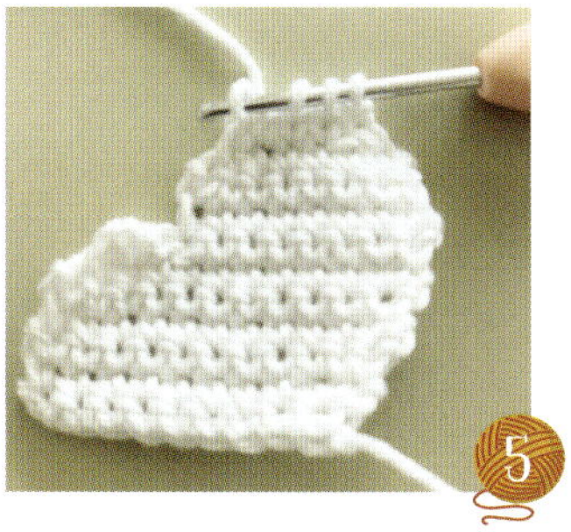

5

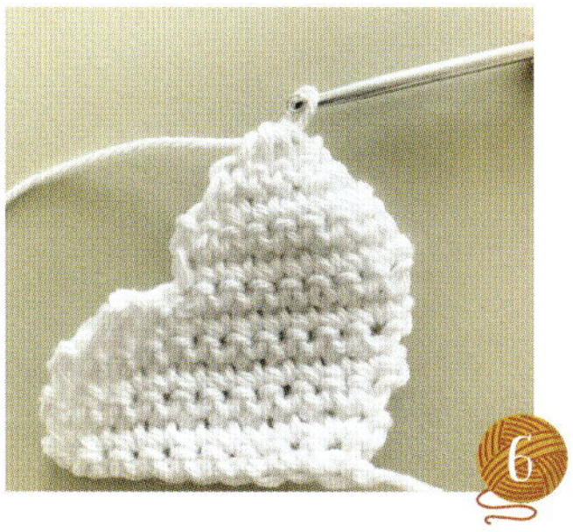

6

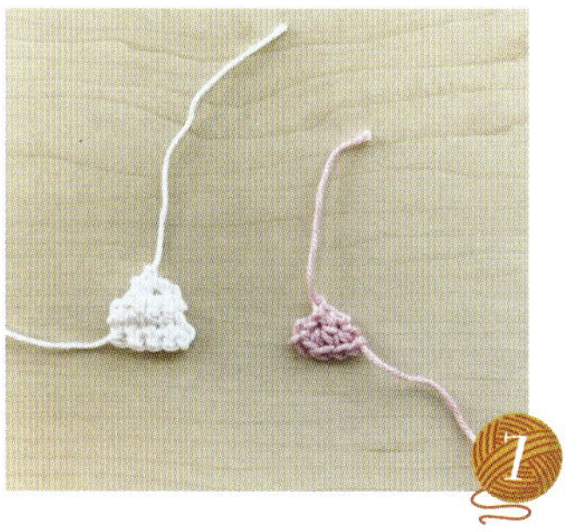

7

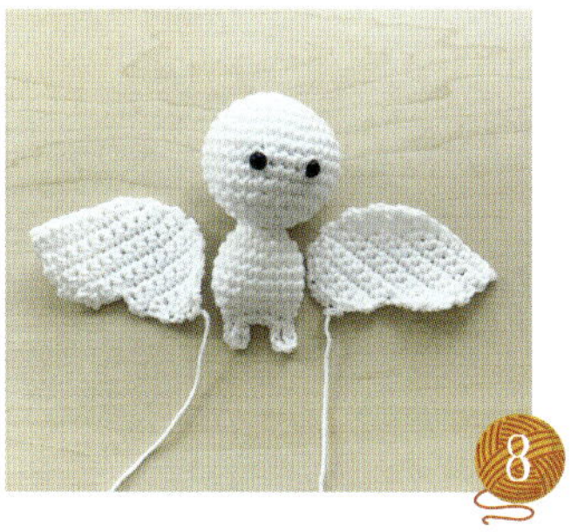

8

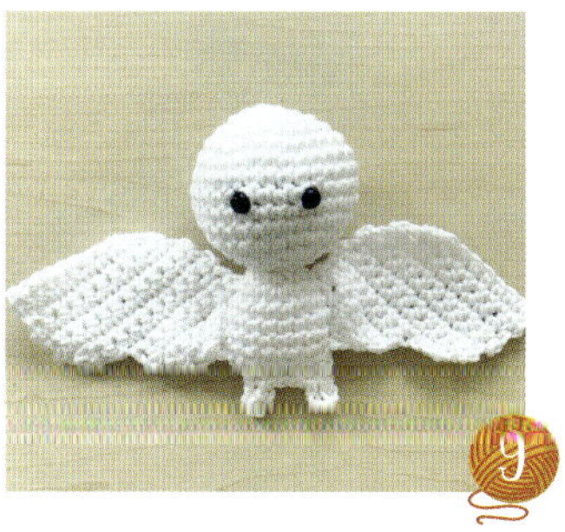

9

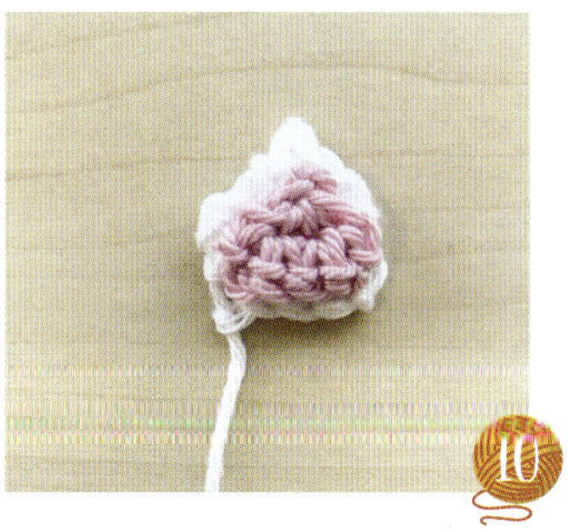

10

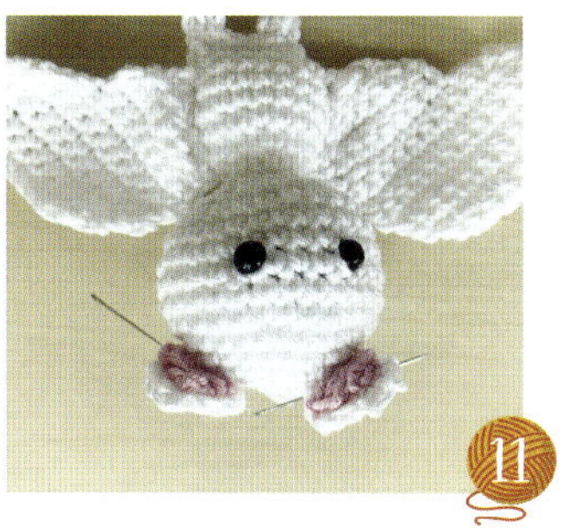

11

Jetzt wird noch das Innenohr gehäkelt:
Mit Altrosa oder Rosa 2 Lfm anschlagen und die ersten beiden Reihen des äußeren Ohres (oben) häkeln. Den Faden zum Annähen an das Außenohr lang abschneiden und durch die Schlaufe auf der Häkelnadel ziehen (FOTO 7).

Fertigstellung der Fledermaus

Die Flügel an den Seiten der Fledermaus annähen (FOTO 8 + 9).
Bei dem Innen- und Außenohr den Anfangsfaden vernähen und das Innenohr an das Außenohr annähen. Anschließend den Faden des Innenohres vernähen (FOTO 10).
Die Ohren so an den Kopf annähen, dass sie von der oberen Mitte mit der Spitze auf das jeweilige Auge zeigen (FOTO 11 + 12). Das Mäulchen eine Reihe unterhalb der Augen mittig mit drei hin- und hergehenden Fäden aufsticken, dabei sowohl den Anfangs- als auch den Endfaden mehrmals unsichtbar im Inneren des Kopfes hin- und herführen, damit er sich später nicht lösen kann (FOTO 13).

Die Fledermaus noch in den Farben Hellgrau und Dunkelgrau anfertigen.

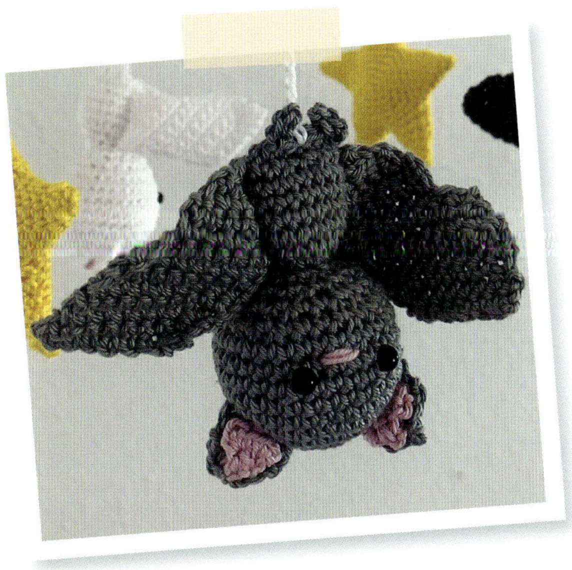

GROSSER STERN

Für die Sterne werden zuerst zwei Kreise gehäkelt, die dann mit 5 in Runden gehäkelten Zacken verbunden werden.

Kreise (2 x häkeln)

Mit der maisfarbenen Baumwolle einen mR häkeln.
1. Rd: 5 fM in den mR häkeln (= 5 fM)
2. Rd: Jede M verd (= 10 fM).
3. Rd: Jede 2. M verd (= 15 fM).
4. Rd: Jede 3. M verd (= 20 fM).
5. Rd: Jede 4. M verd (= 25 fM).
6. Rd: Jede 5. M verd (= 30 fM).
Beim ersten Kreis den Faden durch die Schlaufe auf der Häkelnadel ziehen und abschneiden. Nach Fertigstellung des zweiten Kreises, den Faden nicht abschneiden, weil jetzt die Zacken folgen.
Einen andersfarbigen Faden oder Maschenmarkierer einlegen und
5 fM häkeln (FOTO 14).
Jetzt werden die beiden Kreise miteinander verbunden, indem Sie in eine beliebige Zunahme des ersten Kreises eine fM häkeln, also dort, wo sich die Masche der Zunahme befindet (FOTO 15),
weitere 5 fM häkeln.
1 fM in die fM vor der Markierung des ersten Kreises häkeln (FOTO 16), 5 fM (FOTO 17).

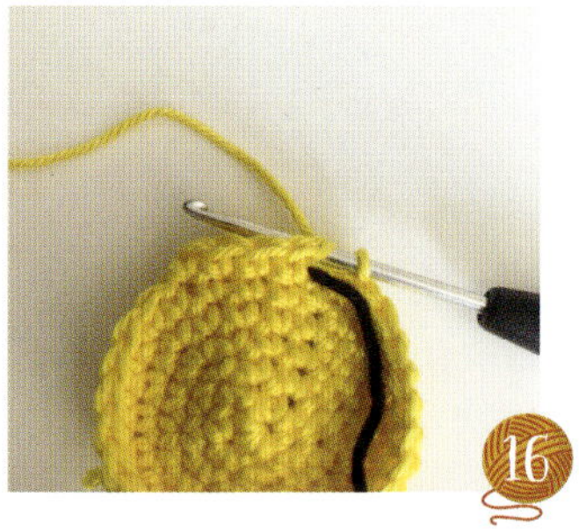
16

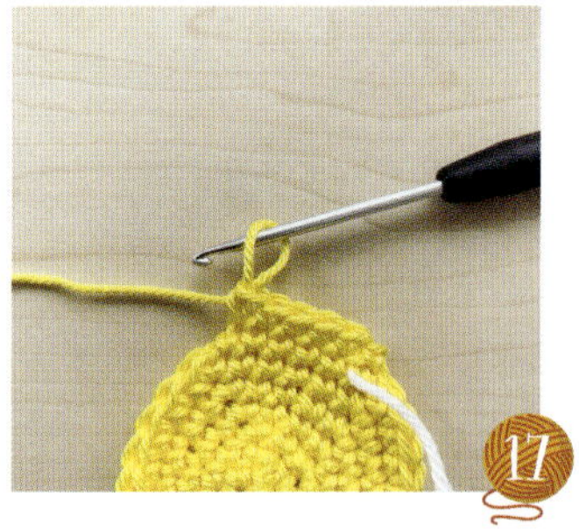
17

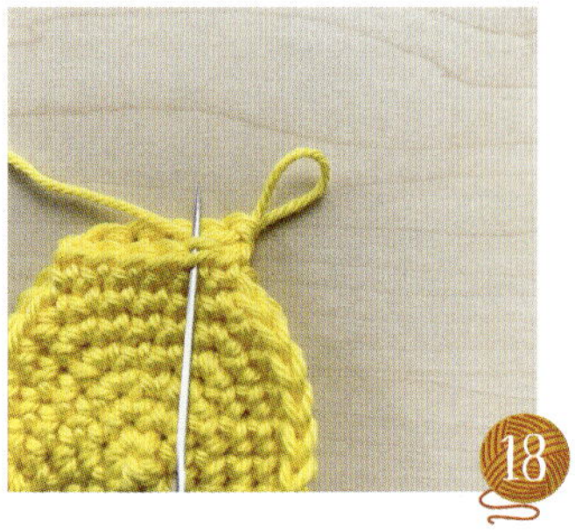
18

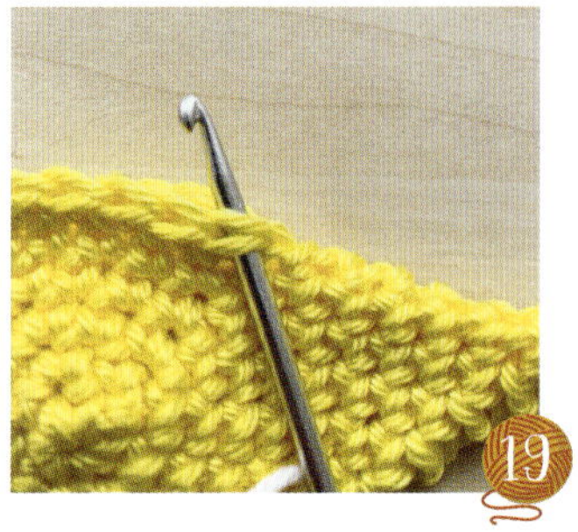
19

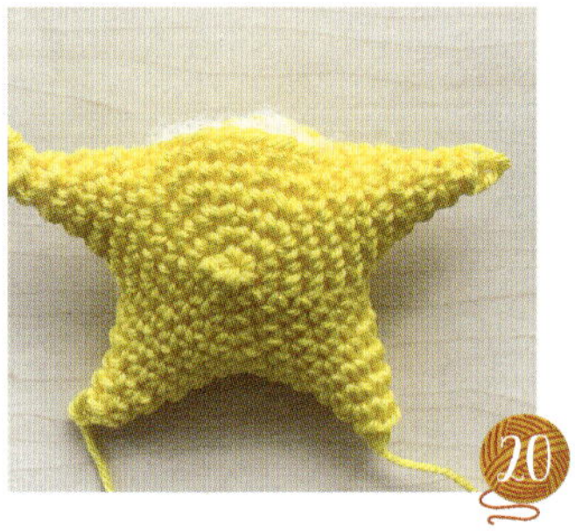
20

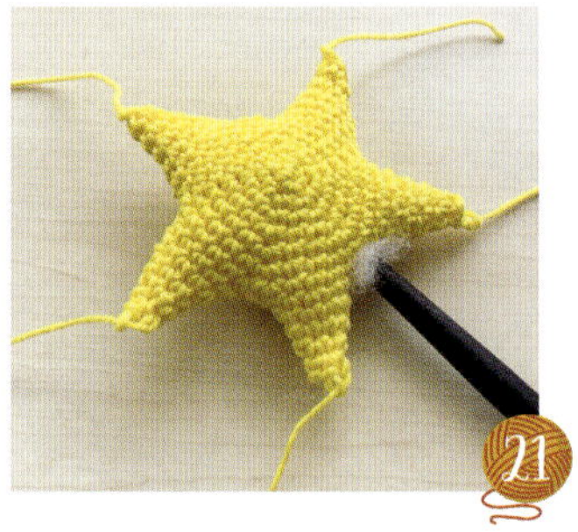
21

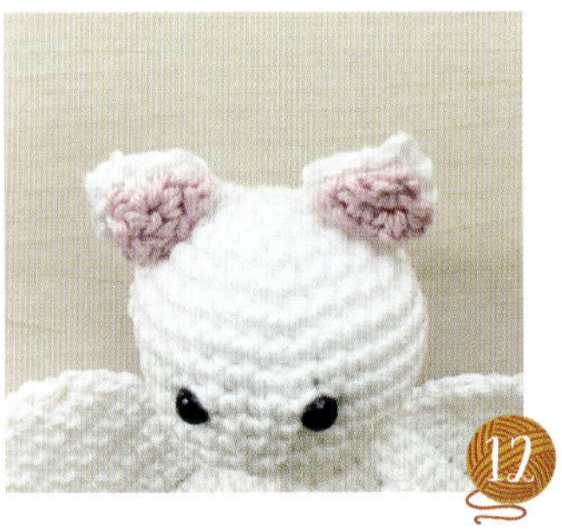
12

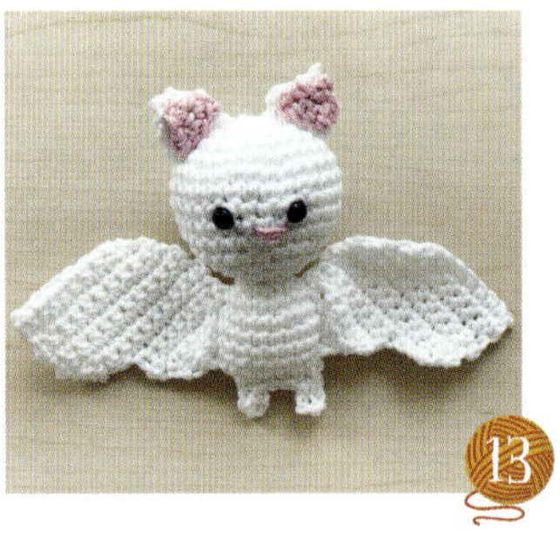
13

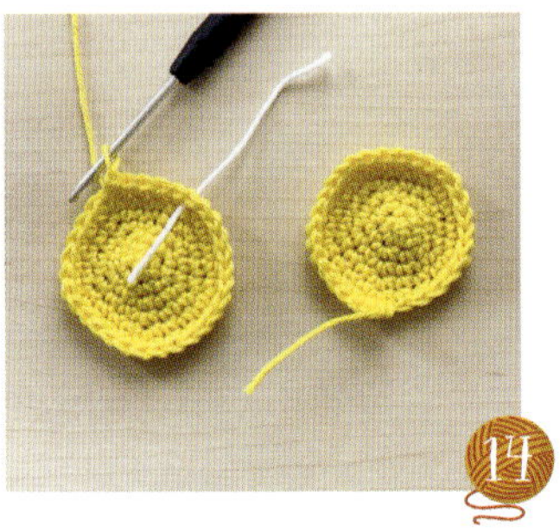
14

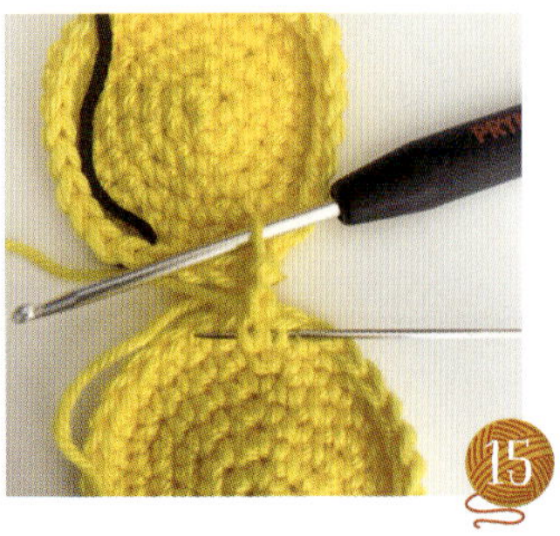
15

Ab jetzt wird nur noch in Runden gehäkelt.
1. Rd: * 1 fm in die übernächste fM der Vorrunde (FOTO 18), 4 fM, ab * 1 x wdh (= 10 fM).
2. Rd: * 1 fm in die übernächste fM der Vorrunde, 3 fM, ab * 1 x wdh (= 8 fM).
3. Rd: * 1 fm in die übernächste fM der Vorrunde, 2 fM, ab * 1 x wdh (= 6 fM).
3. Rd: * 1 fm in die übernächste fM der Vorrunde, 1 fM, ab * 1 x wdh (= 4 fM).
Den Faden abschneiden und durch die letzte Schlaufe auf der Häkelnadel ziehen.
Den nächsten Zacken beginnen Sie in der 1. M links von dem zuletzt gehäkelten Zacken (FOTO 19).
Den Faden dort neu anschlingen und 1 fM häkeln, 5 fM (= 6 fM).
Der Anfangsfaden kann dabei einfach überhäkelt oder stehen gelassen werden; er befindet sich später im

Inneren des Sterns und ist nicht sichtbar. 1 fM in die nächste Zunahme des anderen Kreises häkeln, 6 fM, 1 fm in die Anfangsmasche des Zackens, 5 fM.
Ab hier weiterhäkeln bei der 1. Rd des zuerst gearbeiteten Zackens.
Auf diese Weise insgesamt 4 Zacken häkeln.
Vor dem Häkeln des 5. Zackens wird der Stern leicht mit Füllwatte gefüllt (FOTO 20). Beim 5. Zacken nach der Fertigstellung den Faden lang abschneiden. Er wird zum Zunähen dieser Spitze und der Lücken zwischen den einzelnen Zacken benötigt.
Den 5. Zacken von der Seite her auch mit ein wenig Füllwatte füllen. Eine Häkelnadel zum Nachdrücken der Füllwatte kann dabei sehr hilfreich sein (FOTO 21).

KLEINER STERN

Kreise (2 x häkeln)

Mit der maisfarbenen Baumwolle einen mR häkeln.
1. Rd: 5 fM in den mR häkeln (= 5 fM).
2. Rd: Jede M verd (= 10 fM).
3. Rd: Jede 2. M verd (= 15 fM).
4. Rd: Jede 3. M verd (= 20 fM).
Hier geht es weiter wie bei dem großen Stern bis zu dem Schritt, wo der Maschenmarkierer oder der andersfarbige Faden eingelegt wird.
3 fm häkeln, dann die beiden Kreise miteinander verbinden, indem Sie in eine beliebige Zunahme des ersten Kreises eine fM häkeln, also dort, wo sich die Masche der letzten Zunahme befindet.
Weitere 3 fM häkeln, 1 fM in die fM vor der Markierung des ersten Kreises, 3 fM.
Ab jetzt wird nur noch in Runden gehäkelt.
1. Rd: * 1 fM in die übernächste fM der Vorrunde, 2 fM, ab * 1 x wdh (= 6 fM).
2. Rd: * 1 fM in die übernächste fM der Vorrunde, 1 fM, ab * 1 x wdh (= 4 fM).
Den Faden abschneiden und mit dem nächsten Zacken 1 M links von dem zuletzt gearbeiteten Zacken beginnen.
Den Faden dort neu anschlingen und 1 fM häkeln, 3 fM (= 4 fM).

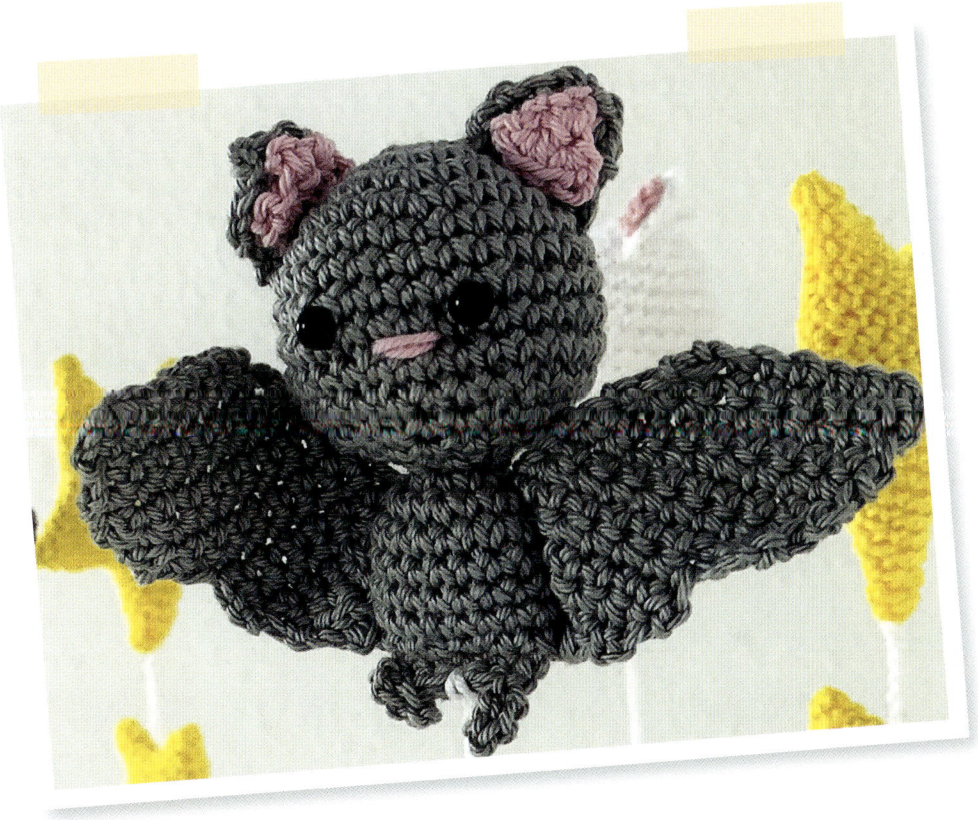

Wie bei dem großen Stern können bei Beginn der einzelnen Zacken die Fäden einfach überhäkelt oder stehen gelassen werden, da sie sich später im Inneren des Sterns befinden. 1 fM in die nächste Zunahme des anderen Kreises häkeln, 3 fM, 1 fm in die Anfangsmasche des Zackens, 3 fM.
Ab hier weiterhäkeln mit der 1. Rd des vorher gearbeiteten Zackens.
Auf diese Weise alle Zacken des Sterns arbeiten.

Fertigstellung der Sterne
Die einzelnen Zacken der Sterne mit den Abschlussfäden schließen. Dazu zuerst die Nähnadel durch die beiden vorne liegenden Maschen führen und anschließend durch die so entstandene Schlaufe. Auf diese Weise entsteht ein Knoten, den man zuziehen kann (FOTO 22 + 23). Den restlichen Faden vernähen.
Zuletzt die Spitze des 5. Zackens so verschließen und mit dem Faden die Lücken zwischen den einzelnen Zacken verschließen (FOTO 24). Den restlichen Faden vernähen.

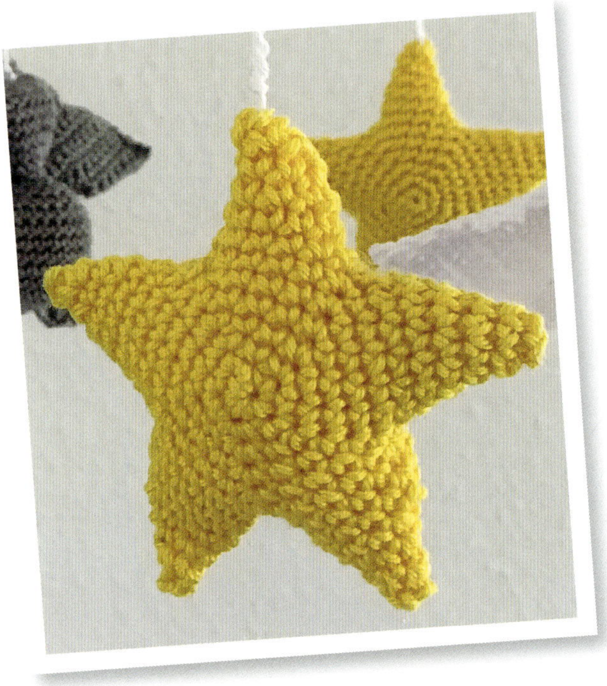

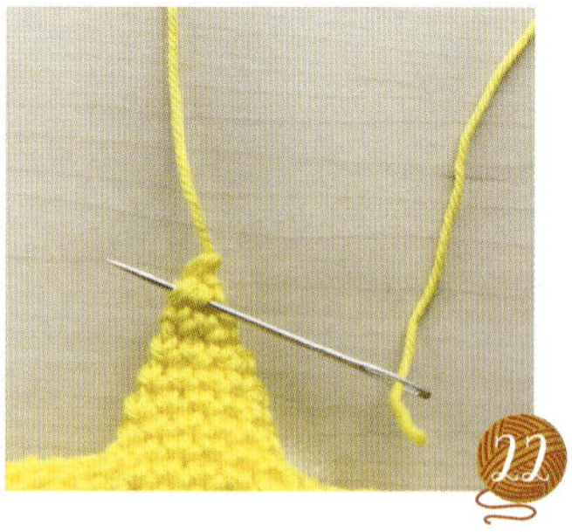

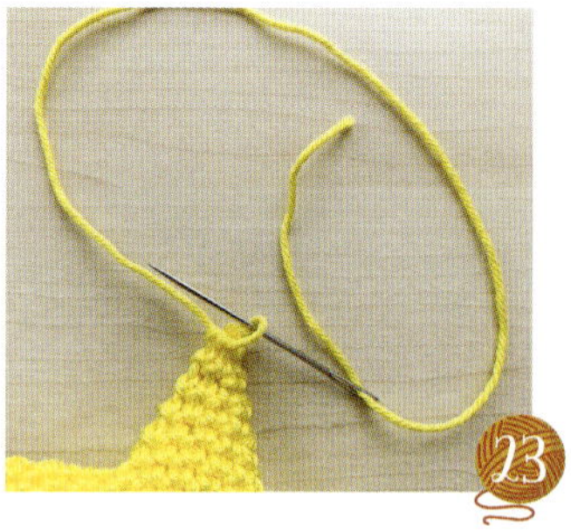

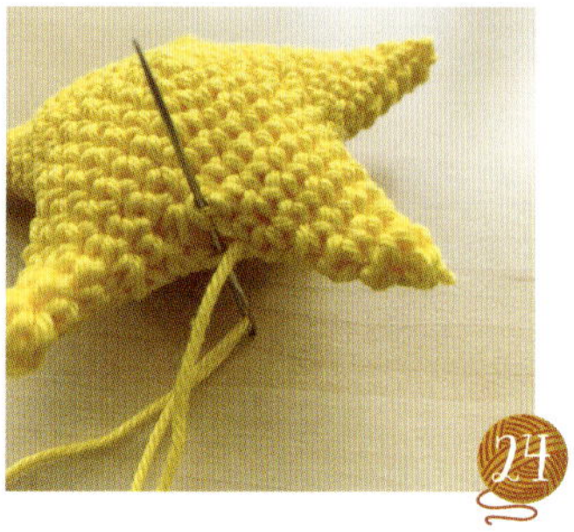

FERTIGSTELLUNG DES MOBILES

Zwischen den Beinen der Fledermäuse Luftmaschenketten von 55 Lfm anbringen und diese an den Stangen des Mobiles befestigen.
Jeweils einen kleinen und einen großen Stern mit einer Schnur aus 8 Lfm verbinden und mit einer Luftmaschenkette von 30 Lfm an den Mobilestangen befestigen. Beim Zusammensetzen der Sterne darauf achten, dass diese gleich ausgerichtet sind, also jeweils mit der Spitze nach oben aufgehängt werden.
Die Aufhängung der einzelnen Elemente kann aber beliebig verändert werden, sowohl die Anordnung als auch die Länge der Schnüre. Auch kann das Mobile – so wie jedes andere Mobile in diesem Buch – individuell mit Kugeln oder Herzen ganz neu gestaltet werden.

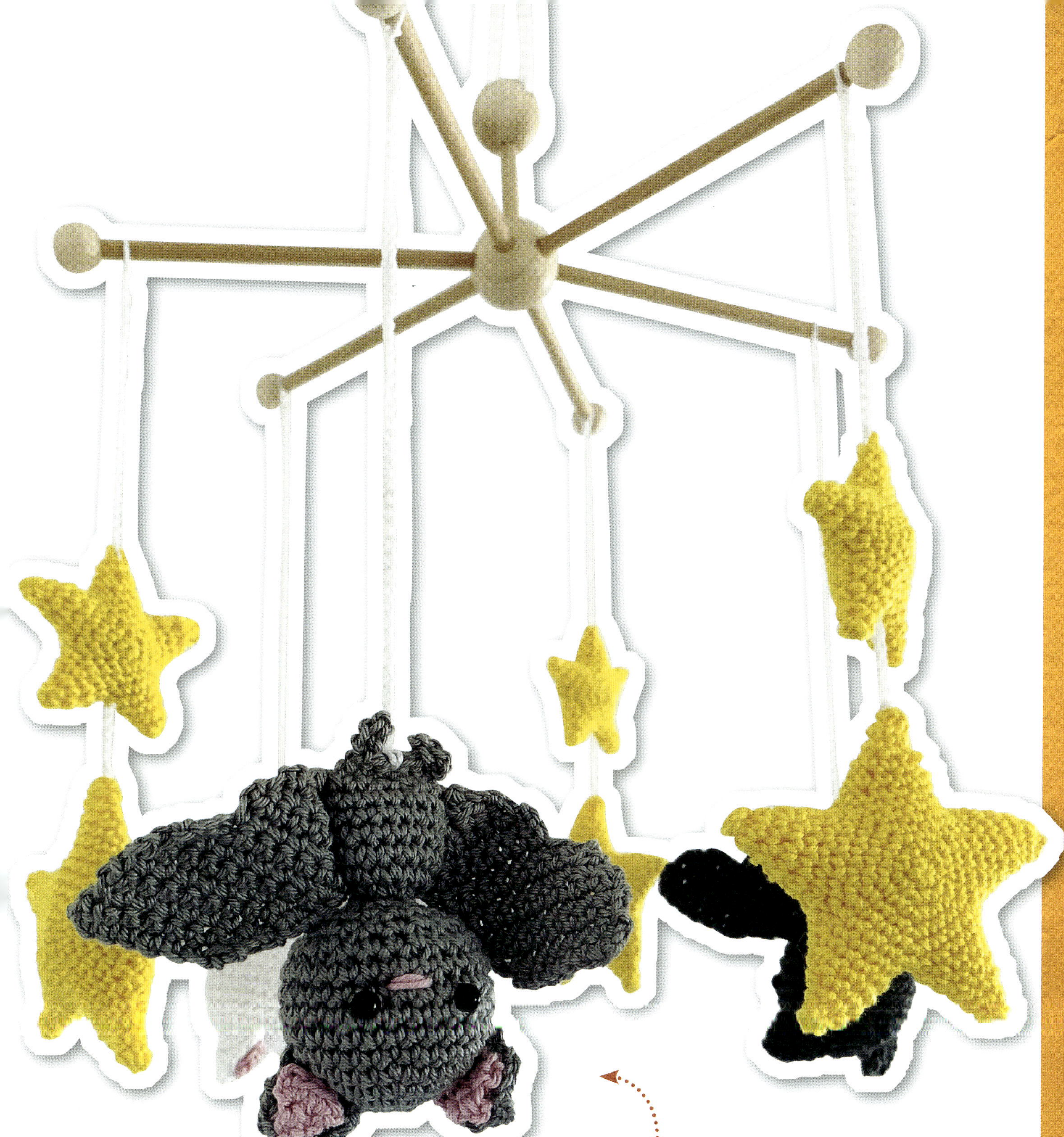

Diese süßen Fledermäuse sind mit Sicherheit nicht bissig.

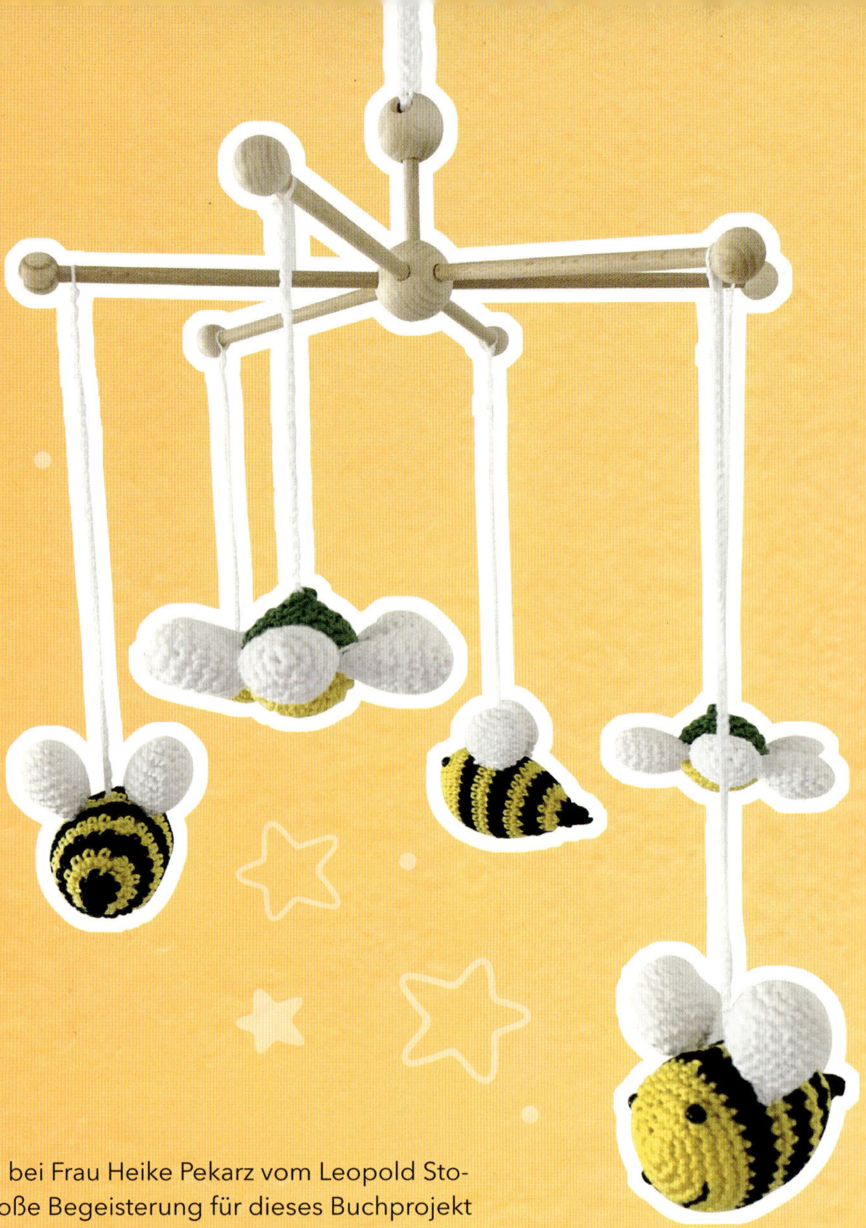

DANKSAGUNG

Zuerst einmal möchte ich mich ganz herzlich bei Frau Heike Pekarz vom Leopold Stocker Verlag bedanken, die von Anfang an große Begeisterung für dieses Buchprojekt zeigte und wegen zahlreicher Verletzungen, die ich während der Entstehungszeit des Buches erlitten habe, immer wieder den Abgabetermin des Manuskriptes verständnisvoll nach hinten verschoben hat. Vielen lieben Dank, liebe Frau Pekarz, für die unendliche Geduld und Freundlichkeit.

Dann möchte ich mich ganz herzlich bei meiner Familie bedanken: Zuallererst bei meinen Söhnen Dennis, Dominik und David, die immer wieder hinter mir stehen und mich in allen Lebenslagen unterstützen, bei meiner Mutter Agnes, die mit ihren 88 Jahren immer noch stets für mich da ist, und nicht zuletzt und ganz besonders bei meiner Schwester Elke, die mir unendlich viele Ratschläge zur Erstellung dieses Buches gegeben hat, da sie selbst Autorin ist und schon reichlich Erfahrung hat.

Und nicht zu vergessen: Jenny, Heike, Roland, Deborah und Eicke; danke auch an Willi aus meinem schönen Dorf, der mich immer wieder mit frischem Salat und Tomaten aus seinem Garten versorgt und so dazu beiträgt, dass ich gesund und fit bleibe: Schön, dass es euch in meinem Leben gibt.

Und zuallerletzt bei meiner ach so süßen, unnachahmlichen, charakterstarken, klugen, großartigen und liebenswerten Enkelin Elsa. Oma Bine hat dich ganz doll lieb!